동·서東西
철학상담 10강

한국연구재단 BK21플러스사업으로 달성한 연구성과를 총서로 엮어, 2020년도 강원
대학교 국립대학 육성사업비로 출간합니다.

동·서 東西
철학상담 10강

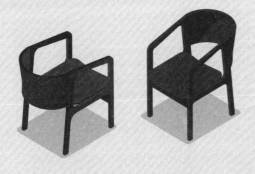

황정희 유성선 윤석민 김여진 이기원 박길수 이진남 허서연 최희봉 김선희 박정선

앨피

차례

2부
서양철학

머리말

　이 책의 내용을 구상하던 시기에 필진들의 주요 관심사는 현대사회에서 급속한 산업 발전이 초래한 현대인들의 불안과 우울, 차별, 자살 등에 대한 철학적 해결 방법의 모색이었다. 이제 발간을 앞두고 머리말을 쓰는 지금 코로나19가 크게 유행하고 있다. 산업 발전에 따른 심리적·정서적 장애 및 좌절 위에 팬데믹에 따른 '코로나 블루'까지 겹치면서 불안과 우울 문제가 크게 주목받고 있다. 팬데믹·우울증·이혼율 등의 용어가 코로나 뒤에 붙어 사용될 만큼 우리 사회가 큰 혼란과 우려 속에 놓여 있음을 실감한다. 이제 이 사회가 사회적 거리 두기, 생활 속 거리 두기, 비대면 등의 방식으로 나름의 활로를 찾아가고 있는 가운데, 우리 필진들은 불안과 우울에 대한 철학적 치유라는 기치 아래 그 활로 모색에 동참하고자 한다

　이 책은 '일상日常과 이상異常에서 철학 실천하기'의 모토를 구현하기 위한 기초작업으로서, 강원대학교 철학과 BK21 교육연구팀의 결실을 묶은 철학실천총서의 첫째 권이다. 특히 이 책은 철학상담 및 철학실천과 관련된 강의 교재로 활용될 수 있도록 구성했다. 균형 있는 구성을 위해 고대에서 현대까지 동양철학과 서양철학의 분야를 각각 5강씩 배치하였으며, 철학사에서 철학자 또는 철학의 한 학파가 보여 주는 철학상담 및 철학실천의 형태를 소개하고, 철학상

담과 철학실천의 주된 대상인 불안·소수자·우울·관계·정서와 감정·행복·자살 등의 문제를 다루었다.

　황정희·유성선의 〈공자의 철학상담과 도덕적 불안감 해소〉는 현대인의 도덕적 불안감 해소 방법을 공자 철학을 바탕으로 한 철학상담의 측면에서 찾고자 한다. 인간은 누구든 도덕 본성을 지니고 있고 그것을 찾을 도덕 주체성을 지녔음을 공자의 '위인유기爲仁由己'를 바탕으로 주장한다. 공자의 위인유기가 현대인에게 본성에 대한 자각, 인仁을 주재主宰하는 주체성 확립 등을 강화하여 인간으로서의 존재 가치를 확립하고 도덕적 주체성을 길러 줌으로써 도덕적 불안을 자가치유할 수 있다고 본다. 더불어 공자가 제시한 여러 가지 수양 방법을 구체적으로 제시하고 있다.

　윤석민의 〈디아스포라,《장자》부전형자不全形者의 관계 맺기: 타자성과 그 철학실천〉은 이주민·장애인 등의 소수자를 바라보는 우리의 그릇된 시각을 교정하기 위해, 장자 철학의 몇 가지 우언과 개념을 새롭게 해석하고 있다. 우리 사회의 이주민(디아스포라)과《장자》속 장애인(부전형자不全形者)의 삶의 방식이 타자성에 근거하고 있음을 논증하고, 나아가 부전형자가 제기한 무기無己한 삶, 화인和人의 관계 등이 물아物我의 공존과 화해를 담보할 수 있는 공동체의 윤리임은 물론, 공동체 구성원 각자의 실천윤리임을 제안하고 있다.

　김여진의 〈순자 철학과 공심치유〉는 최근 이슈가 되고 있는 철학상담의 치료적 관점에서 대학생의 우울에 대해 살펴본다. 특히, 공심空心이 일으키는 특정 증세에 대해 순자 철학을 기반으로 한 완화 및 해소의 방법을 모색한다. 구체적으로는 순자의 폐심蔽心, 허심虛心, 성심聖心의 상태가 '공심空心'과 어떠한 관계에 있는지 밝히면서

차次 경계로의 이행을 위한 추동의 원리를 그의 '종시終始' 철학에서 찾는다. 또한 순자의 담화 기법인 '시찰비是察非', '비찰시非察是'가 상호 어떠한 구조, 함의, 성격, 가치, 접근법을 지니는지 구체적인 사례를 들어 논의한다.

이기원은 〈주희의 격물치지론과 철학상담〉을 논했다. 격물치지는 자自를 둘러싼 세계와 매일 부딪히는 타자를 어떻게 이해하고 받아들여야 하는지, 어떠한 삶의 방식으로 살아가야 하는지, 이른바 관계성과 변용, 지속의 문제와 그 해결에 관계한다. 격물치지는 세계, 존재의 본질, 도덕윤리 등 세계를 구성하는 모든 것에 대한 사유를 통해 삶의 방향과 질서를 형성하는 것이다. 따라서 격물치치를 통해 개념화되고 고정화 · 규정화되어 나타나는 행동에서 병리적인 문제를 만들어 내는 근본 원인을 밝히고 치유의 가능성을 모색할 수 있는 방법을 찾을 수 있다.

박길수의 〈왕양명의 철학상담과 정감치유〉는 명대明代 중기의 대표적인 심학자 왕양명의 대표 저서 《전습록傳習錄》에 인간의 정감의 본질과 특징, 그리고 수양과 치유에 대한 매우 풍부한 논의가 등장함에 주목한다. 왕양명의 정감치유 이론과 사례를 분석하고 정리한 이 글은 왕양명의 철학상담의 기본 이념과 방법을 개괄하는 데 일조할 것이다. 또한 현대에 들어 한국에서 매우 빠르게 확산되는 정신병리의 현상 가운데 특히 정감과 관련된 병리 현상을 자기치유라는 새로운 시각과 방법에서 다룰 수 있는 시사점과 의의를 제공해 줄 것이다.

이진남의 〈스토아철학과 철학실천〉은 스토아철학을 철학실천에 적용하기 위한 준비 작업이다. 우선 기존의 인지주의 심리치료와 철학상담의 스토아철학 활용을 검토하고, 스토아철학의 핵심 사상을 우주의 이법과 개인의 행위 간의 일치, 자족성과 책임의 강조, 이성과 감정의 연관성, 덕과 행복의 일치, 강인한 삶을 위한 철학실천으로 정리한다. 이어 운명을 받아들이고 포기할 수 있는 결단의 철학, 항덕과 행복 개념, 여타 다른 철학적 요소들과의 합작을 통한 새로운 기법 개발의 가능성을 철학실천 분야에 제대로 활용할 수 있는 스토아철학의 요소로 제시한다.

허서연의 〈에피쿠로스 철학과 철학상담〉은 현대인의 행복 개념과 유사한 에피쿠로스의 쾌락 개념에 대한 두 가지 해석을 비교, 분석함으로써 현대인의 정신건강과 행복을 추구하는 철학상담에 기초를 놓는다. 우선 에피쿠로스 철학에 대한 대표적 해석의 하나이자 가장 흔한 오해로서 감각적이고 외적인 자극의 충족에서 오는 감정적 만족 상태로서의 쾌락 개념을 흄의 텍스트를 통해 제시하고, 이에 대비해 실제 에피쿠로스의 쾌락 개념은 철학적 반성을 통해 도달하는 내적 고요의 상태임을 밝힌다. 잘못된 쾌락 개념은 우리 삶에 오히려 고통을 불러올 수 있다. 쾌락에 대한 이와 같은 깊은 철학적 성찰은 내담자와 함께하는 철학하기에서 실질적인 도움이 될 것이다.

최희봉의 〈흄과 철학상담〉은 철학상담사를 약사에 비유하면서, 약국에 약이 준비되어 있어야 하듯이 철학상담을 위해서는 상담을 위해 마련된 철학이 준비되어야 한다는 입장에서 논의를 시작한다. 한 철학상담사가 철학의 모든 분야에 대해 전문 지식을 갖추는 것은 현실적으로 어렵기에, 이런 철학상담사들에게 추상적이고 학문적인 철학의 원재료를 철학상담에 맞게 가공한 '철학의 환약'이 필요하며, 이런 중간 단계의 가공물을 제공하는 것이 이 글의 목적임을 밝힌다. 이런 작업을 위해 필자가 택한 대상은 근대 영국의 철학자 데이비드 흄David Hume의 철학이다. 영미와 유럽에서 칸트에 비견되는 비중을 지닌 흄의 철학은 아카데믹하고 전문적인 내용뿐만 아니라 현대인의 건강한 삶을 위해 필요한 값진 지혜도 풍부하게 포함하고 있기 때문이다. 이 글에서 주목하는 흄의 철학적 논제는 그의 주저인 《인성론》 1권과 《인간오성론》에서 제시된 그의 '인식론적 회의주의'와 '자연주의', 그리고 '온건한 회의주의'이다. 이 글에서 필자는 이 세 가지 논제의 철학적 맥락을 제공하며, 이것들의 상담적 함의 또는 활용 가치에 대해 살펴본다.

박정선·김선희의 〈철학상담의 대상으로서 청소년 자살의 실존철학적 연구〉는 청소년 자살의 실존적 원인에 속하는 자아정체성 혼란, 감정이나 충동 조절 능력의 취약 이유를 실존철학적으로 성찰한다. 키르케고르의 심미적 실존을 욕망Begierde의 3단계, 즉 '꿈꾸고 있는träumend' 욕망, '찾고 있는suchend' 욕망, '욕망하고 있는begehrend' 욕망을 통해 분석함으로써, 키르케고르 사상에서 욕망의 탄생 과정을 드러내는 동시에 욕망의 탄생 과정과 자아정체성 혼란이나 감정·충동 조절의 취약성과의 연관성을 실존철학적으로 짚어 본다.

김선희의 〈불안과 철학상담: 사이존재의 사이기분〉은 불안Angst을 철학과 심리학의 융합적 관점에서 살펴봄으로써 불안에 대한 심리학적 접근의 토대로서 철학적 차원을 환기시킨다. 이 과정에서 가능성과 현실성 사이, 또는 분열과 봉합 사이 순간이 수반하는 사이기분Zwischenstimmung으로서 불안을 드러낸다. 특히 필자는 사이존재 Zwischensein로서 인간의 사이성Zwischeheit이라는 새로운 개념을 통하여 키르케고르에 의해 제시되었지만 종합Synthese이라는 개념에 의해 묻혀 버린 그의 독보적인 철학상담적 차원을 드러낸다.

2020년 8월 6일, 우리 사업팀이 4단계 BK21 사업에 예비 선정되었다는 희소식이 전해졌다. 이 자리를 빌려 4단계 BK21 사업 선정을 위해 헌신적인 노력을 아끼지 않은 핵심 실무진 부팀장 윤석민 교수와 김여진 연구교수에게 깊은 감사를 드리며, 이들을 뒷받침하여 수고를 마다하지 않은 철학과 동료 교수들께도 무한한 존경과 애정의 뜻을 표한다. 무엇보다 2016년부터 BK21 사업의 긴 여정을 함께해 준 참여교수, 연구교수, 참여대학원생 모두에게 진심 어린 감사의 마음을 전한다. 마지막으로 어려운 여건 속에서도 이 책을 발간하는 데 여러 가지로 힘써 주신 도서출판 앨피에도 두 손 모아 감사 드린다.

2020년 10월 09일
사업팀장 최희봉

1부

동양철학

1

공자의 철학상담과 도덕적 불안감 해소

황정희 · 유성선

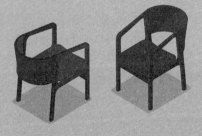

이 글은 《孔子學》 제31호(2016. 11. 한국공자학회)에 게재된 〈孔子의 '爲仁由己'를 通한 道德的 不安感 硏究─철학치료의 불안 해소를 중심으로─〉를 수정 보완한 것이다.

시작하는 말

불안은 인간의 삶과 동시에 동반된 감정이다. 거대한 자연 앞에서 느꼈을 미약함은 인간에게 불안 그 자체였을 것이다. 현대인 역시 다양한 종류의 불안을 겪고 있고 불안 자체로부터 자유롭지 못하다. 최근 들어서는 사회 전반에 도덕적 불안[1]이 늘고 있다.

현대인이 도덕적 불안을 느끼는 원인이 무엇이며 그 해결책은 무엇일까? 현대인은 몰沒인간적인 과학문명과 물질만능의 자본주의사회에서 인간과 물질의 가치가 전도되는 가치관의 혼란을 겪고 있고 인간 고유의 도덕성과 도덕 주체성을 잃어 가고 있다. 이러한 혼란과 상실의 과정에서 소외·고독·불안·자살·살인·방화·약탈·괴롭힘 같은 각종 정서적·행동적 문제들이 생기고 있다. 도덕적 주체로서의 자각을 잃고 도덕심에 따라 판단하고 행동할 수 없게 되면 좁게는 개인이 도덕적 불안에 직면하게 되고 넓게는 사회구성원 전체가 도덕적 불안에 휩싸이게 된다.

도덕적 불안은 개인에게 심신의 병증으로 나타날 뿐 아니라 사회전체의 조화로운 삶에 있어서 나쁜 영향을 미친다. 개개인의 불안 해소가 곧 사회 전체의 합리적 조화로움으로 이어지려면 반드시 스스로 내적 성찰과 도덕적 수양으로부터 시작해야 한다. 즉, 먼저 자

---

[1] 道德的 不安은 일반적으로 도덕적 행위의 규준에 비추어 볼 때 어긋나는 행동을 하거나 그 규준에 맞추어 행동하지 못했을 때 느끼는 죄의식이나 부끄러운 감정을 말한다. 본 글은 공자 철학을 기반으로 하고 있으며 인의 내재성을 강조하고 있다. 본 글에서 사용하는 '도덕적 불안'은 일반적인 의미를 지니고 있으며 그 의미를 확장하여 인간이 도덕 주체로서의 자각 즉, 仁한 본성을 잃었을 때 느끼게 되는 심리적 虛氣 상태를 포함하고 있다.

신의 도덕적인 주체성을 배양해야 하는 것이다.[2] 따라서 도덕적 불안을 해소하기 위해서는 인간으로서의 가치를 깨닫고 도덕적 주체로서 개개인의 도덕심을 회복하는 것이 매우 중요하다. 개개인이 인간 존재로서 뛰어난 가치를 자각하고 내재한 도덕성을 회복하며, 이를 바탕으로 끊임없이 수양하여 뚜렷한 도덕 주체성을 정립한 후, 마음이 시키는 대로 행동해도 사회적 규범이나 도덕에 어긋나지 않는 경지[3]에 이른다면 도덕적 불안을 느낄 이유가 없게 되고 나와 사회가 모두 편안함을 느끼게 될 것이다.

이 글은 현대인의 도덕적 불안을 공자의 사상 중 위인유기爲仁由己[4]와 공자가 제시한 여러 가지 수양 방법을 통해 자가치유할 수 있음을 제시하고자 한다. 또 공자의 위인유기가 현대인에게 본성에 대한 자각, 인仁을 주재主宰하는 주체성 확립 등을 강화하여 인간으로서의 존재 가치를 확립하고 도덕적 주체성을 길러 줌으로써 도덕적 불안을 자가치유할 수 있다고 본다.

공자孔子의 안安과 불안不安

현대인은 일상생활에서 도덕적 불안에 직면하지 않을 수 없는데 그렇다면 이 문제를 어떻게 해결할 것인가? 공자 철학에서는 도덕적 불안의 문제가 위인유기를 출발점으로 하여 끊임없는 수양의 과정을 거쳐 종심소욕불유구從心所欲不踰矩의 경지에 다다를 때 행동에

---

2 牟宗三,《中國哲學的特質》, 學生書局, 民國 79年, 15쪽 參照.

3 《論語》,〈爲政〉 4장: "從心所欲, 不踰矩."

4 《論語》,〈顏淵〉 1장: "爲仁由己, 而由人乎哉."

있어 인하지 않음이 없게 되며, 도덕 주체로 부동不動의 도덕심을 획득함으로써 해결될 수 있다고 본다.

공자는 "인仁이 멀리 있는가? 내가 인하고자 하면 인은 이르는 것이다"[5]라 했다. 이는 도덕심, 즉 인을 행하는 주체가 '나(己)'임을 말하며, 모든 사람이 도덕 주체로서 의지를 가지면 내재한 도덕심은 저절로 드러난다는 것이다. 인은 도덕심인 동시에 도덕적 행위의 덕목으로 나로 말미암아 나의 본질적인 도덕심을 회복하게 하는 주재성主宰性을 가진다. 유가철학에서 인간은 도덕적 주체로서 도덕심에 따라 실천하기 때문에 극기복례克己復禮하여 성인聖人의 경지에 이를 수 있는데, 이때의 성인은 도덕적 불안에서 자유로운 존재이다.

2,500년 전 춘추시대의 공자도 도덕 본성에서 기인한 안安과 불안不安에 대해 말했다. 공자가 살았던 춘추시대는 주周나라의 봉건제도가 무너지면서 "사설邪說과 폭행暴行이 심하여 신하가 군왕을 죽이고 자식이 아비를 죽이는 일이 흔한 세상으로, 도덕적으로나 정치적으로 혼란이 극에 이른 시대였다."[6] 그 혼란한 시대를 바로잡고자 정치에 뜻을 두었던 공자는 끊임없이 옛것을 배우고 익히는 과정에서 스스로 도덕 주체, 즉 인의 경지에 이르렀을 것이다. 당시 신하가 임금을 죽이고 자식이 부모를 죽이는 일이 흔했다고 하는데, 현대에도 형태만 다를 뿐 당시와 마찬가지로 사회적인 문제가 드러나고 있으며 개인과 사회의 도덕적 불안을 만들어 내고 있다. 공자는 인간의 도덕적 불안은 인의仁義를 잃어버리고 예禮에 어긋나기에 생긴다고 보았다.

---

5 《論語》,〈述而〉 29장: 子曰, "仁遠乎哉? 我欲仁, 斯仁至矣."
6 윤시형 외,《孔子 사상의 발견》, 서울: 민음사, 1992, 15쪽 참조.

재아宰我가 물었다. "3년상喪은 그 기간이 너무 긴 것 같습니다. 군자가 3년 동안 예를 행하지 않으면 예가 반드시 무너지고, 3년 동안 악樂을 익히지 않으면 악이 반드시 무너질 것입니다. 묵은 곡식이 이미 없어지고 새 곡식이 익으며 불씨를 취하는 나무도 바뀌니 1년이면 그칠 만하지 않습니까?" 공자가 말하기를 "쌀밥을 먹고 비단옷을 입으면 너는 편안하냐?" 하시니 대답하기를 "편안합니다" 하였다. "네가 편안하거든 그렇게 하라. 그렇지만 군자는 상중에는 맛있는 음식을 먹어도 그 맛을 모르고, 멋진 음악을 들어도 즐겁지 않으며, 거처도 편안하게 할 수가 없다. 그러므로 그렇게 하지 않는 것이다. 지금 네가 편안하거든 그렇게 해라." 재아가 나가자 공자가 말하기를 "재아는 인하지 못하구나. 자식이 태어나서 3년이 지난 후에야 비로소 부모의 품을 벗어난다. 3년의 상은 천하의 공통된 상인데 재아는 3년 동안의 사랑이 그 부모에게 있었는가?"[7]

공자는 인의 실천 덕목 중 효제孝弟를 근본으로 삼았다.[8] 위 글에서는 3년상의 예법과 함께 인간 본성에서 우러나오는 부모에 대한 덕, 즉 효를 중시하였다. 재아는 군자가 3년상 기간에 예를 행하지 않으면 예는 반드시 무너질 것이기 때문에 그 기간이 길다며 1년이면 되지 않겠느냐고 물었다. 공자는 재아에게 부모가 돌아가시고 3

7　《論語》,〈陽貨〉 21장: 宰我問, "三年之喪, 期已久矣. 君子三年不爲禮, 禮必壞, 三年不爲樂, 樂必崩. 舊穀既沒, 新穀既升, 鑽燧改火, 期可已矣." 子曰, "食夫稻, 衣夫錦, 於女安乎?" 曰, "安." "女安則爲之! 夫君子之居喪, 食旨不甘, 聞樂不樂, 居處不安, 故不爲也. 今女安則爲之!" 宰我出. 子曰, 予之不仁也! 子生三年, 然後免於父母之懷. 夫三年之喪, 天下之通喪也, 予也有三年之愛於其父母乎!"
8　《論語》,〈學而〉 2장: "孝弟也者, 其爲仁之本與."

년상을 치르는 기간에 좋은 음식을 먹고 좋은 옷을 입어도 마음이 편안하겠느냐고 반문하는데 재아는 편안하다고 대답했다. 재아가 나가자 공자는 그를 불인不仁하다고 했다. 그렇게 말한 이유는 재아가 부모에 대해 효를 다하지 않음에도 도덕 본성에 있어 불안不安을 느끼지 못했기 때문이다. 공자는 당시 3년상이 상례喪禮의 한 가지였으나 단지 형식적으로 행하는 것이 아니라 사람의 본심, 즉 인의 드러남이 스스로에게서 말미암아 저절로 행하게 되는 효행을 인하다고 보았다. 재아는 본성에 반하게 행동하고도 불안을 느끼지 못하는데 이것은 도덕 주체로서 인하지 못한 것이다. 사람이 도덕성을 가지지 못했을 때 불안함을 느끼는 것은 본성, 즉 인에 기인한 것으로 볼 수 있다.

공자의 인성의 본질은 한마디로 말하면 인이라고 할 수 있다. 공자는 "인은 사람이다"⁹라고 했다. 인간에게 있어 인의 내재성을 분명히 표명한 것이다. 공자는 인간 내면의 도덕성을 바탕으로 삼아 실천과 수양을 통해 선한 본성을 회복하는 것을 추구한다. 인간이 선한 본성을 잃고 생각하거나 행동하면 편안하지 못한데 편안하지 못한 마음은 곧 불안감이다. 공자의 제자 증자曾子는 "공자의 도는 무엇으로 일관一貫했느냐는 물음에 공자의 도道는 충서忠恕라고 답한다."¹⁰ 인간은 자신의 마음에 거리낌이 없고 다른 사람을 배려하는 마음을 지니고 살 때 편안함을 느끼게 되는데, 이것이 자신과 타인에 대한 사랑으로서 인의 길인 것이다.

---

9   《孟子》, 〈盡心下〉 16장: 孟子曰, "仁也者, 人也."
10 《論語》, 〈里仁〉 15장: 子曰, "參乎! 吾道一以貫之." 曾子曰, "唯." 子出, 門人問曰, "何謂也?" 曾子曰, "夫子之道, 忠恕而已矣."

공자는 "군자는 자기를 수양하여 타인을 편안하게 해 주고 또 백성을 편안하게 해 주어야 한다. 이 일은 요堯임금 · 순舜임금께서도 오히려 부족하게 여기셨다"[11]라 했다. 공자는 본성에 따르는 것과 함께 자기 수양을 중시하였다. 그러므로 내재한 인한 본성을 깨닫는 데에서 그치는 것이 아니라, 끊임없이 수양하고 확충擴充하여 타인과 백성을 편안하게 하는 데 이르러야 하는 것이다. 공자는 "성인은 물론이거니와 군자君子를 만나는 것도 어렵다. 선인善人을 만날 수 없으면 떳떳한 항심恒心을 지닌 사람이라도 만나면 좋겠다"[12]고 했다.[13] 백성을 편안하게 만드는 군자는 도덕적 본성, 즉 인을 자각하고 스스로 수양하는 과정을 통해 도덕 주체성이 확고해진 존재이다.

유가철학에서 도덕은 외재한 종교상의 신조가 아니라 용솟음치는 도덕의식의 주체에 해당한다. 외부로 드러난 모든 도덕행위는 도덕 주체가 자각적 · 자율적 · 자주적으로 결정한 방향과 명령을 통해서 나온 단계적인 창조의 성과이다. 공자가 말한 '인'이 바로 이러한 도덕 주체이다. 그러므로 '인'은 리理이고 도道이며, 동시에 심心이다. 공자는 마음의 불안함 여부에 따라 인과 불인不仁을 구별하여 지적하였다.[14] 공자는 인을 도덕적 인격 발전의 최고 경지로 제시한다. 위에서 공자가 말하는 안 · 불안의 의미는 도덕적인 것이다. 안 · 불안

---

11 《論語》, 〈憲問〉 45장: 子路問君子. 子曰, "脩己以敬." 曰, "如斯而已乎?" 曰, "脩己以安人." 曰, "如斯而已乎?" 曰, "脩己以安百姓. 脩己以安百姓, 堯舜其猶病諸?"

12 《論語》, 〈述而〉 25장: 子曰, "聖人, 吾不得而見之矣, 得見君子者, 斯可矣." 子曰, "善人, 吾不得而見之矣, 得見有恆者, 斯可矣. 亡而爲有, 虛而爲盈, 約而爲泰, 難乎有恆矣."

13 주희는 註에서 張子의 말을 빌어 "恒心이 있는 자란 그 마음을 이랬다저랬다 하지 않는 것이요, 善人이란 인에 뜻을 두어 악함이 없는 것이다"라고 풀이했다.

14 蔡仁厚, 《공자의 철학》, 천병돈 옮김, 서울: 예문서원, 2000, 125쪽 참조.

이 인간 주체와 관련된 것이기 때문에 정신적 중심, 즉 도덕심이 흔들리면 일체 모든 것에 근본적인 영향을 끼치게 된다. 따라서 정신 주체를 안정시키는 공자의 위인유기는 도덕적 불안을 치유하는 근본적 치료 방법이 된다.

인간 본성 회복과 도덕적 불안증 해소 방법

공자는 인간은 누구나 인한 본성을 지녔다고 했다. 인간이 자신을 선한 본성을 지닌 존재라고 생각하는 것은 삶에 매우 큰 영향을 미친다. 인간은 사욕으로 인해 인한 본성을 잃어버리기 쉬운 존재이기도 하다. 그러나 스스로 다시 인한 본성을 회복할 수 있는 존재로 자각하는 것은 자아를 존중하고 주체적인 삶을 살아갈 수 있는 근거가 된다. 그러므로 인의 내재를 긍정하고 인하고자 하는 마음을 가지는 욕인欲仁은 도덕적인 삶의 근본 마음이자 실천이 된다. 인하고자 함으로 도덕적 삶의 주체로의 자각을 분명히 하고 자신을 극복하고 예에 합당한 삶을 살아간다면 내부적으로나 외부적으로 다가오는 도덕적 불안을 해소할 수 있을 것이다.

욕인欲仁

공자는 인의 내재성과 함께 인의 주체적 실천을 강조하였다. "인이 멀리 있는가? 내가 인하고자 하면 인은 이르는 것이다."[15] 이 구절에 대해 주희朱熹(1130~1200)는 "인은 마음의 덕德이니 밖에 있는 것이 아니로되 놓아두고 찾지 않으므로 멀다고 여기는 자가 있는 것이다.

---

15 《論語》, 〈述而〉 29장: 子曰, "仁遠乎哉? 我欲仁, 斯仁至矣."

돌이켜 찾는다면 여기에 바로 있으니, 어찌 멀리 있겠는가"[16]라고 해석하였고, 정이천程伊川(1033~1107)은 "인을 행하는 것은 자신에게 달려 있다. 하고자 하면 이르니, 어찌 멂이 있겠는가"[17]라 했다. 인이 내재하므로 인에 이르는 길은 스스로 노력만 있으면 누구나 가능하다는 것이다.

공자는 "하루라도 그 힘을 인을 실천하기 위해 쓰려고 하는 사람이 있는가? 인을 실천하려 하지만 그 능력이 부족한 사람은 보지 못했다. 그러한 사람이 있을 법하나 나는 아직 본 적이 없다"[18]고 말했다. 인에 이르고자 하는 것이 능력의 문제가 아니라 힘쓰지 않는 것이 문제라는 것이다. 인간은 누구나 인한 존재이므로 능력에는 하등의 차이가 없고, 다만 힘쓰는 사람과 그렇지 않은 사람의 문제라고 본 것이다. "인을 행하는 데 힘을 다한다"는 것은 모든 사람이 자신이 주체로서 도덕 실천과 가치 창조에 힘쓸 수 있다는 것을 의미하며, 인간 본성의 계발을 통해 인간은 스스로 자신을 완성해 나갈 수 있다는 것이다. 또한 '안으로부터 밖으로, 자신으로부터 사물로' 나아가 확충이 가능해져 객관 세계와 주관 세계를 통하게 하고 융화하게 할 수 있다는 것이다.[19]

공자의 욕인은 인간의 본성, 즉 마음에 닿고자 하는 수양이다. 이 것은 맹자의 양심養心과도 뜻을 같이한다. 맹자도 마음을 기르는 것

---

16 《論語》, 〈述而〉 29장 朱熹註: 仁者 心之德, 非在外也. 放而不求 故 有以爲遠者. 反而 求之 則卽此而在矣 夫豈遠哉.
17 《論語》, 〈述而〉 29장 朱熹註: 程子曰, "爲仁由己 欲之則至 何遠之有."
18 《論語》, 〈里仁〉 6장: 子曰, "有能一日用其力於仁矣乎. 我未見力不足者. 蓋有之矣, 我 未之見也."
19 蔡仁厚, 《공자의 철학》, 68쪽 참조.

을 매우 중요하게 생각했다.

공도자가 물었다. "똑같은 사람인데 어떤 사람은 대체大體를 따르고 어떤 사람은 소체小體를 따르는 것은 어째서입니까?" 맹자가 말했다. "귀와 눈의 기능은 생각을 못하기 때문에 사물에 가리어진다. 사물이 사물과 만나면 거기에 끌려갈 뿐이다. 마음의 기능은 생각하는 것이니, 생각하면 얻고 생각하지 않으면 얻지 못한다. 이것은 하늘이 사람에게 부여한 것이니, 먼저 큰 것을 세워 놓으면 작은 것이 빼앗을 수 없다. 이것이 대인이 되는 이유일 뿐이다."[20]

여기서 대체는 마음이고, 소체는 귀와 눈 등을 말한다. 주희는 범준范浚[21]의 〈심잠心箴〉을 들어 주註를 달았다.

아득하고 아득한 천지는 굽어보고 우러러봄에 끝이 없다. 사람이 그 사이에 작게 몸을 두고 있으니, 이 작은 몸은 비유하면 태창太倉의 한 낟알에 불과한데 참여하여 삼재三才가 됨은 마음 때문이다. 예나 지금 이나 누가 이 마음이 없겠는가마는 마음이 형체에 사역을 당하여 마침 내 금수가 되는 것이다. 입, 귀, 눈과 손발과 동정動靜이 마음속 빈틈을 파고 들어와 마음의 병이 된다. 한 작은 마음을 여러 욕심이 공격하니,

---

20 《孟子》,〈告子長句 上〉 15장: "曰, 鈞是人也, 或從其大體, 或從其小體, 何也. 曰, 耳目之官, 不思而蔽於物. 物交物, 則引之而已矣. 心之官則思, 思則得之, 不思則不得也. 此天之所與我者. 先立乎其大者, 則其小者不能奪也. 此爲大人而已矣."

21 范浚(1102~1151)은 남송 무주 난계 사람으로 자는 무명이고 호는 향계다. 학문적 성향은 心學이 중심이었는데 存心養性과 愼獨, 知恥知悔를 강조했다. 저서에《香溪集》이 있는데, 朱熹가 그중에서 〈心箴〉을 대단히 존중했다.

그 보존된 것이 아, 얼마 되지 않는다. 군자는 성誠을 보존하여 능히 생각하고 능히 경敬하나니, 천군天君(사람의 마음)이 태연泰然하여 백체百體(온갖 몸)가 명령을 따른다.[22]

맹자는 "인간이 금수와 다른 것이 거의 없다"[23]고 했는데, 이것은 거의 차이가 없다는 것이다. 주희는 금수와의 이 작은 차이를 대체, 즉 마음 때문이라고 했다. 여기에서 마음은 타고난 본성을 말한다. 욕인은 인하고자 하는 내적인 마음의 실천이다. 인간은 마음만 있는 것이 아니고 외부 세계와 직접 닿는 몸을 지닌 존재이기에 사욕에 흔들리며 살게 된다. 사람이 욕망을 충족하려는 것은 자연스럽지만 이것이 인하지 않을 때는 인에서 멀어지게 되고 본성을 잃어버리게 된다. '입, 귀, 눈과 손발과 동정이 마음속 빈틈을 파고 들어와 마음의 병이 된다'고 했는데, 이는 우리가 마음의 빈틈, 즉 사욕으로 인해 내재한 인을 조금씩 잃어버려 생기는 틈으로 마음의 병을 얻게 된다는 것이다. 그러므로 마음의 병으로 불안하지 않기 위해서는 욕인해야 하는 것이다. 인간이 가치의 혼란을 느끼고 사욕에 이끌려 자신의 생활을 주재할 수 없을 때 마음의 불안과 갈등이 생기고 이로 인해 도덕적 불안에 이르게 된다. 그러므로 내재한 본성의 회복을 통해서만이 도덕적인 불안으로부터 편안함을 이끌 수 있는 것이다.

---

22 《香溪集》,〈心箴〉: "茫茫堪輿, 俯仰無垠. 人於其間, 眇然有身, 是身之微太倉稀米. 參爲三才 曰惟心爾. 往古來今 孰無此心 心爲形役 乃獸乃禽. 惟口耳目 手足動靜 投間抵隙 爲厥心病. 一心之微 衆欲攻之 其與存者 嗚呼幾希. 君子存誠 克念克敬 天君泰然 百體從令."
23 《孟子》,〈離婁章句下〉19장: 孟子曰, "人之所以異於禽於獸者幾希."

위인유기와 극기복례克己復禮

공자가 말하는 불안이란 앞서 말한 바와 같이 인간의 본성에 반하여 행동했을 때 생기는 심리 현상이다. 따라서 내가 지닌 본성을 지키면 해소되는 것이다. 공자에게 있어 본성은 인이다. 공자에게 불안을 해소하는 것은 한마디로 말하면 '위인유기'일 것이다. 위인유기는 극기복례를 포함하여 일체 심리를 안정시키는 방법이 된다. 욕인이 내적인 마음 수양이라면 극기복례는 외적인 실천 수양으로 볼 수 있다. 사람은 몸을 가진 존재로 사욕에 의해 본성을 잃기 쉽다. 공자는 "사람이 인하지 않으면서 예는 어떻게 실행하며, 사람이 인하지 못하면 악을 어떻게 할 수 있는가"[24]라 했다. 예악禮樂은 그 기본에 인이 있어야 한다. "예악은 도덕적으로 완전한 인격을 양성하는 까닭이 되며, 행위 규범의 근거가 되는 것"[25]이다. 극기복례는 현실에서 사욕을 이겨 내는 수양이며 공자는 이것을 가능하게 하는 일정한 규칙이나 질서가 예라고 했다.

안연顔淵이 인에 대해 물으니 "자신의 사사로운 욕심을 이겨 내서 예로 돌아가는 것이 인을 행하는 것이다. 하루라도 극기복례하면 천하가 인에 돌아갈 것이다. 인을 행함이 나에게 달린 것이지, 어찌 남에게 달려 있는가!" 안연이 다시 묻기를, "그 조목이 무엇입니까?"라고 하자 공자가 말하길 "예가 아니면 보지도 말며, 예가 아니면 듣지도 말며, 예가 아니면 말하지도 말며, 예가 아니면 움직이지도 말아야 한다"[26]고 했다.

---

24 《論語》,〈八佾〉3장: 子曰, "人而不仁, 如禮何? 人而不仁, 如樂何?"
25 서경요,《한국유교지성론》, 서울: 유교문화연구소, 2003, 29쪽 참조.
26 《論語》,〈顔淵〉1장: 顔淵問仁. 子曰, "克己復禮爲仁. 一日克己復禮, 天下歸仁焉. 爲

정이천은 "예가 아닌 것이 바로 사의私意이니, 이미 사의라면 어떻게 인일 수 있겠는가. 모름지기 자신의 사의를 이겨 다해서 모두 예에 돌아가야 비로소 인이 될 수 있는 것"이라고 하고 또한 "극기복례를 하면 일마다 모두 인해진다. 그러므로 천하가 인을 허여한다고 말씀한 것"[27]이라고 했다. 예는 인격을 수양하고 자아를 실현하는 한편 도덕적 문화사회인을 육성한다.[28] 예는 단지 형식일 뿐 아니라 인을 표현하는 빙법으로 볼 수 있다. 제자 안연이 극기복례의 조목을 묻자, 공자는 "예가 아니면 보지도 말며, 예가 아니면 듣지도 말며, 예가 아니면 말하지도 말며, 예가 아니면 움직이지도 말아야 한다"고 했다. 이에 대해 정이천은 "이 네 가지는 몸의 쓰임이다. 심중心中으로 말미암아 밖에 응하니, 밖에 제재함은 그 심중을 기르는 것"[29]이라 했다.

사람은 마음과 몸을 함께 지닌 존재이기에 늘 사욕에 흔들려 인한 마음을 잃어버리기 쉽다. 인간은 사욕을 누르고 타인과 조화로운 삶을 살기 위해 사회에서 최소한 지켜야 할 규범이 필요한데 이러한 법도가 예이다. 이때 중요한 것은 예의 형식적인 면과 본질적인 면이 잘 어우러져야 한다는 것이다. 공자는 "예를 행할 때는 사치하느니보다 검박해야 하고, 상례 때에는 이것저것 겉치레하기보다는 진

仁由己, 而由人乎哉?" 顔淵曰, "請問其目." 子曰, "非禮勿視, 非禮勿聽, 非禮勿言, 非禮勿動." 顔淵曰, "回雖不敏, 請事斯語矣."

27 《論語》,〈顔淵〉1장 朱熹註: 程子曰, "非禮處 便是私意 旣是私意 如何得仁 須是克盡己私 皆歸於禮 方始是仁 又曰 克己復禮 則事事皆仁 故 曰天下歸仁."

28 남상호,〈예기와 공자 인학〉,《육경과 공자인학》, 서울:예문서원, 2003, 120쪽 참조.

29 《論語》,〈顔淵〉1장 朱熹註 : 程子曰, "四者, 身之用也. 由乎中而應乎外 制於外 所以養其中也."

심으로 애통해야 한다."[30] "본바탕이 겉꾸밈을 이기면 속되고, 겉꾸밈이 바탕을 이기면 겉치레만 잘하는 것이니, 바탕과 겉꾸밈이 함께 빛이 나야 군자이다."[31] "군자가 보통 사람과 다른 까닭은 마음을 간직하고 있기 때문이다. 군자는 인을 마음에 간직하고, 예를 마음에 간직한다"[32]고 했다. 예를 행함에 있어 그 안에 진심 어린 인의 마음이 있을 때 가장 조화로운 것임을 말한 것이다.

맹자도 이러한 예법의 필요성을 비유하여 말했다. "이루離婁의 눈 밝음[33]과 공수자公輸子의 솜씨로도 규구規矩[34]를 쓰지 않으면 방형方形과 원형圓形을 이루지 못하고, 사광師曠의 귀 밝음으로도 육률六律[35]을 쓰지 않으면 오음五音을 바로잡지 못하고, 요순의 도道로도 인정仁政을 쓰지 않으면 천하를 평치平治하지 못한다"[36]고 했는데 여기서 규구와 육률과 인정은 예의 형식으로 볼 수 있다.

《예기禮記》에서는 "무릇 삼왕은 세자를 반드시 예와 악으로 가르쳤다. 악은 내면을 닦는 데 쓰이고 예는 외면을 닦는 데 쓰인다. 예악이 마음속에서 서로 만나 섞여서 그것이 밖으로 모습이 되어 나타난

---

30 《論語》,〈八佾〉4장: 林放問禮之本. 子曰,"大哉問! 禮, 與其奢也寧儉, 喪, 與其易也寧戚."

31 《論語》,〈雍也〉16장: 子曰,"質勝文則野, 文勝質則史. 文質彬彬, 然後君子."

32 《孟子》,〈離婁下〉28장: 孟子曰,"君子所以異於人者, 以其存心也. 君子以仁存心, 以禮存心. 仁者之."

33 離婁는 黃帝 때 사람으로 百步나 떨어진 곳에서도 털끝을 구별한 눈이 밝은 사람이었다.

34 規는 圓形을 만드는 기구이고, 矩는 方形을 만드는 기구이다.

35 六律은 대를 잘라 대통으로 만든 악기이다.

36 《孟子》,〈離婁上〉1장: 孟子曰, 離婁之明 公輸子之巧 不以規矩 不能成方員. 師曠之聰 不以六律 不能正五音 堯舜之道 不以仁政 不能平治天下."

다"[37]고 하였다. 예악은 내면과 외면을 함께 확충해 나갈 수 있도록 해 주는 것임을 말한다. 예와 더불어 악 또한 외부적인 면을 수양하는 형식이 되었음을 알 수 있다. 공자가 말하기를 "시에서 흥기시키며, 예에 서며, 악에서 완성한다"[38]고 했는데, 주희는 주해에서 "악에는 오성五聲과 십이율十二律이 있어 번갈아 화답하여 가무歌舞와 팔음八音의 절도節度를 삼는다. 그리하여 사람의 성정性情을 함양하여 간사하고 더러운 것을 깨끗이 씻어 내고 찌꺼기를 말끔히 녹여 낸다. 그러므로 배우는 자가 마지막에 의義가 정精해지고 인仁이 완숙해져 저절로 도덕道德의 화순和順함에 이르는 것을 반드시 이 악에서 얻게 되니, 이는 학문의 완성이다"[39]라 했다. 이것은 악을 최고의 수양 방법으로 본 것이다.

이 글에서는 공자의 위인유기를 통해 현대인의 도덕적 불안감을 해소하는 방법론으로 욕인과 극기복례를 들었다. 이것은 단지 방법론으로 그치는 것이 아니라 꾸준한 실천으로 자신의 일부가 되게 하여야 한다. 그래서 본래 자신의 마음속에 있는 인한 본성을 회복하고 인하게 행동하면 살아감에 있어 편안할 수 있을 것이다.

---

37 《禮記》,〈文王世子〉: "凡三王敎世子, 必以禮樂, 樂所以修內也, 禮所以修外也. 禮樂交錯於中, 發形於外."
38 《論語》,〈泰伯〉 8장: 子曰, "興於詩, 立於禮, 成於樂."
39 《論語》,〈泰伯〉 8장 朱熹註: "樂有五聲十二律, 更唱迭和, 以爲歌舞八音之節, 可以養人之性情, 而蕩滌其邪穢, 消融其査滓. 故, 學者之終, 所以至於義精仁熟而自和順於道德者, 必於此而得之. 是, 學之成也."

시詩 · 예禮 · 악樂과 희로애락喜怒哀樂의 감정 조절

공자가 "시에서 (희로애락을) 일으키고 예에서 그것을 바르게 세우며 음악에서 조화를 이루는 것이다"[40]라 한 말을 일반적으로 "시에서 (착한 것을 좋아하고 나쁜 것을 싫어하는 마음을) 흥기시키며, 예에 서며 악에서 완성한다"[41]라고 번역한다. 논자는 시 · 예 · 악을 희로애락의 감정 조절과 관련하여 논하고 있으므로 그 대상을 희로애락으로 삼은 것이다. 《예기禮記》에서는 예 · 악의 기능에 대해서 다음과 같이 말한다.

훌륭한 음악은 하늘과 땅이 함께 조화를 이루게 하고, 큰 예는 하늘과 땅이 함께 절도 있게 한다. 조화롭게 하니 만물이 각기 그 본성을 잃지 않고, 절도로 하늘에 기원하고 땅에 제사 지내는 것이다. 밝아서 예악이 있고 어두우니 귀신이 있다. 이같이, 천하 안 모두가 공경하고 함께 사랑하게 된다. 예는 서로 다름이 공경하여 합해지는 것이요, 악은 다른 음들이 사랑하여 합해지는 것이다. 예와 악의 본성이 같으니, 그러므로 명왕이 이것으로써 따름에 일과 때가 어울리고 지위가 공적에 적합했다. … 음악은 하늘과 땅의 조화이고, 예는 하늘과 땅 사이의 질서다. 조화로우니 만물이 모두 화합하고 질서가 있어 만물이 모두 구별되는 것이다. 음악은 하늘로 말미암은 작품이며, 예는 땅으로 말미암은 제도이다. 제도가 지나치면 어지러워지고, 작품이 지나치면 해친다. 하늘과 땅에 밝아

---

40 《論語》,〈泰伯〉8장: "子曰, 興於詩, 立於禮, 成於樂"
41 성백효 역주,《論語集註》, 서울: 전통문화연구회, 1990. 해석 참조.

지고 그런 다음에 능히 예악도 일어날 수 있는 것이다.[42]

이 문장처럼 시·예·악이 인간의 희로애락의 감정을 조절할 수 있는지에 대해 구체적으로 살펴보고자 한다.

시와 온유돈후溫柔敦厚

공자는 시의 교육 효과에 대해 다음과 같이 말했다. "그 나라에 들어가면 가르치는 것을 알 수 있다. 그 사람들이 온유하고 돈후한 것은 시를 가르치기 때문이다. … 그 사람이 온유돈후하고 어리석지 않으면 곧 시에 깊은 이해가 있는 사람이다."[43] 시를 공부하면 왜 온유돈후하며 어리석지 않게 되는 것일까? 시 속에는 철학은 물론 정치·문화·예술·역사 등 각종 이성적 지식이 담겨 있어 지식을 풍부하게 해 줄 뿐만 아니라, 감성적 언어로 쓰여져 사람의 마음에 직접 닿아 감동을 줄 수 있기 때문이다.

온유돈후함은 '온화하고 부드러우며 인정이 두텁다'[44]는 말로 마음이 매우 편안해야 드러나는 모습인데, 희로애락의 감정을 적절히 조절하고 관리할 수 있어야 가능해진다. 우리가 시를 읽음에 있어 이해하고 감동하는 데 이성의 작용과 감성의 작용이 함께 일어나서

---

42 《禮記》,〈樂記〉: "大樂與天地同和, 大禮與天地同節. 和故百物不失. 節故祀天祭地. 明則有禮樂, 幽則有鬼神. 如此, 則四海之內合敬同愛矣. 禮者, 殊事合敬者也. 樂者, 異文合愛者也. 禮樂之情同, 故明王以相沿也. 故事與時並, 名與功偕. … 樂者, 天地之和也. 禮者, 天地之序也. 和故百物皆化. 序, 故羣物皆別. 樂由天作, 禮以地制, 過制則亂, 過作則暴. 明於天地, 然後能興禮樂也."

43 《禮記》,〈經解〉: "孔子曰, 入其國, 其教可知也. 其爲人也, 溫柔敦厚, 詩敎也 … 其爲人也, 溫柔敦厚二不愚 則沈于詩者也."

44 조기형·이상억,《한자성어·고사명언구사전》, 이담북스, 2011.

감정을 조절하므로 온유돈후할 수 있게 되는 것이다.

희로애락의 감정 조절에 왜 이성과 감성 두 가지가 함께 작용해야만 하는 것인가? 이 질문에 대해 다음 글이 해답이 될 수 있다. "한 실험에서 화난 사람의 얼굴 사진 밑에 그의 '이름표'와 감정을 표시하는 '화났다'는 말을 각각 붙여 놓고 뇌의 반응을 살펴보았다. 기능성자기공명영상fMRI 장치로 검사해 보니, 사람의 '이름표'를 붙인 쪽보다 '화났다'는 말을 붙인 쪽에 대한 뇌의 편도체 반응이 현저히 줄어들었다고 한다. 이는 감정을 억누르지 않고 표현하면 감정을 담당하는 편도체의 작용이 약화된다는 말이다. 편도체는 측두엽 내부에 존재하는 뇌 구조물로서 변연계의 일부이며 동기 · 정서 · 학습에 중요한 역할을 한다. 따라서 감성언어로 감정을 표현함으로써 편도체의 작용을 조절하여 감성을 조절할 수 있다는 결론을 얻을 수 있다."[45] 그러므로 희로애락의 감정 조절에 이성의 작용과 더불어 감성적 언어가 함께 작용할 수 있다는 것이고, 시를 공부하는 것이 이러한 조절에 영향을 미친다고 볼 수 있다.

그렇다면 이러한 시를 가르치는 교육은 언제부터 시작되었을까? 《서경書經》에는 다음과 같이 기술되어 있다.

임금이 말했다. 기夔야! 너를 전악典樂으로 임명한다. 자제들을 가르치되, 곧으면서도 온유하고, 관대하면서도 두려워하며, 강하면서도 사납지 않고, 간략하면서도 오만하지 않게 하라.[46]

---

45 남상호, 《공자의 시학》, 강원대학교 출판부, 2011, 195~196쪽.
46 《書經》, 〈虞書〉: "帝曰: 夔, 命汝典樂, 教胄子. 直而溫, 寬而栗, 剛而無虐, 簡而無傲."

여기서 전악의 임무는 시를 가르치는 것은 아니지만, 그가 주관하는 음악 속에는 노랫말이 있고 이 노랫말을 시라고 볼 때 음악을 통한 시교는 이미 상고시대부터 이루어졌다고 할 수 있다. 공자도 "아이가 열세 살이 되면 음악을 배우고 시를 암송하게 했다"[47]라고 한 것으로 보아, 춘추시대에는 시교가 기본 교육의 하나였다고 볼 수 있다. 공자는 시교의 중요성을 알고 자식 교육은 물론 제자들의 교육에도 강조했다. "공자가 아들 백어에게 말했다. 너는 〈주남周南〉과 〈소남召南〉을 배웠느냐? 사람이 〈주남〉과 〈소남〉을 배우지 않으면 벽을 마주 보고 서 있는 것과 같으니라."[48] "시를 배우지 않으면 같이 대화를 할 수 없다"[49] 같은 문구를 통해 이를 알 수 있다. 이처럼 상고시대부터 시교는 희로애락의 감정을 적절히 조절해서 온유돈후하고 어리석지 않은 사람이 되게 하는 기능으로 가르쳐졌다. 시를 교육하는 것은 이성의 증대와 감성을 조절하는 기능을 함께 지녔다. 그러므로 희로애락 등의 감정들로 일어나는 사욕을 조절할 수 있게 되고 사욕으로 인해 잃어버리게 되는 인한 본성 즉, 도덕심을 회복하는 방법이 될 수 있다. 곧 현대인의 도덕적 불안의 치료 방법이 될 수 있다고 본다.

예와 절도節度

공자는 "예를 알지 못하면 설 수 없다"[50]고 했고 앞서 기술했듯이

---

47 《禮記》, 〈內則〉: "十有三年, 學樂誦詩."
48 《論語》, 〈陽貨〉10장: 子謂伯魚曰, "女爲周南召南矣乎? 人而不爲周南召南, 其猶正牆面而立也歟."
49 《論語》, 〈季氏〉13장: "不學詩, 無以言."
50 《論語》, 〈堯曰〉3장: "不知禮, 無以立也."

《예기》에는 "큰 예는 하늘과 땅이 함께 절도 있게 한다"[51]고 했다. 이렇게 절도 있는 감정 조절을 위한 예는 언제, 누가 만든 것일까? 예의 기원은 분명하지 않지만, 공자가 "은殷나라는 하夏나라의 예를 인습因襲했으니 그 가감加減한 것을 알 수 있으며, 주周나라는 은나라의 예를 인습했으니 그 가감을 알 수 있다. 혹시 주나라를 이을 자가 있다면 비록 100개 조대 이후의 일이라도 알 수 있을 것이다"[52]라 한 것으로 보았을 때, 고대 하나라에 이미 존재한 개념임을 알 수 있다.

　예는 희로애락의 조절과 관련하여 어떤 기능이 있을까? 《중용中庸》에는 "(희로애락을 포함한 인간의 감정을) 발하되 모두가 절도(禮)에 알맞은 것을 화和라고 한다"[53]라 했다. 이를 통해 희로애락 등의 감정 조절에 있어 예가 사회적으로 공인된 기준이 됨을 알 수 있다. 그래서 《예기》에서는 "삼왕은 반드시 그 자식을 예악으로 가르쳤다. 음악은 내면을 수양하는 것이고 예절은 외면을 수양하는 것이다. 예악이 마음속에 교차하여 수양이 되면 그것이 밖으로 드러나게 되는 것이다"[54]라고 말한 것이다. "예는 사람의 근본이 된다"[55], "사람이 인하지 않으면서 예는 어찌 할 수 있겠는가"[56]와 같은 문장을 통해 예는 그 바탕에 인이 자리함을 알 수 있다. 인간에게 있어 희로애락은

51　《禮記》,〈樂記〉: "…大禮與天地同節"

52　《論語》,〈爲政〉 23장: "子曰, 殷因於夏禮, 所損益可知也, 周因於殷禮, 所損益可知也. 其或繼周者, 雖百世可知也."

53　《中庸》 1장: "發而皆中節謂之和."

54　《禮記》,〈文王世子〉: "凡三王教世子, 必以禮樂. 樂所以修內也, 禮所以修外也. 禮樂交錯於中, 發形於外."

55　《左傳》: "禮, 人之幹也"

56　《論語》,〈八佾〉 3장: 子曰, "人而不仁, 如禮何."

늘 일어날 수 있는 감정인데 그러한 감정을 조절하고 절도 있게 해 주는 기능을 하는 것이 예이고, 이것은 인한 감정을 따르게 하는 것이므로 예로 수양하는 것이 결국 인간 본성을 따르는 것으로 볼 수 있다.

음악과 화기和氣

《사기史記》의 기록을 보면 "상고시대에 현명한 왕이 음악을 작곡하고 연주를 하도록 한 것은 마음을 즐겁게 하고 뜻을 유쾌하게 하여 욕망을 방자하게 하고자 해서가 아니라 오히려 잘 다스려 보려 한 것이다"[57]라 했다. 이 구절을 통해 음악이 희로애락의 감정을 조절해 사욕을 잘 다스리는 기능을 할 수 있다고 보았음을 알 수 있다.

중국에서는 음악이 왜 희로애락의 감정 조절 도구로 유용했을까? 중국철학에서는 동성상응同聲相應이나 동기상구同氣相求[58]를 전제로 대자연의 법칙을 이해했기 때문이다. 앞에서 본 바와 같이, 음악은 하늘과 땅이 함께 조화를 이루게 하고(同和), 사랑하여 합해지게 하고(異文合愛), 하늘로 말미암은 작품(樂由天作)이라는 것이다.

음악과 우리의 감정은 어떤 관계가 있을까? 《예기》에는 다음과 같은 말이 있다. "치세治世의 음은 편안한 마음을 일으켜서 즐겁게 하며 그 정치를 화합하게 한다. 난세亂世의 음은 원망하는 마음을 만들어 화나게 하며 그 정치가 민심과 동떨어지게 한다. 망국亡國의 음은 슬픈 마음을 일으켜 쓸쓸하고 슬프게 하며 그 백성을 고통스럽게 한

---

57 《史記》,〈樂書〉: "夫上古明王擧樂者, 非以娛心自樂, 快意恣欲, 將欲爲治也."
58 《역경》〈문언〉에 나오는 말. '동성상응'은 같은 소리는 서로 응대한다는 뜻으로 의견을 같이하면 자연히 서로 통하여 친해진다는 의미이다. '동기상구'는 기풍과 뜻을 같이하는 사람은 서로 동류를 찾아 모인다는 말이다.

다."⁵⁹ 이런 견해는 중국철학의 동기상구를 전제로 한 것이지만 우리
또한 이에 대해 경험적으로 동의할 수 있다. 하지만 지나치게 이론
적으로 치우친 나머지 다음과 같은 논의에까지 이르게 되었다.

　　궁음이 혼란하면 황량해지는데, 그 임금이 교만하기 때문이다. 상음
　이 혼란하면 기울어지는데, 그 신하의 위계가 무너졌기 때문이다. 각음
　이 혼란하면 근심이 생기는데, 그 백성이 원망하기 때문이다. 치음이
　혼란하면 슬퍼지는데, 그 일이 힘들기 때문이다. 우음이 혼란하면 위태
　로워지는데, 그 재화가 궁핍하기 때문이다.⁶⁰

　이 문장은 음악과 감정의 관계를 지나치게 단순하게 기술하고 있
어 음악과 희로애락의 관계를 올바르게 보았다고 할 수 없다. 음악
은 사람의 기운을 조화롭게 하여 희로애락을 조절할 수 있게 하며
마음을 편안하게 만들어 준다. 공자는 《예기》에서 "사람이 인하지
못하면서 음악은 어떻게 잘할 수 있겠는가"⁶¹라 말했다. 음악을 통
해 내재한 본성을 회복하는 근거를 마련할 수 있는 것이다. 현대에
도 음악치료학이라는 학문 분야가 있고 음악을 심리치료에 활용하
고 있다. 인간은 음악을 통해 본성과 조화로움을 이루며 그것을 통
해 편안함을 가질 수 있음을 알 수 있다. 종합해 볼 때, 시 · 예 · 악과
희로애락 감정 조절의 이상향은 어떤 것일까? 한마디로 오지일체五

---

59 《禮記》,〈樂記〉: "治世之音, 安以樂. 其政和. 亂世之音, 怨以怒, 其政乖. 亡國之音, 哀
　以思, 其民困."

60 《禮記》,〈樂記〉: "宮亂則荒, 其君驕. 商亂則陂, 其臣壞. 角亂則憂, 其民怨. 徵亂則哀,
　其事勤. 羽亂則危, 其財匱."

61 《論語》,〈八佾〉3장: "人而不仁, 如樂何?"

至一體의 경지에 이른 성인聖人이 되는 것이다. 아래의 문장에서 그 뜻을 알 수 있다.

(자하子夏) 감히 오지五至가 무엇인지 여쭙겠습니다. 공자가 말했다. "의지意志가 이르면 시 역시 이른다. 시가 이르게 되면 예 역시 이른다. 예가 이르게 되면 음악 역시 이른다. 음악이 이르게 되면 슬픔 역시 이른다. 슬픔과 즐거움은 상생하는 것이다. 이 때문에 눈을 밝게 뜨고 보아도 볼 수 없으며, 귀를 기울이고 들어도 들을 수 없다. 의지의 기운(志氣)이 천지에 가득 찬 것을 오지라고 하는 것이다."[62]

이 구절에 대해 주희는 아래와 같이 풀어 말했다.

마음속에서는 의지가 되고, 말로 표현하면 시가 된다. 의지가 풍성하면 말 역시 풍성해진다. 그러므로 의지가 이르면 시 역시 이른다는 것이다. 시에는 칭찬과 풍자가 있어, 좋은 것을 좋아하고 나쁜 것을 미워하는 마음을 일으킬 수 있다. 시에서 마음을 일으키는 사람은 반드시 예에 맞게 할 수 있다. 그러므로 시가 이르면 예 역시 이른다는 것이다. 예는 질서를 귀하게 여기고, 음악은 조화를 귀하게 여긴다. 질서가 있으면 조화가 있고, 질서가 없으면 조화도 없다. 그러므로 예가 이르면 음악 역시 이른다는 것이다. 음악이 이르면 백성의 삶을 즐겁게 하고, 백성의 죽음을 슬퍼한다. 그러므로 음악이 이르면 슬픔 역시 이른다는

---

62 《禮記》,〈孔子閒居〉: "(子夏) 敢問何謂五至. 孔子曰, 志之所至, 詩亦至焉. 詩之所至, 禮亦至焉. 禮之所至, 樂亦至焉. 樂之所至, 哀亦至焉. 哀樂相生. 是故正明目而視之, 不可得而見也. 傾而聽之, 不可得而聞也. 志氣塞乎天地, 此之謂五至."

것이다. 임금은 이같이 할 수 있으므로, 백성은 임금의 삶을 즐거워하고 임금의 죽음을 슬퍼한다. 이것이 애락이 상생한다는 것이다. 백성의 즐거움을 즐거워하는 사람은, 백성 역시 그의 즐거움을 즐거워하고, 백성의 걱정을 걱정하는 사람은, 백성 역시 그의 걱정을 걱정한다.[63]

이렇게 시·예·악은 의지와 질서 그리고 조화로움으로 인간의 희로애락의 감정을 표현하게 하고 희로애락의 감정에 휩싸여 본성을 잃지 않도록 해 준다. 이렇게 감정을 표현하되 본성을 잃지 않는다는 것은 현대인의 도덕적 불안을 치유하는 방법이 될 수 있을 것이다.

철학치료 목표와 종심소욕불유구從心所欲不踰矩

현대를 살아가는 우리에게 욕심에 관한 문제는 그 무엇보다 삶과 직결되어 있다. 자본주의사회에서 물질에 대한 과도한 욕구는 도덕성 상실의 원인이 되기도 한다. 대기업의 경영권 다툼에서 가족 사이에 벌어지는 패륜적 모습은 현대의 물질 만능의 일면을 보여 줌과 동시에 도덕성 상실이라는 불안감을 가지게 한다. 희로애락의 조절이 종심소욕불유구에 이르게 되었을 때 철학치료에 이른 것이라 할 수 있다.

---

63 《禮記》,〈孔子閒居〉朱子注: "在心爲志, 發言爲詩. 志盛則言亦盛. 故曰志之所至, 詩亦至焉. 詩有美刺, 可以興起好善吾惡之心. 興於詩者必能立於禮. 故曰詩之所至, 禮亦至焉. 禮貴於序, 樂貴於和. 有其序則有其和. 無其序則無其和. 故曰禮之所至, 樂亦至焉. 樂至則樂民之生, 而哀民之死. 故曰樂之所至, 哀亦至焉. 君能如此, 故民亦樂君之生, 而哀君之死. 是哀樂相生也. 樂民之樂者, 民亦樂其樂. 憂民之憂者, 民亦憂其憂."

공자는 인간을 태어나면서부터 덕성이 갖추어진 존재로 규정하였다.[64] 이것이 인간이 다른 만물과 구분되는 특수성이며 존엄성이다. '인간은 도덕적 존재이다. 덕을 좋아하는 존재이고 능히 공경할 수 있는 존재이다. 따라서 인간에게는 억제해야 할 자기가 있고 회복시켜야 할 자기가 있다. 과다한 본능에 대한 욕구는 억제해야 하고 도덕에 대한 욕구는 회복시켜야 하는 존재이다. 도덕적인 욕구를 회복시키지 않고 본능적인 욕구에만 몰입하면서 살아가는 모습은 인간적인 모습이 아니며 정상적인 삶이라고 할 수도 없다. 이것이 바로 유가철학에서 진단하고 치료해야 하는 인간의 병적인 현상이다.'[65] 인간의 본성인 도덕적 본질이 흔들리는 것은 인간 자체로 불안감을 느끼게 되는 요인이 된다.

공자 철학은 그 자체가 치유 개념의 학문적 특성을 갖는데 그것은 인간이 도덕적 본질의 내재성을 깨닫고 이 내재한 힘, 즉 선한 본성(仁)을 바탕으로 본능에 대한 과다한 욕구를 각종 사회의 규율에 맞게 조절해 가며 조화롭게 살아감으로 행복하고 편안해지는 것을 목표로 하기 때문이다.

공자가 말하였다. "나는 열다섯 살에 학문에 뜻을 두고 서른 살에 스스로 독립하였으며 마흔 살에 사리에 의혹하지 않았고, 쉰 살에 천명을 알았고, 예순 살에 귀로 들으면 그대로 이해되었고, 일흔 살에 마음에 하고자 하는 바를 따라도 법도에 넘지 않았다."[66]

---

64 《論語》,〈述而〉22장: "天生德於予, 桓魋其如予何?"

65 최연자 · 최영찬,《유가철학의 덕과 덕성치유》, 서울:예문서원, 2015, 102쪽 참조.

66 《論語》,〈爲政〉4장: 子曰, "吾十有五而志于學, 三十而立, 四十而不惑, 五十而知天命,

종심소욕불유구는 자유의지 또는 행위 주체의 욕망과 도덕법칙이 합일되는 상태를 말하는 것으로 이때의 욕망과 의지는 인을 실현하려는 마음의 내재적 욕구 혹은 의지의 직접적인 발현을 의미한다.[67] 공자는 2,500년이 지난 지금까지도 성인으로 추앙받으며 세계 많은 사람에게 배움을 이끈다. 그런 공자가 종심소욕불유구 하였다고 한 나이는 70세에 이르러서이다. 죽음을 목전에 둔 나이가 되어서야 사욕私欲에 따라 행동하여도 그것이 법도에 맞는 삶에 이른 것이다. 맹자는 "군자가 깊이 나아가기를 도道로써 함은 자득하고자 해서이니, 자득하면 거함에 편안하고, 거함에 편안하면 이용함이 깊고, 이용함이 깊으면 좌우에서 취하여 씀에 그 근원을 만나게 된다. 그러므로 군자는 자득하고자 하는 것이다"[68]라고 했다. "인이 멀리 있는가? 내가 인하고자 하면 인은 이르는 것이다."[69]

현대사회는 빠르게 변화하고 다양한 가치관이 존재한다. 이러한 시대에 마음의 혼란을 겪고 불안해하는 것은 정도의 차이가 있을 뿐 누구나 겪고 있는 문제일 것이다. 그러나 그러한 불안을 스스로 알고 치유할 힘을 가질 수 있는 것은, 본성을 자각하고 본성에 따라 행동하려는 끊임없는 공부와 실천이 있을 때 가능하다.

六十而耳順, 七十而從心所欲, 不踰矩."

67 정병석 · 엄진성, 〈道德情感을 통해 본 공자의 仁〉, 《철학논총》 64, 새한철학회, 2011, 3~21쪽 참조.

68 《孟子》, 〈離婁下〉 14장: 孟子曰, "君子深造之以道 , 欲其自得之也. 自得之則居之安, 居之安則資之深, 資之深則取之左右, 逢其原 , 故 君子 欲其自得之也."

69 《論語》, 〈述而〉 29장: 子曰, "仁遠乎哉? 我欲仁, 斯仁至矣."

맺는 말

공자의 위인유기를 통한 도덕적 불안의 해소는 한마디로 양심으로 돌아가는 것이며, 그것을 평생 지속해 수양해 나가는 것이다. 이것은 평범한 인간이 다다르기 어려운 성인의 경지로 공자도 그 어려움을 역설한 바 있다. 그러나 인을 행함이 나로 말미암는 것이지 누군가 대신해 줄 수 있는 것이 아니므로 지극히 주체적이라고 할 수 있다. 따라서 공자의 철학치료 개념은 타인에 의한 외적 치료가 아니라 자신의 주체성 회복을 통한 자가치료가 된다.

현실에서 종종 사람들은 옳고 그름을 판단하기보다는 상황에 맞게 적당한 선택을 하고 상황에서 벗어나고 쉽게 잊어버린다. 그러나 이렇게 숙고하지 않는 삶의 반복은 사회 도덕적 문제와 관련된 중요한 선택에 직면했을 때 결국 자신을 엄청난 혼란에 빠지게 하며, 그로 인해 과도한 불안에 빠지고 생활하기 어려운 신체적 상황을 겪게 될 수 있다. 따라서 사람은 누구나 분명한 도덕철학적 사고를 지닐 때 편안한 것이다.

사람은 누구나 양심을 가지고 태어나지만, 사욕으로 인해 양심을 잃어버릴 때가 많다. 양심을 잃어버리고 그것을 다시 회복하기란 쉬운 일이 아니다. 그러므로 끊임없이 인한 마음을 회복하고 그것을 지키기 위한 공부를 게을리하지 않아야 한다. 사람이 마음의 병을 얻었을 때 가장 좋은 치료는 스스로 수양해 극복하는 것이다. 곧 자가치료의 개념인 것이다. 이때 가능성을 믿고 의지를 지니고 꾸준히 실천하여 체득하는 것은 매우 중요하다. 인하고자 하는 마음을 가지고 끊임없이 자신을 이겨 나가는 연습을 통해 마음과 몸의 힘을 길러야 할 것이다.

인간성 상실로 인해 무도하고 혼란스러운 현대를 살아가는 우리가 도덕적 불안에서 자유로워지는 방법은 선한 본성이 나에게 내재해 있음을 깨닫고, 그 본성에 맞게 행동하는 '위인유기'의 삶을 살아가는 것이다. 마음의 병을 얻어 치료를 해야 하는데 그 치료제는 내재한 인한 본성 자체에 있다는 것이다. 그러므로 자각自覺과 반성反省을 통해 인한 본성을 깨닫고 종심소욕불유구에 이르게 될 때까지 끊임없이 수양하는 것이 우리에게 주어진 매우 어려운 과제라 하겠다.

참고문헌

《書經》,《禮記》,《論語》,《孟子》,《左傳》,《史記》,《中庸》,《香溪集》

김학주,《공자의 생애와 사상》, 서울: 명문당, 1997.
남상호,《육경과 공자인학》, 서울: 예문서원, 2003.
_____,〈공자와 예〉,《공자학》8, 한국공자학회, 2001, 3~25쪽.
_____,〈논어와 공자인학〉,《중국학보》47, 한국중국학회, 2003, 677~711쪽.
루 매리노프,《철학으로 마음의 병을 치료한다》, 이종인 옮김, 서울: 해냄, 2000.
牟宗三,《中國哲學的特質》, 學生書局, 民國 79年.
_____,《心體與性體》, 正中書局, 民國 84年.
서경요,《한국유교지성론》, 서울: 유교문화연구소, 2003.
성백효 역주,《論語集註》, 서울: 전통문화연구회, 1990.
_____,《孟子集註》, 서울: 전통문화연구회, 1990.
유권종,〈유학에 대한 심리학적 연구의 성찰과 전망〉,《동아시아 문화와 사상》10,
    동아시아문화포럼, 2003, 40~62쪽.
_____,〈예: 유교 문화의 형식과 내용〉,《동아시아 문화와 사상》11, 동아시아
    문화포럼, 2004, 313~325쪽.
윤시형 외,《孔子 사상의 발견》, 서울: 민음사, 1992.
정병석 · 엄진성,〈道德情感을 통해 본 공자의 仁〉,《철학논총》64, 새한철학회,
    2011, 3~21쪽.
蔡仁厚,《공자의 철학》, 천병돈 옮김, 서울: 예문서원, 2000.
_____,《맹자의 철학》, 천병돈 옮김, 서울: 예문서원, 2000.
최연자 · 최영찬,《유가철학의 덕과 덕성치유》, 서울: 예문서원, 2015.

2

디아스포라, 《장자》 부전형자不全形者의 관계 맺기: 타자성과 그 철학실천

윤석민

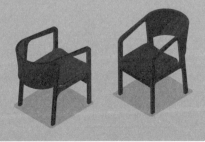

이 글은 尹錫珉(강원대학교), 金兌勇(한양대학교)의 공동 논문 〈論離散者的他者性－《莊子》不全形者的他者性及其哲學治療方法的可能性〉(《哲學與文化》第四十五卷第三期, 2018)을 윤석민이 공동 저자 김태용의 허가를 받아 번역, 수정 및 보완한 것이다.

최근 동아시아 전통철학 연구에서 타자 인식에 관한 논의가 매우 큰 호응을 받고 있다. 그 이유는 아마도 사회적 양극화, 계층 간 갈등 및 소수자 문제가 동아시아 각국에서 사회문제로 대두되고, 그에 대한 해결 방안 모색에서 타자 인식에 관한 논의가 유의미한 철학적 대안으로 여겨졌기 때문일 것이다. 경제적 요인으로 급격하게 증가하고 있는 자발적 디아스포라는 원주민과의 관계에서 차별과 배제의 대상으로, 이들이 하층민 또는 소수자로 전락해 가면서 사회적 소수자 연구의 주요 대상이 되고 있다. 21세기 들어 동아시아의 타자인식 또는 타자철학 연구는 디아스포라를 포함한 사회적 소수자 문제와 그 철학적 대안에 초점을 맞춰 논의가 진행되고 있다. 그러나 사회적 소수자 문제가 시의성 있는 철학의 실천 과제임에도 불구하고, 철학실천이나 철학상담Philosophical Councelling 영역에서조차 주요한 연구 주제로 자리하지 못하고 있는 실정이다. 이 글은 철학실천의 관점에서 치유를 통한 공존의 가능성을《장자莊子》에 등장하는 부전형자不全形者의 타자인식을 통해 제안한다. 이러한 시도는 디아스포라를 포함한 소수자에 대한 타자철학의 이론사유적 의의뿐만 아니라, 사회적 차별·배제·갈등에 대한 철학상담적 치유의 모색이라는 점에서도 큰 의의가 있다고 하겠다.

동아시아 전통철학에서 타자철학

동아시아의 타자철학 연구는 크게 두 가지 방향으로 전개되었다. 하나는 레비나스Emmanuel Levinas의 저작 번역 및 연구를 중심으로 진행되어 온 서양철학 중심의 타자철학 연구이다.[1] 다른 하나는 타자철학의 시각에서 동아시아 전통철학을 재발견 및 재구성하거나 동아시아 전통철학의 시각에서 타자철학을 새롭게 해석하는 연구이다. 전자가 서양철학 연구자의 몫이었다면, 후자는 순전히 동아시아 철학 연구자의 몫이었다. 동아시아 전통철학은 시대와 학파를 불문하고 자아와 타인의 관계를 철학의 중요한 문제로 인식해 왔기 때문에, 이른바 서양의 타자철학을 수용·변용하여 유도儒道의 경전 속 관련 개념어들을 재해석할 수 있었다. 예를 들어, 유가의 추기급인推己及人, 서恕, 관寬 등의 개념과 사상은 타자철학의 윤리덕목들과 곧잘 비교 또는 결합되곤 했다.[2] 중국과 대만에서도 한국과 마찬가지로 공맹의 사상과 레비나스의 타자인식이 합일되는 지점을 확인하고 재해석해 왔다.[3]

그런데 동아시아 전통철학의 타자 연구는 세 가지 점에서 레비나스를 중심으로 한 서양의 타자철학과 그 전제를 달리하고 있다. 첫째, 레비나스에게서 자아(己)와 타자(人)는 통일성 안에 용해될 수 없는 다원적 존재로서, 그들의 근원적 관계는 함께with라는 말로 설명될 수 없다.[4] 즉, 레비나스에게 존재는 보편적 존재자의 다수성이 아

---

1 한국의 강영안, 중국의 顧紅亮이 대표적인 학자이다.

2 송영배, 〈전통철학과 창조적 철학의 만남의 가능성〉, 《인문논총》 43, 2000, 241~265쪽.; 이상임, 〈타자를 향한 연민에 대하여 - 장자와 루소를 중심으로 - 〉, 《동양철학연구》 79권, 2014, 147~181쪽.; 이선열, 〈타자 대우의 두 원칙: 관용과 서(恕)〉, 《율곡학연구》 24호, 2012. 73~106쪽.

3 顧紅亮, 〈孔子儒學的他者哲學維度〉, 《華東師範大學學報》(哲學社會科學版) 第38卷 第5期, 2006. pp. 46-50.

4 Emmanuel Levinas, *Le temps et l'autre*, (translated by Kang, Youngan, Seoul: Moonye, 2012), Presses Universitaires de France. 2006. p.31. p.33. p.84.

니라 존재 자체의 다원성인 것이다. 이와 달리 동아시아 전통철학의 타자철학 연구에서 언급되는 추기급인推己及人, 서恕, 관寬은 도덕 주체로서의 보편적 자아(己)의 도덕실천이 또 다른 보편적 자아인 타자(人)로 확장되어야 함을 전제로 한다. 자아(己)와 타자(人)가 함께 할 수 있고 자아(己)를 중심으로 타자(人)로 인간애를 확장해 갈 수 있는, 즉 자아(己)를 중심으로 한 타자(人)와의 도덕적 관계성을 전제로 하고 있다. 둘째, 레비나스에게 타자는 타자철학의 핵심 개념어로서 보편적 자아를 이로써 대체한 것이지만, 동아시아 전통철학적 타자철학 연구에서 언급된 타자는 보편적 존재로서의 타인에 위치한다. 타자를 적대시하지 않으면서 공동체를 이뤄 간다는 점에서 양자는 닮아 있지만, 그 공동체의 화해를 향한 방법에서 양자는 여전히 다원적 존재와 보편적 존재라는 상호 대립된 전제를 가지고 있다. 셋째, 레비나스는 서양철학에서 권력의 철학으로서 오랫동안 기저를 지켜 왔던 존재론, 즉 제일철학으로서의 존재론은 윤리학으로 대체되어야 하고, 여기서 존재론적 개념인 존재는 윤리학적 개념인 타자로 대체되어야 한다고 말한다.[5] 그는 존재적 자아 연구를 윤리적 자아 연구로 전향시킨 것이다. 반면, 동아시아 전통철학에서 존재적 자아와 윤리적 자아는 상호 대체가 불가할 뿐만 아니라 상호 분리될 수 없는 개념이다. 좀 더 구체적으로 말하자면, 천일합일天人合一, 천인상분天人相分, 물아일체物我一體 등의 사상 속의 존재적 자아는 곧 윤리적 자아였다. 다만 현재의 타자 연구가 현대사회의 윤리

---

[5] Emmanuel Levinas, *Ethique et infini-Dialogues avec Philippe Nemo*, (translated by Yang Myung-Su, Seoul: Dasanbook, 2000), Paris: Fayard/Culture France, 1982, p. 22. Philippe Nemo는 이 책에서 레비나스 타자철학의 의의는 존재론적 자아의 문제를 윤리적 관점으로 대체하고 있다고 말한다.

문제에 집중하고 있기 때문에, 동아시아 전통철학의 도덕적 가치를
부각시키는 데 집중하여 존재적 자아에 관한 논의가 상대적으로 소
략했던 것뿐이다. 레비나스가 존재의 문제를 윤리의 문제로 대체할
것을 말했다면, 동아시아의 전통철학적 타자철학 연구에서는 윤리
의 문제 안에 이미 존재의 문제가 전제되어 있다고 할 수 있다.

동아시아 전통철학은 타자철학이 제기한 문제들을 자신들의 물아
관계론物我關係論(자아와 외물의 관계에 관한 철학적 논의)에서 그 대
답을 찾으려 했다. 다원화된 사회의 개별 주체들이 타인들과 어떻게
관계할 것인가라는 자아(己)와 타자(人)의 관계 문제는 동아시아철
학에서 오랜 기간 주목받아 왔다. 나아가 동아시아 전통철학은 천인
관계론天人關係論에서 자아(己)와 타자(人)의 문제를 외물(物)과 자아
(我)의 문제로 확장하면서, 인간과 사물 모두를 포괄하는 물아物我의
존재와 윤리의 문제를 논해 왔다. 특히 도가철학은 무위와 인위, 무
와 유, 자연과 명교 등 존재론적·윤리학적 논의를 중심으로 전개되
어 왔다. 유가철학이 사회 통합의 도덕과 윤리에 집중했다면, 도가
철학은 위에서 거론한 레비나스 타자철학의 몇 가지 전제들, 즉 보
편적 자아의 부정, 다원적 존재에 대한 긍정, 존재에서 윤리로의 전
화를 자신들 철학의 기본 전제로 삼아 존재와 윤리의 문제를 함께
논했던 것이다. 이러한 관점에서 보자면 도가철학, 그중에서도 장자
철학은 타자철학의 기본 전제와 맞닿아 있다고 볼 수 있다. 근자에
발표된 레비나스와 장자의 자아에 관한 유사성 연구나[6] 레비나스의

---

6 Guoping Zhao, "Transcendence, Freedom and Ethics in Levinas Subjectivity and
Zhuangzi's Non-being Self", *Philosophy East and West*(Vol. 65, No. 1), University of
Hawai'i Press, 2015, pp. 65-80. Zhao는 이 논문에서 레비나스의 주체Subjectivity와
吾喪我의 我의 연관성을 자율성에 근거한 근대적 자유가 아닌 원초적 자유의 관점

관점에서 바라본 장자의 물화物化에 관한 연구는[7] 실제로 양자의 철학적 전제의 유사성을 잘 보여 주고 있다.

소수자의 관계 맺기

주지하다시피, 디아스포라는 유대인·아일랜드인·아제르바이잔인 등 비자발적으로 고국을 떠나 2개국 이상의 나라로 이주해 간 사람들을 지칭하는 개념이었다. 실체적 개념으로 사용되어 온 디아스포라는 20세기 말엽 자발적 이주, 이주로 인한 정체성 문제가 부각되면서 작용 또는 속성이 더해진 복합적인 개념으로 변화되었다. 로빈 코헨Robin Cohen은 《글로벌 디아스포라Global Diasporas》에서 이러한 디아스포라 개념의 변화를 디아스포라 연구 방향의 변천사를 통해서 개괄한 바 있다. 그는 디아스포라 개념이 고전적 실체의 개념에서 추방자·망명자·무국적자·이민자 등 은유적 호칭을 거쳐, 본국과 디아스포라라는 도식적 관계를 해체하는 혼종성의 개념으로 변화되고 있다고 정리했다.[8] 또한 케빈 케니Kevin Kenny도 《디아스포라 이

___

을 중심으로 연구하고 있다.

7 宋灝, 〈由列維納斯的回應思維與日本石庭來談論《莊子》「與物化」〉, 《臺大文史哲學報》, 2017年 7月. pp. 1-24. 쑹하오는 유럽의 현대적 사유에서 物化와 異化의 問題를 연구한다. 부정적인 측면의 물화론物化論을 비판하기 위해, 다층위의 다문화적 성찰을 통해 레비나스의 사유와 《莊子》 物化論의 관점으로 오늘날의 물화론을 분석한다.

8 Robin Cohen, *Global Diasporas: An Introduction*, (translated by Yoo, Youngmin, Seoul: Minsokwon, 2017), New York: Routledge, 2008. Cohen은 디아스포라 개념 연구를 네 단계로 정리한다. 첫째, 유대인, 아프리카인, 아르메니아인 등 추방, 고난, 귀환이라는 고전적 디아스포라 개념이다. 둘째, 추방자, 망명자, 무국적자, 이민자, 소수민족 등 민족국가 바깥에 있는 사람들로 외연이 넓어지면서 사용된 '은유적 호칭'이다. 셋째, 디아스포라는 본국-거주국, 본국-디아스포라 등의 도식적 관계를 해체하

ス Diaspora: A Very Short Introduction》3장 '관계'라는 주제 속에서 실체적 개념을 벗어나 관계의 시각으로 디아스포라에 접근하고 있다.

요컨대 코헨과 케니의 디아스포라 연구에 비춰 보면, 최근 디아스포라 연구는 실체에서 관계로의 시각 변화를 보이고 있다. 이 글은 이러한 연구 경향을 견지하면서 실체화된 집단으로만 간주하는 시각에서 벗어나, 사회적 관계를 구성하면서도 그 관계의 화해를 철학적으로 설명할 수 있는 시각이자 해석 방법으로서의 디아스포라를 설정한다. 좀 더 구체적으로 말하자면, 이 글은 디아스포라 그 자체의 문제, 즉 고국-이주국, 혹은 귀속성의 문제보다는 이주한 사회속 디아스포라의 삶, 디아스포라의 사회적 관계와 그에 대한 인식의 문제에 초점을 맞추고자 한다. 왜냐하면 원주민과의 관계와 그 관계속에서의 상호 인식이 디아스포라 자신의 삶을 결정하는 데 가장 중요한 요소이고, 디아스포라는 이미 주체와 객체라는 이분적 사유를 초월하여 관계하는 존재로 현현한다는 것을 밝힐 때 비로소 철학실천 또는 철학상담의 치료적 해석이 가능해지기 때문이다.

이 글에서 디아스포라 개념은 사회적 관계 속 존재이다. 사회적 관계에서 소수자 또는 잠재적 소수자의 정체성을 갖게 되는 존재이다. 이러한 존재는 또한 관계 속 실체로서의 외국인, 이방인 등 그 사회관계 속 은유적 호칭을 포함한다. 디아스포라는 토착민 또는 원주민과의 관계 속에서 낯설고 이질적인 존재로서, 리처드 키어니Richard Kearney가 《Strangers, Gods and Monsters》에서 배타적으로 배제되

려는 이론화 작업 속에서 민족국가의 국민 개념과 대립하거나 이를 해체하는 개념이다. 넷째, 탈영토화, 탈민족주의, 탈식민주의, 크레올화, 혼종성 이론이 잠재된 개념이다.

거나 아웃사이더로 치부되어 온 존재로 설명하는 '이방인'에 해당한다.[9] 사회적 관계 속 디아스포라는 타자가 자아와 반비례 관계를 맺는 것처럼, 원주민과 반비례의 관계를 강요받는다. 자아가 주主가 되면서 타자는 필연적으로 종從이 되어 가듯, 디아스포라는 자아의 보편성 속에서 타자가 된다. 즉, 디아스포라는 원주민과의 관계에서 언제나 원주민의 시각에서 흡수되고 망각되면서 원주민의 자아보편성으로 환원되는 타자가 된다.

디아스포라와 원주민의 반비례 관계는 어디까지나 원주민의 자아 인식 또는 자아보편성의 시각으로부터 필연적으로 파생된다. 즉, 디아스포라는 보편성에 근거한 원주민의 자아 인식 속에서 자아와 타자의 관계 속 타자적 존재로만 인식되고, 그 관계에서 디아스포라와 원주민의 반비례 관계로 나타난다. 요컨대, 반비례 관계 속 디아스포라는 우리의 자아보편성 중심의 인식과 태도에서 비롯된다. 존재 Being, 이성Reason, 실체Substance 등 동일자의 견지에서 타자를 만들어 내는 사유의 관성이 장애인·성소수자에 적용되었듯 디아스포라에게도 적용되었던 것이다.[10] 이러한 사유 속에서 디아스포라 존재는 자아-타자에서 타자의 의미로만 해석되고, 자아-타자의 이분법 속에서 차별과 배제의 현실을 마주하게 된다. 흔히들 존중하고 환대할 가치가 있는 이질성을 가리켜 타자라고 하지만, 이들은 차별과 의혹과 희생의 대상으로 에이리언alien처럼 현실에 존재하게 된다.[11]

---

9   Richard Kearney, *STRANGERS, GOD AND MONSTERS*, (translated by Yoo, Youngmin, Seoul: Kaemagowon, 2010), Routledge 1 edition, 2002. p. 15.

10   Richard Kearney, *STRANGERS, GOD AND MONSTERS*, p. 117.

11   Richard Kearney, *STRANGERS, GOD AND MONSTERS*, p. 120.

하지만 디아스포라는 레비나스가 말한 "우리에게로 잠정적으로 동화시킬 수 있는 존재가 아닌", 동화를 강요해서는 안 되는 존재로서 그 자체가 타자성인 존재이다.[12] 즉 디아스포라는 자아-타자의 이분법을 몸소 해체하고 초월한 존재로서, 그 자체로 민족적 · 민속적 · 문화적 · 국가적 등의 다원성에 근거하는 존재이다. 다원적 존재로서 디아스포라에 대한 보편주의의 왜곡된 인식은 자아의 타자 지배, 보편의 다원 지배라는 칠학적 · 윤리적 문제를 담고 있다. 그렇기에 타자에 대한 올바른 인식은 보편성을 전제로 한 자아-타자 관계의 해체나 초월을 통해서만 가능할 수 있다. 타자의 현현에 잠복해 있는 자아보편성의 해체나 초월은 타자에 대한 새로운 해석의 방법이면서, 동시에 인간 사회 윤리의 재구성 과정이기도 하다. 그 해체나 초월은 동질과 이질을 대립이 아닌 화해로 이끄는 가교로서, 자아 속 타자와 타자 속 자아를 발견하는 데 도움이 될 것이다.[13] 왜냐하면, 타자에 대한 인식이 실제로는 자아 인식의 문제와 맞닿아 있기 때문이다.

그런데, 우리의 현실 속 타자들은 보편성에 근거한 자아 인식 속에서 소수화되고 타자화되어 왔다. 우리는 이 지점에서 보편성에 근거한 자아 인식의 문제를 반성적으로 사유해야만 한다. 《장자》는 일찍이 인식의 보편적 기준에 회의를 표했을 뿐만 아니라, 주체로서의 자아와 대상으로서의 외물에 대한 차별적 인식 또는 주종主從적 인식에 대해서도 반박했으며, 이러한 문제들은 모두 자아(我)와 외물(物)에 관한 그릇된 관계 설정에서 연원한다고 지적한 바 있다.

---

12 Emmanuel Levinas, *Le temps et l'autre*, p. 84.

13 Richard Kearney, *STRANGERS, GOD AND MONSTERS*, p. 25.

도의 입장에서 보면 만물은 본래 귀천이 없다. 만물 자체에서 보면 자신은 귀하고 남은 천한 것이다. 세속의 관점에서 보면 귀천은 자기 자신에게 있지 않(고 남에게 달려 있)다. 상대적인 관점에서 볼 때, 크다는 입장에서 보아 그것을 크다 하면 만물 중에 크지 않은 것이 없고, 작다는 입장에서 보아 그것을 작다 하면 만물 중에 작지 않은 것이 없다.[14]

《장자》는 자아와 외물에 대한 차별적 인식의 근거 없음을 천명했다. 나아가 인간의 모든 차별적 인식은 오직 주체의식을 갖는 자아, 즉 주체적 자아에 근거할 뿐 다른 어떤 근거도 가질 수 없음을 "나는 나를 잊었다(오상아吾喪我)"의 고사를 통해 설명하고 있다.[15] 여기에서 《장자》는 주체로서의 자아를 해체하고 초월한 인격체로서의 부전형자不全形者를 등장시킨다. 부전형자의 무주체적·무차별적 관계 맺기는 그 자체로 차별적·주종적 인식을 해체하는 타자 인식의 실천이다. 이러한 관계 맺기는 개념의 정초나 이론의 확립으로부터 자유로운 철학실천으로서, 차별·배제·갈등의 회복을 실천하는 철학치유의 방법이기도 하다.

---

14 《莊子》〈秋水〉: 以道觀之, 物无貴賤. 以物觀之, 自貴而相賤, 以俗觀之, 貴賤不在己. 以差觀之, 因其所大而大之, 則萬物莫不大. 因其所小而小之, 則萬物莫不小.

15 南郭子綦의 '答焉似喪其耦'한 모습에 대해, 郭象曰: "同天人, 均自我, 故外無與爲歡, 而答焉解體, 若失其配匹." 成玄英曰: "心身俱遺, 物與我爲耦也." '喪其耦'는 我와 物, 神과 身의 구별이 사라진 忘我의 정신 경계이다. 南郭子綦는 忘我의 경지에 들어간 자신을 '吾喪我'라 말했다. 이에 대해 곽상郭象은 "吾喪我, 我自忘矣; 我自忘矣, 天下有何物足識哉. 故都忘外內, 然後楚然俱得."라고 말했다. 喪我는 주관과 객관 그리고 자아와 타자를 모두 잊을 수 있는 정신세계로서, 일종의 無我의 경지이다(《莊子》, 〈齊物論〉).

무기지아無己之我의 관계 맺기

《장자》의 우언 속 부전형자들은 디아스포라처럼 타자화되는 존재들이다. 이 장에서는 《장자》가 전개하는 부전형자들의 타자성 또는 자아-타자의 관계 맺음을 추적하고자 한다. 타자성은 '나(我)'라는 주체가 타인과의 관계에서 선생님, 남편, 아버지 등처럼, 다양하고도 무한할 수 있는 관계만큼 다양하고도 무한하게 존재함을 의미한다.[16] '내'가 타인과의 관계 속에서 다양하게 존재함을 인정한다면, '나'라는 주체는 실제로 그 한계를 규정할 수 없는 무수한 타인과의 관계 속 존재가 된다. 이러한 관계 속 '나'와 그러한 '나의 삶'을 인정하게 되면, 내가 주체가 되어 객체로서의 타자를 받아들이는 게 아니라, 그러한 타자들과의 관계 속에서 삶을 영위하게 되는 나를 인정하게 된다. 이런 관계 속 나는, 관계 자체가 자아를 구성하는 것이기에, 유아적唯我的 자아가 아닌 관계적關係的 자아가 되고, 관계적 자아는 주체와 객체가 해체된다는 점에서 주체적 자아가 상실되는 무아적無我的 자아가 된다.[17] 이는 《장자》의 물아관계物我關係의 자아라고도 할 수 있다.

《장자》의 물아物我의 관계는 두 가지 관점으로 설명할 수 있다. 하나는 유아적 자아가 전개하는 관계로서, 주체로서의 자아와 대상으로서의 외물 사이의 일차적 구분이자, 자아와 외물의 양립(物我兩立)

---

16 Yun Dae-Sun, "Le visage d'Autrui et la metaphysique chez E. Levinas, *Romantische Hermeneutik*", *Studies for hermeneutics*, Vol. 12, CheolhakguaHuynsilsa, 2003. p. 311.

17 레비나스는 존재가 주체라는 의식을 받아들이면서 자아를 세우고, 자아는 필연적으로 타자의 존재들을 성립시킨다고 말한다. Emmanuel Levinas, *Le temps et l'autre*, pp. 38-45.

을 넘어 대립과 갈등으로 치달리는 관계이다. 이러한 관계에서, 자아는 외물과 접하면서 자신의 욕구를 외물에 투영하며 외물로 향해 달려가는 존재가 된다. 여기에서 자아는 레비나스가 말한, 존재가 자아보편성의 의식을 통해서 객체와 상관적일 수밖에 없는 '주체로서의 자아'의 차원에 속한다.[18] 《장자》는 이러한 관계 속 자아는 마땅히 외물을 향해 내달리는(외치外馳) 자신을 멈추어, 외물에 얽매지 않는 자아로 돌아가야 함을 주장한다. 나아가 주체와 객체 구분과 그러한 구분의 무의미함까지도 주장한다.[19] 《장자》는 외물로 향하는 자아와 외물의 양립(物我兩立)으로서의 자아를 버리면, 자아는 외물과 대립했던 주체로서의 자신(己)이 사라진 무기한 자아(無己之我)로 돌아가게 된다고 말한다. 무기한 자아는 자아와 외물의 대립적 관계 해체, 즉 주체와 객체의 관계 해체를 의미한다.

다른 하나는 무아적無我的 자아가 전개하는 외물과 자아가 하나 됨(物我一體)의 관계로서, 자아와 외물이 주체와 대상의 관계를 해체하고 양자 모두가 각각 자신에게로 환원하는 존재가 되는 관계이다. 여기에서 자아와 외물은 대립이 불필요하면서도 불가능한 관계 속 존재가 된다. 즉, 물아일체는 자아와 외물의 동일성 또는 보편성을 전제로 한 조화가 아니라, 자아와 외물의 차이성 또는 다원성이

---

18 레비나스는 주체를 객체와 상관된 관계에 있는 것, 의식의 지향성과 관련 있는 것, 그리고 전체성의 유지에 기여하는 것으로 풀이한다. 그러면서 주체가 객체와의 상관된 관계를 벗어나 타자와 만날 수 있는 의미로서의 '진정한 주체'를 새롭게 설정한다. Emmanuel Levinas, *Autrement qu'etre, ou, Au-dela de l'essence* (Phaenomenologica), (《存在するとは別の仕方で あるいは存在することの彼方へ》, 合田正人 譯, 朝日出版社, 1990), La Haye: Martinus Nijhoff, 1974. pp. 167-171.

19 《莊子》, 〈齊物論〉: 物无非彼, 物无非是. 自彼則不見, 自是則知之. 故曰彼出於是, 是亦因彼.

그 자체로 존중됨을 전제로 한 조화이다. 물아일체에서 외물과 자아는 바로 서로가 주체가 되어 상대를 객체로서만 필요하게 되는 유대有待 관계로부터 벗어나서 무대無待 관계를 구성하게 된다.[20] 즉, 대립적 물아관계는 주체의 설정으로부터 필연적으로 맞이하게 되는 관계로서, 이는 해체되고 초월되어야 할 관계인 것이다. 여기에서의 자아는 레비나스가 말한, 존재가 자아보편성의 의식을 통해서 객체와 상관적일 수밖에 없는 진정한 자아의 차원에 속한다.[21]

《장자》는 그러한 단계를 "(자아는)외물을 외물이 되게 하면서도 외물에 의해 외물이 되지 않는다면, 어찌 외물의 속박을 받겠는가"라는 언설로 설명한다.[22] 외물로부터 속박당하지 않기 위해서는, 즉 자아와 외물의 존재 모두 각자의 속성과 원리에 근거해 존재하기 위해서는, 자아는 선입견(성심成心)으로서의 자신(己)를 없앤, 주체의식을 잊는 자아(喪我)의 존재로 환원되어야만 한다. 왜냐하면, 주체의식으로서의 자아(有己之我)가 존재하게 되면, 자아의 성심成心은 외물로 내달리고, 외물로 내달려간 자아는 외물과 대립하는 관계를 지속하면서, 자신만의 기준으로 사물의 시비와 선악을 판단하는, 즉 외물에 속박당함(累物)의 단계로 다시 진입하기 때문이다. 그렇기에 《장자》는 주체의식을 잊은 자아(喪我)를 통해, 무기無己하고 무대無待한 자아와 외물의 관계를 지향하고, 이로써 물아일체物我一體라는 궁극

---

20 《莊子》,〈逍遙遊〉: 若夫乘天地之正, 而御六氣之辯, 以遊无窮者, 彼且惡乎待哉! 故曰, 至人无己, 神人无功, 聖人无名.;《莊子》,〈齊物論〉: 然則我與若與人俱不能相知也, 而待彼也邪?;《莊子》,〈德充符〉: 死生亦大矣, 而不得與之變, 雖天地覆墜, 亦將不與之遺. 審乎无假而不與物遷, 命物之化而守其宗也.

21 주 18) 참조.

22 《莊子》,〈山木〉: 物物而不物於物, 則胡可得而累邪.

의 경계에 다다를 수 있음을 주장한다.

《장자》는 외적 사물에 얽매이는 것(累物)이 지속되는 이유를 외물로 달리려는(外馳) 성심成心으로 보고 있다. 그렇다면 성심成心은 어디에서 연원할까?《장자》는 성심은 편견이므로 절대적 기준이 될 수 없다며, "편견을 따라서 그것을 스승을 삼는다면, 어느 누가 스승이 없겠는가"라고 말했다. 후대 주석에 근거하자면, 성심은 한 학파의 치우친 의견으로서, 그러한 의견이 한 사람을 지배하고 있는 상태를 말한다.[23] 이러한 성심은 편견 또는 선입견으로서 보편성을 확보할 수 없는 개별적 의견이지만, 우리는 모두 이러한 성심으로 사물과의 관계를 맺어 가고 있기에, 자아와 외물의 대립 관계를 벗어나기 힘든 것이다.《장자》는 성심의 결과가 무대無待를 해치고 나아가 자아 스스로를 해치게 된다며, "나는 내 외물의 형체만 지키느라 내 본래의 몸을 잊고 있었고, 탁한 물에 비친 모습을 보느라 맑은 못에 비춰 보는 것을 잊고 있었다"[24]라고 말한다. 유기有己한 자아의 결과가 외물과의 대립을 거쳐, 결국 자아의 본성마저도 돌보지 못하는 결과로 이어지기에,《장자》에게서 무기지아無己之我는 자아와 외물이 상생(物我相生)하고 자아와 외물이 하나됨(物我一體)을 이끄는 동력이자, 타자성을 현현하게 하는 자아의 궁극적 존재 상태라고 할 수 있다. 무기지아無己之我는 편견 없이 무차별적으로 외물과 관계맺기를 통해서, 상생의 가치를 실현하는 실천자이자, 대립과 갈등을 제거할

---

23 《莊子集解》,〈齊物論〉: 夫隨其成心而師之誰獨且無師乎.〈注〉夫心之足以制一身之用者, 謂之成心. 人自師其成心, 則人各自有師矣. 人各自有師, 故付之而自當.〈疏〉夫域情滯著, 執一家之偏見者,謂之成心. 夫隨順封執之心, 師之以爲準的, 世皆如此, 故誰獨無師乎.

24 《莊子》,〈山木〉: 吾守形而忘身, 觀於濁水而迷於淸淵.

수 있는 철학치유의 실천자로서의 자아를 체현하고 있다.

부전형자不全形者의 무기無己함

《장자》는 몇 편의 우언寓言에서 부전형자가 어떻게 무기지아無己之
我로서 삶을 살아가고, 물아상생物我相生의 길을 도모하는지를 예시
하고 있다. 다음은 애태타哀駘它의 이야기다.

노魯나라 애공哀公이 공자에게 물었다. "위衛나라에 용모가 추악한
사람이 있는데 애태타라고 합니다. 남자들은 그와 같이 있으면 흠모하
여 떠나기를 싫어하고 여자들은 그를 만나게 되면 부모에게 '다른 남자
에게 시집가느니 그 남자의 첩이 되게 해 달라'고 청하는데 그런 여자
가 열 명도 넘는다고 합니다. 그가 자기주장을 내세운다고 들어 본 적
이 없습니다. 항상 남의 의견을 따라 줄 뿐입니다. 임금의 권세로써 죽
은 사람을 구해 주는 것도 아니요, 쌓아 둔 재물로 사람들을 배부르게
해 주는 것도 아니요, 더구나 그 흉한 꼴은 온 세상을 놀라게 할 정도이
며, 다른 사람과 어울리지만 자신의 주장을 내세우지도 않고, 그가 알고
있는 지식도 사방 안에 국한된 것입니다. 그런데도 남녀들이 그 앞에
모이는 것은 반드시 보통 사람들과 다른 데가 있기 때문일 겁니다.[25]

이에 공자는 "지금 애태타는 말이 없는데도 신망을 얻고, 공적이

---

25 《莊子》, 〈德充符〉: 魯哀公問於仲尼曰: 衛有惡人焉, 曰哀駘它. 丈夫與之處者, 思而不
能去也. 婦人見之, 請於父母曰 '與爲人妻, 寧爲夫子妾'者, 十數而未止也. 未嘗有聞
其唱者也, 常和人而已矣. 无君人之位以濟乎人之死, 无聚祿以望人之腹. 又以惡駭天
下, 和而不唱, 知不出乎四域, 且而雌雄合乎前. 是必有異乎人者也.

없는데도 군왕이 친애하며, 남이 자기 나라 일을 맡기면서도 오직 그가 거절할까 봐 근심합니다. 이는 분명 자질과 천성이 온전하지만 덕이 겉으로 드러나지 않는 경우(재전이덕불형才全而德不形)일 것입니다"라고 답한다.[26] 재전才全은 재성才性의 완미完美함이고, 덕불형德不形은 외물과 대립하지 않고 조화를 이룰 수 있는 덕德을 간직한 채 이를 밖으로 드러내지 않고 있음을 의미한다. 애태타는 그 자신의 본성을 온전하게 보전하여 외물로 향해 내달리지 않으므로, 외물이 애태타 자신과 대립하지 않는 삶을 영위하고 있다.[27] 애태타가 다른 사람들과 조화로운(화인和人) 관계를 지속할 수 있었던 이유는 화답할 뿐 먼저 주장하지 않는(화이부창和而不唱) 자아로서 타인과의 관계를 이어 갔기 때문이다. 그가 타인과의 관계에서 보인 모습은 낮은 권력, 적은 재물, 볼품없는 외모, 투박한 언변, 보잘것없는 지식 등이다. 이는 애태타의 무기無己의 내용으로서, 이것이 다른 사람들과 조화로운(화인和人) 관계를 이끌었다. 현실 세계에서 권력·재력·미·언변·지력 등은 자아가 주체가 되어 타인을 판단하는 기준으로 작동한다. 애태타는 이러한 판단 기준에서 소수자로 평가될 법한 사람이지만, 그는 이러한 주체적 판단 기준을 포기하고 재성을 보전하고 덕을 드러내지 않음으로써 화인和人의 관계를 실천한다. 요컨대, 재전才全하고 덕불형德不形함은 무기無己한 존재인 애태타의 본성이다. 애태타는 무기無己한 존재로서 외물과 관계함에 대립하지 않는 인물로서, 레비나스가 주체와 객체의 갈등을 극복하고자 설정

---

26 《莊子》,〈德充符〉: 今哀駘它未言而信, 無功而親, 使人授己國, 唯恐其不受也, 是必才全而德不形者也.
27 《莊子》,〈齊物論〉郭象注: 無事不成, 無物不和, 此德之不形也. 是以天下樂推而不厭.

했던 '진정한 주체'[28]의 개념과 맞닿아 있다.

'진정한 주체'는 주체가 객체와의 상관된 관계를 벗어나 타자와 관계하는 존재라면, 부전형자 애태타는 자신의 주관적 가치를 밖으로 드러내지 않는 무기無己한 존재이다. 무기지아無己之我는 성심成心을 버린 채 재성을 온전히 보전하면서 덕이 형체로 드러나지 않음(재전이덕불형才全而德不形)의 본성을 견지함으로써 외물과 조화로울 수 있는 '진정한 주체'인 것이다. 무기無己함은 신분과 위계 속 왜곡된 주체의 욕망으로 외물과 관계하는 것이 아니라, 외물로 내달리지 않는 본성으로 다른 사람과 조화로운(화인和人) 관계를 유지할 수 있게 한다.[29] 《장자》는 이러한 무기지아無己之我의 역량이 부전형자不全形者들에게서 발견되는 반면, 이들을 바라보는 우리의 시각에서는 그 역량이 제대로 드러나지 않는다고 아래와 같이 말한다.

인기지리무신闉跂支離無脤이 위영공衛靈公에게 유세하니 영공이 그를 좋아했는데, 그 후 온전한 사람을 보니 그들의 목이 가늘고 길어 이상하게 느껴졌다. 옹앙대영甕㼜大癭이 제환공齊桓公에게 유세하니 환공이 그를 좋아했는데 그 후 온전한 사람을 보니 목이 가늘고 길어 이상하게 느껴졌다. 때문에 덕이 뛰어난 바 있으면 외형은 잊어버리기 마련인데 사람들은 잊어버려야 할 것을 잊지 못하고, 잊지 말아야 할 것을 잊어버리니, 이것을 일러 진정으로 잊어버렸다고 한다.[30]

---

28 주 18) 참조.
29 《莊子》,〈齊物論〉: 吾與孔丘, 非君臣也, 德友而已矣.
30 《莊子》,〈德充符〉: 闉跂支離無脤說衛靈公, 靈公說之而視全人, 其脰肩肩. 甕㼜大癭說齊桓公, 桓公說之而視全人, 其脰肩肩. 故德有所長, 而形有所忘. 人不忘其所忘, 而忘其所不忘, 此謂誠忘.

인기闉跂, 지리支離, 무신無脤은 절름발이에 곱사등이에다가 언청이
인 부전형자이다. 사람들은 몸이 온전하지 못한 이 사람을 어떻게 바
라보는가? 사람들은 신체의 온전과 결핍이라는 성심成心을 가지고
있기에 부전형자를 불완전한 형체의 인간으로 볼 뿐, 그 온전한 재
덕才德을 보지 못한다고 《장자》는 말한다. 왜냐하면, 사람들은 잊어
버려야 할 것을 잊지 못하고, 잊지 말아야 할 것을 잊어버리기 때문
이다. 선입견을 가진 자아(成心之我)를 버리고 재성을 온전히 보전하
면서 덕이 형체로 드러나지 않은(才全而德不形) 자아는 버리지 않아야
하지만, 세상 사람들은 오히려 재덕才德을 버린 채 성심成心의 경계에
머물며 주체적 자아 속에 타자를 자아화하며 살아갈 뿐이기 때문이
다. 무기無己가 아닌 성심成心의 시각에서 인기 · 지리 · 무신을 바라
본다면, 이 사람은 그저 장애를 가진 형상의 소수자로서의 타자일 뿐
이다. 즉, 온전한 형체의 시각에서 바라본 부전형不全形의 이질체異質
體에 지나지 않게 된다. 부전형자를 이질체로 인식하는 것은 신체의
온전과 결핍(殘全)이라는 성심成心을 기준으로 한 것일 뿐이기에, 《장
자》는 무기無己한 시각으로 부전형자를 바라볼 것을 요청한다.

　부전형자들을 이질적 존재로 규정하는 우리들의 시각과 달리, 무
기無己한 애태타 등의 부전형자들은 자신의 성정을 드러내지 않기
에 성심成心에 흔들려 외물로 내달리지도, 세상 사람들과 시비의 논
쟁도 벌이지 않는다고 《장자》는 적고 있다. 《장자》는 무기無己한 부
전형자들의 무정無情한 속성을 말한다. 여기서 무정함이란 선입견을
만들어 내는 요인으로서의 감정이 제거된 상태를 가리킨다. 부전형
자의 무정함을 성인聖人의 그것에 비유하면서, "사람의 형체를 가졌
으므로 사람들과 무리 지어 살지만, 사람의 감정이 없기 때문에 시

비의 분별이 생기지 않는다"라고 말한다.[31] 왜냐하면, 부전형자들은
무기지아無己之我로서 타인들과 관계를 맺고 있기에, 어떠한 시비논
쟁에도 휘말리지 않는 성인과 같은 삶의 경계에서 노닐기 때문이다.
그렇다면,《장자》속 부전형자는 어떠한 인식 기준을 가지고 있으며,
그 인식의 시각은 어떻게 다른 사람들과 조화로운(화인和人) 관계를
지속하며, 공동체 화해의 윤리를 확보하는 것일까? 그 화인和人 관계
의 자아(我)와 타인(人)은 결코 동일자가 아니다. 이들은 단지 성심成
心이 제거되었다는 의미에서만 동등한 인격체일 뿐이다.

무기無己함의 치유와 철학실천

우리들은 편견과 차별적 기준 속에서 부전형자들을 바라본다.《장
자》는 우리의 판단 기준이 그저 "자기와 같은 것은 옳다고 여기고,
자기와 다른 것은 그르다고 여긴다"[32]는 수준에 머물러 있기에, 부전
형자는 언제나 장애인으로만 인식된다고 말한다.《장자》는 이러한
우리의 판단 속에는 유기지아有己之我가 존재할 뿐이라고 지적한다.
나아가 세상 어디에도 보편성의 기준은 존재할 수 없고, 보편성으로
환원되어야 할 존재자는 있을 수 없다고 말한다.

---

31 《莊子集解》,〈德充符〉: 故聖人有所遊, 而知爲孼, 約爲膠, 德爲接, 工爲商. 聖人不謀,
   惡用知? 不斷, 惡用膠? 無喪, 惡用德? 不貨, 惡用商? 四者, 天鬻也; 天鬻者, 天食也.
   旣受食於天, 又惡用人! 有人之形, 无人之情. 有人之形, 故群於人, 无人之情, 故是非
   不得於身. 眇乎小哉, 所以屬於人也! 謷乎大哉, 獨成其天! 成玄英은 "无人之情"에
   대해 "聖人同塵在世, 有生處之形容, 體道虛忘, 無是非之情慮."라고 말한다.
32 《莊子》,〈寓言〉: 同於己者爲是之, 異於己者爲非之.

사물은 저것 아닌 것이 없으며, 사물은 이것 아닌 것도 없다. 저것으로부터 보이지 않는 것도 이것으로부터 알 수 있다. 그러므로 저것은 이것에서 나오고, 이것 역시 저것에서 비롯된다. 저것과 이것은 함께 상호 의존하며 생겨난다는 말이다. 비록 이러하지만, 어떤 사물도 생겨나면 곧 소멸하고 소멸하면 곧 생겨난다. 방금 된다고 하였지만 안 된다고 입장을 바꾸며, 분명 안 된다고 하였지만 다시 된다고 한다. 옳다고 여긴 것이 그르고, 그르다고 여긴 것이 옳다. 이러한 까닭에 성인이 상대적인 것에 말미암지 않고 사물의 본연에 비추어 본다고 하는 것은 또한 이 때문이다. 이것이 또한 저것이며, 저것 또한 이것이다.[33]

"성인은 성심한 자아의 기준에 근거하지 않고, 천연의 본성에 비추어 본다(聖人不由, 而照之於天)"의 천天은, 후대 주석가의 관점에 따르면 인간을 초월하거나 주재하는 보편존재로서의 천天이 아니라 스스로 그러한 본성으로서의 천天이다.[34] 성인은 유아적唯我的 시비의 기준을 세우지 않은 채 스스로 그러한 본성을 따라 세상의 시비에 순응할 뿐이다. '성심한 자아의 기준에 근거하지 않고, 천연의 본성에 비추어 보는 것(不由我, 照於天(自然))', 자신의 주관적 판단을 드러내지 않고 스스로 그러한 본성을 온전하게 지킨다는 점에서 보자면, 바로 앞서 언급했던 재전이덕불형才全而德不形한 무기無己함의 실

---

33 《莊子》,〈齊物論〉: 物无非彼, 物无非是. 自彼則不見, 自是則知之. 故曰彼出於是, 是亦因彼. 彼是方生之說也, 雖然, 方生方死, 方死方生; 方可方不可, 方不可方可. 因是因非, 因非因是. 是以聖人不由, 而照之於天, 亦因是也. 是亦彼也, 彼亦是也. 彼亦一是非, 此亦一是非.

34 《莊子集釋》,〈齊物論〉: (注) 夫懷豁者, 因天下之是非而自無是非也. 故不由是非之塗而是非無患不當者, 直明其天然而無所奪故也. (疏) 天, 自然也. 聖人達悟, 不由是得非, 直置虛凝, 照以自然之智. 只因此是非而得無非無是, 終不奪有而別證無.

천이 된다.

《장자》에 나타난 부전형자들은 '성심한 자아의 기준에 근거하지 않고, 천연의 본성에 비추어 본다(不由我, 照於天)'는 성인처럼, 무기無 己함으로 외물과 관계를 맺는다. 즉, 유기有己한 자아 또는 보편성의 자아로 외물과 관계하는 것이 아니라, 스스로 그러함을 따를 뿐 어 떠한 기준도 세우지 않은 채 외물과 관계한다. 《장자》는 포정해우庖 丁解牛 고사에서 '스스로 그러힘에 따라 어떠한 기준도 세우지 않음' 을 "두께 없는 칼날(刀刃者無厚)"로 비유한다. 무기지아無己之我가 외 물과 조화롭고 순조로운 관계를 이루듯, 포정해우의 고사는 외물과 의 조화를 이루는 방법으로 두께 없는 칼날을 등장시킨다. 두께 없 는 칼날이 있기에 소를 잡는 자신도, 해체당하는 소도 무기無己한 상 태에서 만나고 헤어지게 된다.

이제는 마음으로 파악할 뿐 눈으로 보지 않습니다. 감관의 작용은 멈추고 오직 마음만이 움직이는 것입니다. 자연스런 결을 따라 근육과 뼈의 틈새를 치며 골근의 틈새로 칼을 들이미는데 소의 본래 구조를 따라갈 뿐입니다. 경맥과 뼈와 힘줄이 서로 엉긴 부분을 조금도 건드린 적이 없으니, 하물며 큰 뼈는 두말할 필요가 있겠습니까. 뛰어난 주방 장은 일 년에 한 번 칼을 바꾸는데 칼로 근육을 무리하게 베기 때문이 며, 평범한 주방장은 달마다 한 번씩 바꾸는데 칼로 뼈를 찍어 대기 때 문이다. 지금 제가 쓰는 칼은 십구 년이 되었으며 그 사이 잡은 소는 수 천 마리에 이릅니다. 그러나 칼날은 아직도 숫돌에 새로 간 것처럼 날 카롭습니다. 왜냐하면 소의 골절에는 틈이 있으나, 칼날에는 두께가 없 기 때문입니다. 두께 없는 칼날로 틈새 있는 골절을 헤집고 다니니, 칼

을 자유자재로 놀림에 매우 넓고 큰 여유 공간이 있는 것입니다.[35]

신체가 불편한 사람(殘疾之人)만큼이나 천한 계층인 포정庖丁은 차별과 배제의 대상이지만, 그는 부전형자 애태타가 외물과의 관계에서 어떠한 갈등과 고통 없이 다른 이와 어울리는 조화로움(和人)의 경계에 다다르듯, 두께 없는 칼날을 뼈마디 틈에 넣는 방법으로 소를 해체한다. 두께 없는 칼날이기에 딱딱한 뼈나 두터운 근육과 마찰을 일으키지 않는다는 비유는, 무기지아無己之我가 "성심한 자아의 기준에 근거하지 않고 천연의 본성에 비추어 보며(不由我, 照於天(自然))", "이것이 또한 저것이며, 저것 역시 이것이다(是亦彼也, 彼亦是)"라는, 주체와 객체가 해체되는 경계에 이르는 것을 뜻한다. 그런 의미에서 보자면, 두께 없는 칼날은 유기有己함에서 벗어난 무기無己한 존재이다. 이러한 존재는 개별자들을 끊임없이 보편자로 환원하려는 보편성의 자아가 아니라, 소의 골육만큼이나 다양하고 무한한 개별자와의 관계에서 '진정한 주체'로 드러나는 타자성의 존재이다.

두께 없는 칼날은 보편적 자아에서 벗어나 구체적이고 다양한 상황에 적합하게 스스로를 맞춰 갈 수 있는 존재에 대한 표상이다. 이는 무한한 관계 속에 존재하는 자아의 타자성과 닮아 있다. 보편성을 고집하는 것 자체가 자신과 상대의 관계를 훼손하고 왜곡할 수 있음을 알았기에,《장자》는 외물과의 관계 속에서 무한하게 드러나는 자신의 타자성을 두께 없는 칼날로 표현한 것이다. 칼날의 두께

---

35 《莊子》,〈養生主〉: 方今之時, 臣以神遇而不以目視, 官知止而神欲行. 依乎天理, 批大卻導大窾因其固然, 技經肯綮之未嘗, 而況大軱乎! 良庖歲更刀, 割也, 族庖月更刀, 折也. 今臣之刀十九年矣, 所解數千牛矣, 而刀刃若新發於硎. 彼節者有閒, 而刀刃者無厚; 以無厚入有閒, 恢恢乎其於遊刃必有餘地矣.

가 없음은 바로 부전형자들의 무권세無權勢 · 무이록無利祿 · 무색모無色貌 · 무언설無言說 · 무지려無知慮와 동일한 맥락으로서, 무한하고 다양한 관계 속에서 화인和人의 경계를 견지할 수 있는 타자성의 구체적 내용이 될 것이다. 요컨대, 《장자》의 부전형자들은 마치 성인이 무기無己한 마음으로 외물과 관계하듯, 포정이 두께 없는 칼날로 소를 대하듯,[36] 무기지아無己之我로 물아관계物我關係를 전개하고 있기에 항시 타자와 어울릴 수 있었던 것이다.

그렇다면 무기無己한 개별자의 물아관계物我關係는 어떻게 공동체 의식 또는 공동체 화해를 담보할 수 있을까? 이에 대한 대답은 무기지아無己之我의 전제, '물아物我의 필연적 관계 맺음'에서 찾을 수 있다. 《장자》에서 자아와 외물(物我)은 필연적으로 관계할 수밖에 없는 존재이고, 인간사회(人間世)에서 생존해야 하는 존재이다. 자아와 외물의 대립 관계를 초월하여 물아일체의 경계에 도달하게 되는 그 세계도 인간세상을 벗어나 독립적으로 존재하지는 않는다. 《장자》의 "나는 나를 잊었다(吾喪我)"도 이러한 필연적 물아관계 속, 즉 인간사회 속 무기지아無己之我의 당위성을 말하고 있다. '오吾'는 타인과의 관계에서 무기無己함을 잘 지켜 내는 완정한 인격체로서의 무기지아無己之我이지만, '아我'는 외물과 만날 때 성심成心으로부터 출현하는 유기지아有己之我, 자신과 세계를 구분할 때 스스로 설정하는 자아의식으로서의 자아이다.[37] 그리고 '오吾'는 타인과의 관계의 연장

---

36 《莊子集釋》, 〈養生主〉: 彼牛骨節, 素有閒卻, 而刀刃鋒銳, 薄而不厚. 用無厚之刃, 入有閒之牛, 故遊刃恢恢, 必寬大有餘矣. 況養生之士, 體道之人, 運至忘之妙智, 遊虛空之物境, 是以安排造適, 閒暇有餘, 境智相冥, 不一不異.

37 王博, 《莊子哲學》, 北京大學出版社, 2004. pp. 75-76. 陳鼓應은 喪我의 我는 육체(감각적 인식), 心理, 情緒에 집착하여 사물과 관계하는 그릇된 자아(假我)라고 해석

에서, 즉 공동체 속에서 유기지아有己之我에서 벗어나 무기지아無己之我로 나아야 함을 말한 것이다.《장자》는 물아관계物我關係의 연장으로서의 공동체를 전제로 하여 무기지아無己之我와 오상아吾喪我를 논한 것이다.《장자》는 물아관계를 만물로 확장시켜 만물의 공생(竝生)을 주장하면서 동시에 만물의 상호관계성도 주장한다. "사물은 저것 아닌 것이 없으며, 이것 아닌 것도 없다. 저것으로부터 보이지 않는 것도 이것으로부터 알 수 있다. 그러므로 저것은 이것에서 나오고, 이것 역시 저것에서 비롯된다"고 말한다.[38] 저것과 이것(彼是)이 서로 동인이 되어 생겨나듯(相因而生), 자아와 외물도 서로가 서로를 동인으로 여기는 존재이다. 부전형자도 이러한 물아관계 속에서 자아의 타자성他者性으로 존재하고 관계한다. 그리고 이러한 부전형자의 타자성은 바로 공동체가 화해할 수 있는 윤리적 기초가 되며, 무기함을 실천함으로써 치유를 통한 공존을 모색할 수 있다.

소수자의 철학실천

부전형자는 타자성에 대한 우리 자신의 인식 여부에 따라 존중하고 환대할 이질적 존재이거나, 차별하고 희생시켜야 할 에이리언으로 변화한다. 전자는 자아의 타자성을 체득한 무기지아無己之我의 판단에 따른 것이고, 후자는 자아의 타자성을 체득하지 못한 유기지아有己之我의 그것에 따른 것이다. 키어니의 말처럼, 디아스포라도 우리의 시각에 따라 존중과 환대의 대상이거나 차별 · 의혹 · 희생의 대

___

하기도 한다. 陳鼓應 外,《老莊論集》, 齊魯書社, 1987. pp. 206-207.

[38] 각주 33) 참조.

상으로 구분된다. 키어니는 존중하고 환대할 가치가 있는 이질성을 가리켜 '타자'라 하고, 이와 반대로 차별·의혹·희생의 대상을 가리켜 '에이리언'이라고 구분한다.[39] 보편적 자아의 동일성으로 디아스포라에 접근한다면 부전형자가 기형과 장애자로만 인식되듯, 그들은 언제나 차별과 배제의 대상으로만 남아 있게 된다. 공동체 속에서 디아스포라는, 《장자》 속 부전형자들이 자아의 타자성으로 화인和人 관계를 구축하듯, 자아보편성으로서가 아니라 자아의 타자성으로 우리에게 다가온다.

엄밀하게 말하자면, 그들은 우리에게 자아의 타자성을 시시각각 일깨우는 존재이다. 왜냐하면, 그들은 이미 이질적 문화·사회·규범 속에서 관계하는 실존적 존재로서 우리와 관계하기 때문이다. 그런 의미에서 보자면, 디아스포라는 관계적 존재이자 타자성의 존재로서 타자성의 윤리를 실존 속에서 체현해 내는 존재라고 할 수 있다. 디아스포라적 윤리라는 말은 그러한 의미에서 성립 가능한 개념이다. 나아가 디아스포라적 윤리는 인간의 관계성에 관한 윤리로서 공동체의 윤리로 설정될 수 있다. 그렇다면 부전형자가 전하는 공동체의 윤리는 구체적으로 무엇일까? 이는 재성을 온전히 보전하면서 덕이 형체로 드러나지 않음(才全而德不形), 선입견으로서의 자아를 잊음(喪我), 주체의식으로서의 자아가 없음(無己) 등의 말로 표현될 수 있는 자아의 타자성을 전제로 한 윤리이다. 외물을 외물이 되게 하면서도 외물에 의해 외물이 되지 않는(物物而不物於物) 다른 사람들과의 조화로운(和人) 관계, 즉 자아와 외물의 공존과 화해를 담보할 윤리로서 공동체의 윤리이자 개별자의 타자성 윤리이다.

---

39 Richard Kearney, *STRANGERS, GOD AND MONSTERS*, p. 120.

타자성의 윤리는 이질적 디아스포라 속에서 발견되는바, 이는 마땅히 국가·이념·정치·경제·문화 등 우리를 둘러싼 거대한 사회체제를 유지하면서도 이 체제 속에서 타인과 화해하는 자아를 실현하는 동력이 된다. 하지만 이 동력은 사회계층 간 경제·정치적 격차가 심화되는 현실에서 곧잘 멈춰 선다. 타자성의 윤리가 멈춰 선 곳에서 디아스포라를 포함한 소수자들은 에이리언처럼 소외·배제·차별을 당하고 삶이 훼손될 정도로 상처를 입는다. 디아스포라에게 전해지는 경제·정치적 지원과 배려, 종교적 안위, 심리적 치유는 엄밀히 말하자면 소수자가 소수자임을 잠시 잊거나 잠정적으로 부정함으로써 얻어지는 고식적 대안이다. 이들은 모두 주체와 객체가 분리된 세계, 보편성과 특수성을 전제로 한 대안들로서, 시혜자와 수혜자라는 좀 더 엄격한 이분법적 세계관을 전제하고 있기 때문이다.

이러한 의미에서 보자면,《장자》의 타자철학은 전통 시기에 현대에 이르기까지 줄곧 자아와 외물의 공존과 화해의 방법을 제안하고 있다. 그것이 위진 현학에서는 자연명교自然名教의 문제 속에서 전개되었다면, 현대에는 공동체 윤리 문제 속에서 지속되고 있다.《장자》부전형자의 타자성은 디아스포라를 포함한 소수자들에 대한 차별적 인식에 대한 철학적 반성이자, 타자와의 관계에서 공존과 화해의 실천윤리이다. 자아와 외물의 관계 속 소외, 차별, 배제, 증오(집단에 대한 적대감), 혐오와 멸시, 갈등에 대해 함께 반성하고 인정과 화해의 가치를 실천하는 과정은 바로 부전형자가 안내하는 실천철학이자 공동체 윤리의 지침이라고 하겠다.

이 글은 '대상과 적절한 관계 맺기'와 같은 특정 영역의 사회기술을 문제로 삼고 있는 것이 아니다. 철학실천 또는 철학상담의 관점에서 공동체의 치유를 통한 상생과 연대의 실현을 디아스포라, 〈장자〉 속 부전형자 등의 소수자가 보여 주는 관계 맺기 사례를 통해 사유해 본 것이다. 그렇다면 철학실천 또는 철학상담에서 어떻게 활용될 수 있을까. 그간 철학상담 실천에서는 "대비적proactive이고 예방적preventive인 요소를 강조할 때, 내담자가 예기치 못하고 달갑지 않은 문제들에 어쩔 수 없이 직면하게 될 가능성이 줄어들 뿐만 아니라 내담자의 '자율성'을 향상시켜 준다"[40]고 설득해 왔다. 그런 의미에서 보자면, 디아스포라, 부전형자 등 소수자의 타자성과 그 실천 방법은 대비적이고 예방적인 차원의 철학상담이나 철학실천에서 활용될 수 있다. 또한 철학카페를 통한 집단상담 형태 및 소수자 철학캠프와 같은 철학실천 프로그램에서도 유효하다. 이 같은 시도는 분명 철학실천 또는 철학상담 영역에서 사회문제 해결의 초석을 마련하는 계기가 될 것이다.

---

[40] Peter B Raabe, *Philosophical Counselling: Theory and Practice*, (translated by Soo Bae Kim, Seoul: Sigmapress, 2010), Wesport, CT.: Praeger, 2001. p. 280.

참고문헌

(淸)郭慶藩,《莊子集釋》, 中華書局, 2006.

陳鼓應,《莊子今注今譯》, 中華書局, 1999.

陳鼓應 外,《老莊論集》, 齊魯書社, 1997.

劉笑敢,《莊子哲學及其演變》, 中國社會科學出版社, 1988.

王博,《莊子哲學》, 北京大學出版社, 2004.

Emmanuel Levinas, *Le temps et l'autre*, (translated by Kang, Youngan, Seoul: Moonye, 2012), Presses Universitaires de France. 2006.

_____, *Le temps et l'autre*, (translated by Kang, Youngan, Seoul: Moonye, 2012), Presses Universitaires de France. 2006.

_____, *Ethique et infini -Dialogues avec Philippe Nemo*, (translated by Yang Myung-Su, Seoul: Dasanbook, 2000), Paris: Fayard/Culture France, 1982.

_____, *Autrement qu'etre, ou, Au-dela de l'essence* (Phaenomenologica)(《存在するとは別の仕方で あるいは存在することの彼方へ》, 合田正人 譯, 朝日出版社, 1990), La Haye: Martinus Nijhoff, 1974.

Peter B Raabe, *Philosophical Counselling: Theory and Practice*, (translated by Soo Bae Kim, Seoul: Sigmapress, 2010), Wesport, CT.: Praeger, 2001.

Richard Kearney, *Strangers, God and Monsters*, (translated by Yoo, Youngmin, Seoul: Kaemagowon, 2010), Routledge 1 edition, 2002.

Robin Cohen, *Global Diasporas: An Introduction*, (translated by Yoo, Youngmin, Seoul: Minsokwon, 2017), New York: Routledge, 2008.

송영배, 〈전통철학과 창조적 철학의 만남의 가능성〉,《인문논총》43, 2000. 241~265쪽.

윤대선, 〈삶의 해석으로서 타자철학의 초월적 가능성 - 레비나스의 타자철학과 그 초월성을 중심으로 - 〉,《철학연구》32호, 2006. 133~168쪽.

이상임, 〈타자를 향한 연민에 대하여 ―장자와 루소를 중심으로―〉,《동양철학연구》79권, 2014. 147~181쪽.

이선열, 〈타자 대우의 두 원칙: 관용과 서(恕)〉, 《율곡학연구》 24호, 2012.
　　73~106쪽.

尚杰, 〈哲學治療的可能性〉, 《江蘇政治學院學報》 總第 92期, 2017年 第2期. pp.
　　15-21.

宋灝, 〈由列維納斯的回應思維與日本石庭來談論《莊子》「與物化」〉, 《臺大文史哲學
　　報》, 2017年 7月. pp. 1-24.

杨国荣, 《《庄子》哲学中的个体与自我〉, 《哲学研究》 2005年 第12期. pp. 40-46.

楊國榮, 〈他者的理解: 《莊子》的思考一從濠梁之辯說起〉, 《學術月刊》, 2006年 第8
　　期. pp. 48-55.

陳少明, 〈"齊物"三義一《莊子·齊物論》主題分析〉, 《中國哲學史》, 2001年 04期. pp.
　　40-46.

Guoping Zhao, "Transcendence, Freedom and Ethics in Levinas Subjectivity
　　and Zhuangzi's Non-being Self", *Philosophy East and West*(Vol 65, No1),
　　University of Hawai'i Press, 2015. pp. 65-80.

3
순자 철학과 공심치유

김여진

이 글은 《철학연구》(제149집: 2019)와 《인문사회21》(제10권: 2019)에 게재된 원고를 수정 및 보완한 것이다.

이 글은 크게 다음과 같은 맥락에서 전개된다. 먼저, 최근 중국의 대학생이 겪고 있는 공심병이 무엇이며 어떠한 배경에서 출현하였고 그 치료에 대한 담론들은 어떠한지 소개한다. 다음으로 철학상담 philosophical counseling을 통한 치료의 가능성을 주장하기 위해 중국의 공심에 대한 용어, 증상, 대안에 있어 지나치게 소극적인 해석을 비판한다. 마지막으로, 공심에 대한 철학상담의 치료적 해석은 중국의 전통철학 가운데 순자荀子(BC 318?~BC 238)의 이론, 특히 심의 작용(虛壹而靜)과 담화의 기법(是察非, 非察是)[1]을 통해 모색한다.

공심병의 메타포와 그 번역어

공심병이란 정신과 주치의이면서 베이징대학 심리건강교육·상담센터의 부주임인 임상심리학 박사 쉬카이원徐凱文 교수가 2016년 11월 중국의 한 교육포럼에서 "베이징대학 신입생 가운데 40.4퍼센트가 공심병을 앓고 있다"는 내용의 강연을 통해 처음 제기한 조어造語이다. 쉬 교수는 "내가 말하려는 것은 그들이 겪고 있는 것이 일반적인 우울증이 아니라, 매우 심각한 새로운 상황이라는 점이다. 나는 그것을 '공심병'이라 부른다"라고 주장하며 공심병의 증세를 아래와

---

1 이 글에서 순자의 담화 기법이라 부르는 "비찰시, 시찰비(그른 데서 옳은 것을 살피고 옳은 데서 그른 것을 살핀다)"는 본래 원문에 근거한다면 문답법이나 상담법과는 다소 거리가 있다. 순자는 그것을 왕제王制에 부합되는지의 여부, 즉 왕의 법제가 일의 바른 표준이 됨을 강조하여 말하는 곳에서 기술하고 있기 때문이다. 하지만 이 글은 "비찰시, 시찰비"의 언설이 무엇보다 공심의 내담자로 하여금 차次경계로의 이행에 매우 유효하다고 여겨 "폐심"에서 "허심"으로 가는 단계에서는 "시찰비"를 사용하고, "허심"에서 "성심"으로 가는 단계에서는 "비찰시"의 방법을 사용한다고 주장했다. 《荀子》〈解蔽〉: "傳曰, 天下有二, 非察是, 是察非, 謂合王制與不合王制也."

같은 특징으로 설명한다.

- 정서적으로 저조하며 쾌감이 저하된 상태이다. 증상을 보면 분명 우울증 진단에 해당될 수 있다.
- 극심한 외로움과 삶의 무의미함을 느낀다. 우수한 성적과 성취감을 얻고자 노력하지만, 얻고 난 뒤에는 그것의 의미를 느끼지 못한다.
- 일반적으로 대인관계가 좋지만, 다른 사람의 이목으로부터 자신의 좋은 이미지를 의식하기 때문에 삶이 고달프고, 이 때문에 항상 피로감을 느낀다.
- 평가에 대해 민감하며 심지어 공포감을 느낀다. 대부분의 시간과 에너지를 다음 차례의 성공을 위해 할애한다.
- 실제로는 죽고 싶지 않지만, 평상시 강렬한 자살성 사고suicidal ideation의 상태에 있다. 비교적 온화하고 고통이 적은 자살의 방식을 시도한다.
- 내담자 자신의 언행이 내면의 가치관에 부합하지 않아 모순에 의한 충돌이 잦으며 이로 인해 자기부정 및 혐오감을 느낀다.
- 만성질환으로 통상 이러한 문제를 이미 하루이틀 겪은 것이 아니며, 초중고 학생 때 이미 자살 행위를 시도한 적이 있을지도 모른다.
- 약물치료에 대해 민감하지 않으며 심지어 아무런 효과가 없다.
- 마지막으로 고전적인 심리치료 기법으로는 그 효과가 좋지 않다.

위와 같은 증상을 겪고 있는 학생들은 기본적으로 성적이 굉장히 우수한 경우에 속한다. 좋은 성적으로 입학해서 단과대학에서도 매번 1등을 하지만 1등 직전 학기마다 자살을 시도하기도 한다. 좋은 성적을 위해서라면 목숨도 아깝지 않은 이 학생들의 실상이 쉬 교수를 통해 세상 밖으로 알려지면서 중국 사회에 적지 않은 파장을 일으켰다.

이후 공심병을 주제로 한 글들이 신문 매체와 학술지에 등장하기 시작했다. 2016년에는 2편에 불과하지만 이듬해와 2018년에는 각각 22편(신문 매체 9편, 학술지 13편)과 11편(신문 매체 2편, 학술지 9편) 이상이 검색된다. 그 외 방송 매체와 온라인 칼럼, 각종 커뮤니티 등에서 교육학, 철학, 심리학, 정신의학, 사회학 등 각 분야의 전문가들이 나름의 해결안을 피력하고 있으나, 철학상담의 영역에서는 좀처럼 다루지 않는 것이 중국의 현황이다.

중국의 각 분야 전문가가 보는 공심병이 생겨난 배경과 그에 대한 해결책은 아래에서처럼 크게 세 부류의 논조論調로 나뉜다.

첫째, 쉬 교수처럼 교육현장에 있으면서 동시에 학생들을 임상臨床으로 만난 입장의 경우는 극단적인 이기주의를 길러 낸 학교 및 부모의 교육이 결국 공심의 학생들을 만들어 냈다고 결론짓고 있다. 때문에 그는 공심병이 생겨난 배경 가운데 중국의 입시 위주 주입식 교육이 만든 병폐를 그 첫 번째 원인으로 꼽는다. 학생들은 만성질환으로 중학교, 아니 그보다 훨씬 더 일찍부터 공허함을 느껴 왔다고 한다. 중국 전체 자살률은 급감하고 있는 반면 초등학생과 중학생의 자살률이 오히려 증가하고 있는 이유도 여기에 있다. 그는 학교를 감옥과 정신병원으로 만들어 좋은 대학에 가라며 부추긴 후 다시 정신과 환자가 되라고 말하는 기성세대로서 책임을 통감하고 사회 전체의 반성을 촉구한다. 의과대학 소속의 샤오肖 교수 역시 공심병 발병의 근본적인 원인을 중국의 교육제도와 교육이념의 결합으로 판단하고, 학생과 부모 및 교육기관 셋 모두에게 현실적인 조언을 덧붙인다. 특히, 부모는 아이의 가장 중요한 선생으로서 아이 스스로 '내가 누구이며', '무엇을 원하는지'에 대한 답안을 자유롭게 찾을 수 있도록 조력해야 한다고 강조한다.[2] 이들은 현 중국 사회를 매우 강한 논조로 비판하고 있는 부류이다.

둘째, 베이징대학 철학과의 량리화楊立華 교수는 공심병을 '허무주의Nihilism'의 한 형태로 진단하며, 시대적 특징(근대성)에 대한 이해와 개인의 철학적 성찰을 통해 맞설 것을 제안한다. 또한 중산中山대학 철학과 우링吳玲 교수가 강조하는 부분 역시 자아성찰을 비롯한 학생들 스스로의 가치관 확립이다. 그가 "타인과 공유할 수 있는 자아관을 건설"하고, "억압된 인간의 감성을 회복"하며, "열망의 도덕의식을 강화"[3]하는 등의 처방을 제안한 이유는 '개인과 자아', '개인과 타인', '개인과 사회'라는 관계의 문제 속에서 세계관을 확립하는 것이 중요하다고 생각하기 때문이다. 이들은 문제의 심각성을 호소하기보다는 비교적 초연한 태도로써 극복할 것을 제안한다.

셋째, 쉬 교수가 제기한 공심병은 '가짜 명제'에 지나지 않는다고 주장하는 이들도 있다. 공심병을 청소년기에 겪는 성장통으로 여기기 때문이다. 그래서 쉬 교수가 심각함을 조장하고 있다고 비판적인 논조로 대응하는 신문 매체도 있다. 또한, 공심병을 사회문제가 아닌 개인의 사적인 문제로 여기고 방관자적인 태도를 보이는 방송 매체의 전문 패널도 있다. 이러한 사람들은 공심병의 문제를 지나치게 쉽게 생각하는 듯하며, '누구나 다 그렇게 성장해 왔으니 새삼스러울 것이 없다'는 식의 냉소적이고 무관심한 태도로 일관한다.

2　肖晓鸿, 〈如何让当代大学生摆脱"空心病"〉, 《科教导刊》上旬 01, 湖北省科学技术协会, 2018, p.177.

3　吳玲, 〈现代性视角下中国青年'空心病'的诊断与治疗〉, 《当代青年研究》352編 1期, 上海社会科学院青少年研究所, 2017, pp.82-83.

위에서 살펴본 중국의 정황에 대해 이 글은 다음과 같은 비판을 할 수 있다. 첫째, 중국의 임상 전문가는 공심병의 용어, 증상, 대안 등을 지나치게 심리학적이며 소극적인 해석으로 풀고 있다. 이로 인해 당면한 한계의 돌파구를 인접 학문 가운데 교육학 이외의 분야에서는 찾지 못하고 있다. 둘째, 대학의 철학 전공 교수의 경우는 내담자 한 사람 한 사람의 구체적인 사례를 간과하여 상담치료에 대한 세밀한 검토 없이 처방을 내리고 있다. 예를 들어, 우링 교수가 말한 "막중한 책임감과 이성을 가지고 인류애를 지향하는 열망의 도덕의식을 강화"[4]해야 한다는 처방은 내담자에게 또 다른 공심을 유발할지도 모른다. 기존의 도덕이나 가치에 대한 비판적인 태도에 있어—그것이 설사 열린 사회를 지향할지라도—강화시켜 마땅하다는 그 도덕의식이 내담자의 삶과 행복에 어떠한 기여를 할 수 있는지 세심한 검토가 이루어져야 하기 때문이다.

그렇다면 철학상담의 관점에서 공심을 어떻게 해석할 수 있을까.

"19년간 다른 사람을 위해 살아온 것 같다. 도대체 왜 사는지 모르겠다. 나 자신을 위해 산 적이 없으며, 줄곧 '살아 있다'는 생각이 들지 않는다."

"왜 공부해야 하는지 모르겠고, 왜 살아야 하는지도 모르겠으며, 나는 현재 그저 다른 사람의 논리대로 살아가고 있을 뿐이다."[5]

---

4 吳玲, 〈現代性視角下中國青年'空心病'的诊断与治疗〉, p. 83.

5 徐凱文, 〈30.4%的北大新生竟然厌恶学习, 只因得了"空心病"?〉[EB / OL].http://mp.weixin.qq.com/s/Gb6DstfazxwCMz4TDDlClg, 2016.

위 인용문은 공심병을 앓고 있는 학생들 자신의 이야기이다. 무無는 공空의 지배자이다. '空의 상태emptiness'가 되면 그 자리는 '완전한 無의 상태nothingness'가 차지해 버리고 만다. 이제 아무것도 없는 그곳에는 타인의 욕망과 논리가 가득 차 버리고, 비워 내지 못하는 유有 또한 나에게 아무런 의미가 없다. 공심의 학생들이 겪는 '자아 소실self-loss'의 과정이다. '자아 소실'의 과정 중에 그들이 느끼는 '공'은 풍우란馮友蘭(1895~1990)이 말한 삶의 네 경계론 가운데 가장 낮은 단계에 있는 "자연경계自然境界"[6]로부터 유발된 공[7]이다.

그러나 다른 한편에서의 공空은 가치생명이 현실생명을 완성할 수 있게끔 해 준다. 도가의 무위無爲, 무심無心은 상담의 과정에서 내담자가 능동적으로 내려놓고, 물러나고, 놓아주는 '비우기' 훈련으로 활용될 수 있다. 마찬가지로, 유가의 공안낙처孔顔樂處[8]의 정신 역시 삶의 경계에 있어 의식주와 같은 현상적인 것들로만 가득 채우는 것보다 오히려 빈자리가 삶을 더 척박하지 않게 만들 수도 있다는—공심의 학생들에 빗대어 말하자면 반드시 1등이 아니어도 행복할 수 있다는—사실을 내담자로 하여금 검토해 볼 수 있도록 도와줄 수 있다.

그러므로 이러한 전혀 다른 두 차원의 공에 대한 이해 없이 '空(비워짐)'의 상태를 부정적이고 소극적으로만 해석한다면 '空(비움)'이 지닌 치유적인 힘이 간과될 수 있다. 즉, 내담자 스스로가 기존 가치의 가치를 따져 묻기 시작했다는 것은 수동적인 비워짐에서 능동적

---

6 馮友蘭,《貞元六書》下, 北京: 中華書局, 2014, pp. 616-634.

7 이때의 공의 표현은 공허함, 무력함, 우울함, 허무함, 상실감, 쓸쓸함 등이다.

8 《論語》〈述而〉: "子曰, 飯疏食飮水, 曲肱而枕之, 樂亦在其中矣. 不義而富且貴, 於我如浮雲."

인 비움으로의 이행을 의미함에도, 중국에서는 이러한 이행이 곧 자가치유의 시작이라는 점을 주목하지 못했기 때문이다.

'공심空心 · hollow'은 중국어에서 본래 '속(안)이 텅 비어 있는'이란 뜻의 접두사로 쓰인다. 예를 들어, 공심채空心菜 · water spinach, 공벽空心墙 · hollow wall 등은 모두 '속(안)이 비어 있는' 형태의 사물들이다. 여기서 확장된 의미로 '허허한', '허무한'의 뜻으로 쓰이기도 한다. 예를 들어, 영국의 시인 토머스 엘리엇T. S. Eliot의 작품 〈The Hollow Men〉(1925)을 중국어로는 '허무한 사람들(空心人)'이라고 번역한다. 쉬 교수는 왜 하필 공심병空心病이라 이름 지었을까? 이 학생들이 겪는 공심의 주된 표현은 어렸을 때부터 말 잘 듣는 착한 학생, 공부 제일 잘하는 학생이라는 칭찬을 들으며 명문대에 진학했으나, 실제로는 '왜 공부해야 하는지 모르겠고, 왜 살아야 하는지도 모르겠는' 부조리로 드러난다. 인간관계가 매우 좋으면서 동시에 극심한 외로움을 느끼고, 실제 죽고 싶지 않으나 항상 자살을 염두에 두는 등의 반전反轉 말이다. 겉으로 보기에 크고 맛있어 보이지만 안은 텅 비어 있는 공갈빵(공심병空心餅), 그와 동일한 발음의 공심병空心病, 전자의 메타포가 후자의 조어造語에서도 떠올려지는 것은 우연이 아닐 것이다.

그러나 공갈빵의 메타포를 지녔다고 번역어를 '공갈빵 증후군' 등으로 사용하지 않는 이유는 공과 심은 그 자체가 풍부한 철학적 함의를 지닌 자字이기 때문이다. 공空 자는 매우 유용한 철학적 해독제로 쓰일 수 있으며, 마음(心)에 대한 철학적 담론은 공심의 심이 심리학의 전유물이 아님을 보여 주기 때문이다. 전혀 다른 두 차원의 공에 대한 이해 없이 '空(비워짐, 수동적)'의 상태를 부정적이고 소극적으로만 해석한다면 '空(비움, 능동적, 순자적 해석)'이 지닌 치유적인 힘이 간과될 수 있다. 따라서 철학적 자원으로서 공空과 심心이 철학상담의 치료적 해석을 가능케 한다는 점과, 조어가 지니는 파급력이나 사회에 미치는 영향력까지 고려하여 한국말로도 '공심병'이라 부르려고 한다.

심의 작용: 허일정虛壹靜

空(비워짐)을 虛(비워냄)로 치유한다는 비유적인 측면에서, 다시 말해 공심의 해독제가 공심이라는 점으로부터 순자의 철학상담치료 체계를 '공심치유空心治癒'라 불러도 무방할 것이다. 공심치유의 핵심 맥락을 폐심蔽心, 허심虛心, 성심聖心의 단계별로 살펴보려고 하는데, 이해를 돕기 위해 아래의 〈표 1〉을 서두에 두겠다.

〈표 1〉

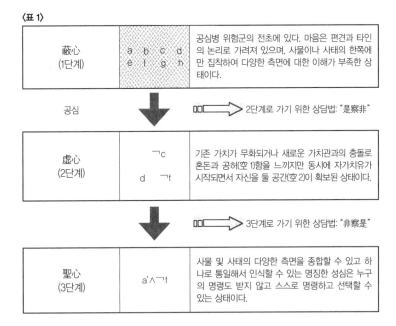

蔽心 (1단계)	a b c d e f g h	공심병 위험군의 전초에 있다. 마음은 편견과 타인의 논리로 가려져 있으며, 사물이나 사태의 한쪽에만 집착하여 다양한 측면에 대한 이해가 부족한 상태이다.
공심	⬇ □□□⟹	2단계로 가기 위한 상담법: "是察非"
虛心 (2단계)	ㄱc d ㄱㅓ	기존 가치가 무화되거나 새로운 가치관과의 충돌로 혼돈과 공허(空 1)함을 느끼지만 동시에 자가치유가 시작되면서 자신을 둘 공간(空 2)이 확보된 상태이다.
	⬇ □□□⟹	3단계로 가기 위한 상담법: "非察是"
聖心 (3단계)	a'∧ㄱㅓ	사물 및 사태의 다양한 측면을 종합할 수 있고 하나로 통일해서 인식할 수 있는 명징한 성심은 누구의 명령도 받지 않고 스스로 명령하고 선택할 수 있는 상태이다.

먼저, 무엇을 가리켜 가려진 마음(蔽心)이라 부르는지 살펴보기로한다. 인간의 마음은 항상 무언가를 담아 두고 있지만[9] 건강한 사람의 경우 병리적 현상을 동반하지 않는다. 그 까닭은 마음 안에 자신의 무언가를 둘 공간(虛心)이 확보되어 있기 때문이다. 그런데 순자는 온갖 편견 등이 마음을 가려서(蔽)[10] 심이 제 기능을 못하는 경우가 있다고 말한다. 이때의 마음 상태를 가리켜 '가려진 마음(蔽心)'이라 부르기로 하자. 가령 1단계의 공심 위험군의 전초에 있는 이들은 풍우란의 경계론에 빗대어 보자면 자연경계에 머물러 있는 가려진 마음(蔽心)의 상태라 진단할 수 있는데 그 특징은 아래와 같다.

(자연경계에 있는 이들은) 습관에 따라 일을 하기 때문에 일을 하면서도 그 일이 어떤 의미가 있는지 알지 못한다. 그가 어떤 대단한 일을해 낼 수 있을지는 모르지만 역시 그 대단한 일을 할 때에도 여전히 일의 표면만 이해할 뿐 사물의 본질과 그 발생 원인을 알지 못한다. 본인이 행하는 일에 대한 성격을 명확하게 이해하지 못하고 있기 때문에자기가 하는 일이 자신에게 뚜렷한 의미가 없다. 이러한 측면에서 말한다면 그의 경계는 흡사 혼돈渾沌과도 같다.[11]

이들은 병리적 증세로 크게 고통을 겪고 있지는 않지만 건강한 마음의 상태라고 보기 힘들다. 이들 내담자는 마음의 어떠한 자정능력

---

9   순자는 〈해폐解蔽〉 편에서 '허일정虛壹靜'의 마음의 작용을 설명할 때 "마음은 일찍이 무언가를 품지 않을 때가 없다(心未嘗不臧也)"고 말했다.

10   《荀子》〈解蔽〉: "故爲蔽, 欲爲蔽, 惡爲蔽, 始爲蔽, 終爲蔽, 遠爲蔽, 近爲蔽, 博爲蔽, 淺爲蔽, 古爲蔽, 今爲蔽."

11   馮友蘭,《貞元六書》下, 北京: 中華書局, 2014, p. 601.

없이 타인의 논리와 시류를 무비판적으로 수용해 왔을 가능성이 높으며, 또한 그것이 나의 논리이며 욕망이라고 착각하거나 아니라는 것을 알더라도 오직 이로움을 위해 자신의 것이라고 믿고 싶어 할 가능성이 매우 높은 혼돈과 허위의 공간이기 때문이다. 그러므로 폐심의 경계에 있는 내담자는 한쪽의 사설邪說에만 가려져서(蔽於一曲) 아래와 같은 신념들을 지니기도 한다.

> a. 부모가 바라는 삶대로 사는 것이 옳은 선택이다.
> b. 1등만이 가치 있는 일이다.
> c. 명문대에 진학하면 성공과 행복이 보장된다.
>   :
> f. 나는 무조건 S대 의대에 진학해야만 한다.

위와 같은 편견偏見의 원인을 순자는 내담자가 "만물의 다양한 측면을 이해하지 못하고 한쪽에만 집착하여 마음이 가려지게(蔽) 되었기 때문"[12]이라고 말한다. 그런데 어느 날 강력히 덮고 있던 이 장막이 어떠한 계기로 일부 벗겨지는 상황을 내담자는 직면하게 된다. 내담자의 마음속에 오랫동안 다수 자리를 차지하고 있던 매우 공고한 타자의 여러 파편(一曲) a. b. c. d.···들이 새로운 가치와 충돌을 일으키면서 기존의 가치가 전복되거나 무화되거나 하여 예고 없이 텅 빈 공간(空1心)이 생겨나면, 존재는 일종의 실존적 허무를 느끼게 된다. 즉, 예고 없이 노출된 내담자의 일부에는 빈 공간(空1心)이 생기게 되고, 이 수동적으로 비워진 텅 빈 공간 때문에 삶의 무의미함

---

12 《荀子》〈解蔽〉: "凡萬物異則莫不相爲蔽, 此心術之公患也."

과 공허함을 느끼게 되는 것이다. 이러한 텅 빈 마음이 일으키는 병리적 현상이 앞서 언급한 대로 쉬 교수의 신조어인 공심병이다. 그런데 쉬 교수가 공심병을 언급한 이래 쟁점이 된 부분은 공심에 대한 중국의 지나치게 소극적인 해석이 빚어 온 치료의 한계점이었다.

위의 〈표 1〉의 2단계를 보면 알 수 있듯이 허심의 단계에서는 두 차원의 서로 다른 공이 등장한다. 중국에서는 후자의 공을 보지 못했을 뿐만 아니라, 전자의 공을 부정적으로만 해석했다. 때문에 2단계 전반의 현상을 겪는 이들을 모두 '공심병' 환자라고 여겼다.

일반적으로 1단계의 학생들은 병리적 현상으로 크게 고통받거나 하지 않지만, 공심을 앓기 시작한 2단계 혹은 1단계와 2단계 사이의 학생들은 변증법적 모순과 갈등을 겪는다. 이러한 불편함은 부정적이고 소극적인 기제에 의해 병리적인 현상으로 드러나는 것이 틀림없다. 그러나 이에 대해 필자는 "철학상담의 관점에서 볼 때 내릴 수 있는 공심에 대한 매우 중요한 치료적 해석은 '전자의 공'을 통해 내담자의 심에서 자가치유가 일어나기 시작하고 바로 그것이 '후자의 공'을 확보하는 데까지 이어진다는 점에 있다"[13]고 말한다. '후자의 공'을 순자의 '허심'이라 불러 중국의 심리학이나 교육학에만 의존한 심에 대한 해석에 철학적 해석을 더하고 철학상담에서의 활용을 주장할 수 있는 까닭도 이 때문이다. 순자는 마음의 '비움虛 · emptiness'의 작용을 아래와 같이 설명했다.

마음은 일찍이 무언가를 담아 두지 않을 때가 없지만 그럼에도 이른바 '비움'의 상태가 있다. … 인간은 태어나면서 지각 능력이 있고, 지각

---

13 김여진, 〈공심병(空心病)과 철학상담〉, 《哲學硏究》 149, 2019, 76쪽.

c

이 있으면 기억이 있게 된다. 기억이라는 것은 마음이 담아 둔 것이다. 그러나 이른바 '비움'의 상태가 가능하다. 이미 저장한 내용 때문에 장차 받아들이는 것에 방해받지 않기 때문인데 이것을 '비움'이라 부른다.[14]

순자의 설명대로라면 폐심과 공심의 내담자는 마음 안에 품고 있었던 과거의 가치와 논리를 한편에 두고 새로운 지각의 내용을 심 안에 담을 수 있다. 즉, 가령 앞서 열거한 내담자의 기존 a. b. c. d. … f.의 신념들을 식별하고 비판 검토하여 새로운 가치를 받아들일 수 있는 것이다. 그 과정은 내담자로 하여금 그간 품고 있었던 범속의 편견에 대해 스스로 반문할 수 있고 비판적으로 사유하여 논박할 수 있도록 하는 것에 중점을 둔다. 다시 말해, 순자의 문답법 중 하나인 '시찰비是察非'를 활용하여 "내담자로 하여금 자기 '세계관' 맥락 내에서 철저하게 자기 검토를 수행하도록 요구하는 것이다."[15]

〈표 1〉 2단계의 심의 상태를 참조해 보면 알 수 있듯이, 내담자가 지니고 있었던 a.와 b.의 가치는 소멸되었고, 절대적으로 긍정했던 c.와 f.의 명제에 대해서는 부정하기 시작했다. 물론 이 같은 기존의 가치가 자신의 삶에 어떠한 의미와 기여가 있는지 면밀히 검토하는 과정 속에서 내담자가 혼란스러움과 허무함을 경험하는 것은 너무나 자명한 일이다. 그렇지만 이때 현실생명이 느끼는 공허함은 자가 치유의 시작이기도 하다. 자가치유가 시작되면서 자신을 둘 공간(虛)

---

14 《荀子》〈解蔽〉: "未嘗不臧也, 然而有所謂虛. 心未嘗不滿也, 然而有所謂一, 心未嘗不動也, 然而有所謂靜. 人生而有知, 知而有志, 志也者, 臧也. 然而有所謂虛, 不以所已臧害所將受謂之虛."

15 피터 B. 라베, 《철학상담의 이론과 실제》, 김수배 옮김, 서울: 시그마프레스, 2010, 26쪽.

이 조금씩 확보되기 때문이다. 수동적인 '비워짐'인지 주체적인 '비움'인지에 따라 각각 공심과 허심으로 나눠 부르는 까닭도 이 때문이다. 따라서 허심으로 가는 과정에서 생기는 다양한 현상들은 내담자 자신의 현실생명이 드러내는 자연스런 공(虛無함)의 표현들이며, 그것을 부정적으로만 취급할 것이 아니라는 점을 스스로 판단할 수 있도록 상담사가 조력해야 할 것이다.

공심의 내담자들은 분명 높은 이해 능력을 갖고 있을 것이며 그러한 특성상 "시찰비"의 담화 기법을 통해 자신의 문제에 대해 크게 어렵지 않게 인지하고 자각할 수 있을 것이다. 그 내용들은 예를 들면, 코헨의 LBT에서 말하는 핵심오류 가운데 '자기주재성의 부족', '완벽함에 대한 요구가 높았다는 점', '이 세계가 단일한 방식이 아니라는 것', '시류에 편승했다는 사실' 등이 될 수 있을 것이다.

마지막 성심으로 가는 과정에서는 "비찰시"의 담화 기법을 통해 처음 내담자에 의해 전면 부정되었던 과거의 논리와 새롭게 담은 가치 및 도덕을 다양한 측면에서 종합하여 내담자의 일관된 하나의 기준을 가지고 심 안에서 새롭게 주조籌造해 보는 과정을 성취할 수 있도록 상담사가 조력한다. 그것이 가능한 까닭을 순자는 아래와 같이 설명한다.

마음이 생기면 지각이 있게 되고, 지각 능력이 있으면 분별력을 갖는다. 분별한다는 것은 동시에 두루 알고 있다는 것을 뜻한다. 동시에 두루 알고 있다는 것은 다양한 측면을 알고 있다는 것이다. 그럼에도 소위 '가지런한'의 상태가 있다. 한 부분을 가지고 다른 부분을 방해하지 않는 것을 가지런함이라 부른다. 마음은 잠잘 때 꿈을 보고 우두커니 있을 때는 멋대로 이리저리 돌아다니며 … 마음은 일찍이 움직이지 않을 때가 없다. 그러나 이른바 '고요한'의 상태가 있다. 몽상이나 번뇌가 지각 능력을 어지럽히지 않으니 이것을 '고요의 상태'라고 한다. … 비어 있으면서 가지런해지고 고요한 상태를 '대청명'이라고 부르는 것이다.[16]

이 글에서 말하는 성심이란 심의 작용인 허일정에 의해 도달한 결과 및 상태를 가리킨다. 비어 있으면서 가지런해지고 고요한 상태인 명징한 인식(대청명)에서는 고차원적인 사고가 가능한데, 이처럼 마음의 '허일정'의 작용을 통해 '대청명'의 경계에 도달한 내담자에게는 공심의 과정 속에서 전면 부정되고 그르다고 판단했던 a. b. c. d. … 의 가치에 대해 '소박한 자아가 원하는 바', '부모나 사회로부터의 요구' 등을 성찰하여 내담자의 가치관 및 세계관이 새롭게 재구성된다.

    a. 부모가 바라는 삶대로 사는 것이 옳은 선택이다.
    f. 나는 무조건 S대 의대에 진학해야만 한다.

예를 들어, 〈표 1〉 3단계의 연산기호대로라면 내담자가 부정한 f.의 명제와 나와 타자 및 공동체에 대한 고찰 끝에 새로 주조된 a'.의 가치가 공존하며, 양극단에 놓아 긍정적이거나 부정적인 것으로만 취급했던 가치를 정도程度의 문제로부터 보아 치유할 수 있게 된다.

---

16 《荀子》〈解蔽〉: "心生而有知, 知而有異. 異也者同時兼知之. 同時兼知之兩也. 然而有所謂一, 不以夫一害此一, 謂之壹. 心臥則夢, 偸則自行, 使之則謀. 故心未嘗不動也. 然而有所謂靜, 不以夢劇亂知, 謂之靜. 未得道而求道者, 謂之虛壹而靜, 作之則. 將須道者之虛則入, 將事道者之壹則盡, 盡將思道者靜則察, 知道察, 知道行, 體道者也. 虛壹而靜, 謂之大淸明."

순자에 따르면 마음은 누구의 명령도 받지 않고 스스로 명령하고 선택할 수 있는 고유의 능력을 갖고 있다. 일종의 파편(一曲)이라는 이물질이 섞여 그 본래의 기능을 충분히 발휘하지 못하는 폐심의 상태에서 표현되는 망설임(疑)과 혼란스러움(惑) 속에서도 순자는 심이 허일정의 작용을 할 수 있다고 말한다. 이 작용은 폐심 또는 공심의 내담자가 허심의 경계로 갈 수 있음을 암시한다. 이 능력을 회복하는 과정 속에 있는 상담은 내담자가 능동적으로 비운 공간에 흩어져 있거나 어쩌면 가져 본 적이 없는 자신의 가치관, 세계관 등을 새롭게 채우는 과정이기도 하고, 삶을 예술로 승화시키는 중간의 과정이기도 하며, 자신이 다른 사람과 더불어 살아가야 하는 사회의 일부분이라는 점을 실감하는 단계이기도 하다.

요컨대, 순자가 말하는 심의 작용은 폐심에서 공심, 공심에서 다시 허심, 허심에서 성심으로 경계를 넘어설 수 있게끔 조력할 수 있다. 그런데 이때, 차次 경계로의 이행을 추동推動하는 원리는 무엇에 있을까? 아래에서 순자의 종시終始 철학을 들어 설명하고자 한다.

추동 원리: 종즉시終則始

일반적으로 종시終始란 개념을 구축하고 전파한 것은 전국시대 말기 음양가陰陽家의 대표 인물인 추연鄒衍(BC 324?~BC 250)이 역사의 변천과 순환운동을 강조하기 위해 오덕종시설五德終始說을 주장한 데에서 비롯된다고 본다. 추연과 같은 시기에 활동한 순자의 경우, 그의 '종시'의 개념은 《순자》 안에서 빈번하게 볼 수 있다. 〈유효儒效〉, 〈왕패王霸〉, 〈의병議兵〉, 〈유좌宥坐〉편 등에서 언급되고 있으며, 무엇보다도 순자 철학의 요체가 되는 〈예론禮論〉편에서 예의 최고준칙 및 규범의 원리를 설명할 때 그 근거로서 등장한다. 이질적인 두 개념의 마침(終)과 처음(始)은 상호 대립적인 것 같지만 동시에 하나(一)로 종합되었을 때만 완선한 예를 이룰 수 있다.

> 죽은 것 같기도 하고 살아 있는 것 같기도 하며 거기에 있는 것 같기도 하고 없는 것 같기도 하여 마침과 처음을 하나같이 하는 것이다.[17]

〈예론〉편에서 주로 다루는 예의 종류는 상례喪禮와 장례葬禮이다. 순자가 상·장례에서 강조하고 있는 점은 죽은 자 역시 산 자처럼 대하는 것, 즉 시종을 일관되게 하는 것이다. 삶과 죽음은 분별되어야 하지만 이 둘은 매우 인접隣接해 있으며 때론 중첩重疊되기도 하여 공존共存한다. 때문에 예로써 죽은 자를 극진히 하는 것은 역시 산 자를 극진히 대하는 것과 마찬가지의 의미가 된다.

> 예란 삶과 죽음을 엄숙하게 처리하는 것이다. 삶은 인생의 시작이고 죽음은 인생의 종결이다. 이 인생의 종결과 시작이 모두 잘 처리되면 사람의 도리가 완성되는 것이다. 고로 군자는 인생의 시작을 엄정하게 처리하고 종결을 신중하게 처리하여 종결과 시작을 하나의 일처럼 처리한다.[18]

이렇게 시종을 일관되게 행했을 때만 사람의 도리가 완성되었다

---

17 《荀子》〈禮論〉: "故事死如生, 事亡如存, 終始一也."
18 《荀子》〈禮論〉: "禮者,謹於治生死者也.生, 人之始也, 死,人之終也, 終始俱善, 人道畢矣. 故君子敬始而慎終, 終始如一, 是君子之道,禮義之文也."

고 본다. 종시의 하나됨은 고대 선왕의 원칙이자 충신과 효자가 행하는 최고의 준칙이다.[19] 순자가 앞서 종과 시의 경계성을 말했다면 여기서는 종시의 하나됨을 통한 예의 완결성 및 전체성을 강조하고 있는 것이다. 그뿐 아니라 순자는 〈왕제王制〉편에서 마침과 처음이 상응하며(終始相應) 나아가는 그 운동성에 대해서도 언급한다.

판례로써 얽혀 있는 것을 처리하고 하나의 원리로써 만 가지 일을 처리한다. 처음이 있으면 마침이 있고, 마침이 있으면 처음이 있으니 마치 옥고리처럼 끝이 없다. 이 점을 간과하게 된다면 천하는 쇠하게 될 것이다. … 그래서 천지는 군자를 낳지만 군자는 천지를 다스린다. 군자란 천지와 함께 참여하고 만물의 우두머리가 되며 민의 부모가 된다. 군자가 없다면 천지가 바로잡히지 않고 예의가 계통이 없으며 위로 군주와 스승의 가르침이 없고 아래로 부자의 도리도 없게 될 것이다. 대저 이것을 가리켜 지극히 혼란한 상태라고 말한다. 군주와 신하, 부모와 자식, 형과 아우, 남편과 아내의 관계란 시작하면 끝나고 끝나면 시작하여 천지와 함께 같은 원리로 이어져 만대에 이르기까지 함께 오래갈 것이다. 대저 이것을 가리켜서 큰 근본이라 말한다. 그러므로 상례나 제사, 조례와 빙례, 군제軍制가 똑같다. 신분의 귀천, 형벌에 있어 살생과 여탈의 원리도 똑같다.[20]

---

19 《荀子》〈禮論〉: "使生死終始若一, 一足以爲人願, 是先王之道, 忠臣孝子之極也."

20 《荀子》〈王制〉: "以類行雜, 以一行萬, 始則終, 終則始, 若環之無端也, 舍是而天下以衰矣. … 故天地生君子, 君子理天地, 君子者, 天地之參也, 萬物之總也, 民之父母也. 無君子, 則天地不理, 禮義無統, 上無君師, 下無父子, 夫是之謂至亂. 君臣, 父子, 兄弟, 夫婦, 始則終, 終則始, 與天地同理, 與萬世同久, 夫是之謂大本. 故喪祭, 朝聘, 師旅一也. 貴賤, 殺生, 與奪一也."

순자의 말처럼 처음이 있으면 마침이 있고 끝나면 다시 처음이 시작되고(始則終, 終則始) 거기서 종결되면 또 다시 처음이 시작되는 마치 둥근 고리와도 같이 무한대로 이어지는 운동이 바로 생애生涯 전체이다. 그러나 순자가 말하고자 하는 "시즉종, 종즉시"는 시작과 마침이 무한대로 단순 반복되는 아래 ①의 직선형의 모습은 아니다. 그는 마땅히 분별해야 할 양자의 하나됨, 즉 종시의 전체성(終始如一)을 강조하고 있기 때문이다.

① 始 → 終 → 始 → 終 → 始 → 終 → 始 → 終 → ∞
② 始 → 終
  ↳ 始 → 終
    ↳ 始 → 終
      ↳ 始 → ∞

생애 전체 안에는 마침과 시작이라는 양극성이 공존한다. 양자는 상호 이질적이며 극단에 있지만 앞서 말했듯이 인접隣接해 있으면서 생애 전반에서 상응相應하며 무한히 연속해 간다.

이처럼 대립적인 관계이면서 동시에 하나이어야 하는 순자의 종시 사상은 변증법적인 구조를 지녀 ②의 그림과 같다. 순자에게 종과 시는 대립적이면서 종합적이다. 변증법적인 구조를 지니고 있지만 대립을 강조하기보다는 둘의 조화와 균형을 보다 지향한다. 삶과 죽음을 경敬과 신愼의 태도로써 대하며 생애 전체를 일관할 것을 강조하고 있기 때문이다. 이러한 순자 철학의 종시 원리는 변증법적 구조를 지니며 공심을 치유하는 데 있어 폐심으로부터 허심으로, 허심에서 다시 성심으로 그 경계를 이행하게끔 하는 추동의 원리로써 작용할 수 있다.

상담사와 내담자 간의 역동적인 관계에 있어서도 종시의 원리는 마찬가지로 작용한다. 내담자는 자신의 제한된 이해와 갈등하는 견해만 가지고 씨름하는 대신 상담사와 함께 상이한 대안적 관점, 착상, 확신 등을 탐구할 수 있는데, 이를 통해 상담사와 내담자 모두 다양하고 통합된 이미지를 획득할 수 있기 때문이다.[21] 상담사가 생각한 것에 내담자와 공동으로 생각한 것이 더해짐으로써 '보완 효과'[22]를 가져오기도 한다.

끝으로, 다음 장에서는 구체적인 사례를 들어가며 순자의 담화 기법인 "시찰비", "비찰시"를 살펴보기로 한다.

담화 기법: 시찰비是察非, 비찰시非察是

먼저 "비찰시"와 "시찰비"란 〈해폐〉편에서 등장하는 순자의 인용문 가운데 볼 수 있는 언설이다.

전하는 말에 이르기를 '천하에 두 가지 원리가 있다. 그른 데에서 옳은 것을 살피고 옳은 데에서 그른 것을 살피라'고 한다. 왕의 법제에 맞는 일과 왕의 법제에 맞지 않는 일을 일컫는 것이다.[23]

---

21 피터 B. 라베, 《철학상담의 이론과 실제》, 김수배 옮김, 서울: 시그마프레스, 2010, 31쪽 참조.
22 피터 B. 라베, 《철학상담의 이론과 실제》, 31쪽 참조.
23 《荀子》〈解蔽〉: "傳曰, 天下有二, 非察是, 是察非, 謂合王制與不合王制也."

본래 원문에 근거하면 "비찰시, 시찰비"는 어떤 문답법과는 거리가 있는 언설이지만, 공심을 겨냥한 상담에 매우 유용하다고 여겨 구체적인 절차와 방법을 더해 담화 기법으로써 활용하고자 한다(각주 1 참조).

먼저 공심을 겪고 있는 학생들의 특징 중 하나는 〈표 2〉와 같이 상당한 변증법적인 모순과 갈등을 겪고 있다는 데에 있다. 앞서 밝혔듯이 이들은 삶을 받아들이면서 살고 싶은 동시에 더 이상 삶에서 일어나는 일들을 견뎌 낼 수 없어 자살을 생각한다. 양극단에 있는 욕구가 서로 팽팽하게 경쟁하고 있기 때문에 양 극성 사이에는 상당한 긴장이 있다.

〈표 2〉

부모님이 나를 억압하는 것에 화가 나	나는 도태되는 것이 두려워
나는 루저야. 미리 포기하는 편이 나아	나는 대단한 사람이고 그렇게 할 수 있어
내 방식대로 공부했을 때 정말 행복했어	부모님의 방식만이 나를 구제할 수 있어

얼핏 보면 형식적으로 양립 불가한 욕망들인 것 같지만 위와 같은 질적 모순을 겪는 공심의 학생들에게는 동시에 경험되는 것이다. 양극단에 위치하여 서로 팽팽하게 경쟁하고 있는 내담자의 상반된 욕구 및 기대들은 결국 타협점을 찾지 못하기 때문에 항시 혼란스러운 상태이다. 이러한 증상에 대해 철학상담의 치료적 입장에 착안하여 접근해 본다면 순자의 종시철학으로부터 변증법적인 운동의 원리를 대응시킬 수 있다. 그리고 그 구체적인 문답법은 '시찰비' '비찰시'라는 언설로써 설명 가능하다. 이해를 돕기 위해 〈표 3〉을 서두에 두겠다.

〈표 3〉

차원	명제	함의	성격	가치	접근
i	是	근대적 주체의 신념	계층적 보수적	전통	폐심의 상태 진단
		察 (際)			
	非	是의 대립쌍 또는 否定의 사례	탈권위적 유연함	자유	是의 비합리적 전제 확인

차원	명제	함의	성격	가치	접근
ii	非	모순적인 삶 자체	혼돈	非판단적	허심의 공간 확보
		察 (際)			
	是	복구 및 변화	안정적	세계관의 확장	회고를 통한 재통합

일례로, "사범대학에 진학해서 교사가 되어야 한다"고 말하는 공심의 학생이 있다. i 차원의 시찰비 단계에서는 첫째, "사범대학에 진학해서 교사가 되어야 한다"라는 是의 명제 안에 타인의 욕망이나 논리 또는 근대적 주체가 지닌 신념이나 혹은 비합리적인 전제는 없는지 非의 요소들을 추출해 본다. 이때 식별한다(察)는 것은 사려지심思慮之心을 강조한 순자에게 있어 문제 해결의 매우 중요한 절차이기도 하다. 그것은 이질적인 양자를 분별하거나 동이同異점을 찾고, 시비를 명확하게 하거나, 객관적으로 검증하기 위해 상세히 살피는 역할을 하기 때문이다. 이 때문에 부모의 바람(是)의 대립쌍에 해당하는 나의 바람(非)이 무엇인지를 살필 수 있게 된다.

i 차원의 시찰비 단계가 종료되면 공심의 학생이 지닌 "교사가 되면 안정적인 직업을 얻게 되며 부모에게 효도할 수 있고 가족 모두 행복할 것이다"라는 신념 안에서 추출된 안티테제로서 非에 해당하

는 "사실 내가 하고 싶은 일을 할 때 행복했다"는 본인의 욕망을 식별할 수 있고, 이로써 허심의 공간이 조금씩 확보되기 시작한다. 즉, 교사라는 직업이 돈과 교환되는 일로서가 아니라, 자아 실현의 행위로서 적합한지를 사유해 보는 것이다.

정리하면, ⅰ차원의 '시'의 명제는 기성 질서로서 근대적 주체가 지닌 신념이다. ⅰ차원의 '비'는 시에서 추출된 대립쌍의 한편의 개념 또는 부정의 사례이다. 따라서 이때의 是는 비합리적인 전제를 역시 동시에 품고 있다. 비합리적 전제를 포함한 근대적 주체가 지닌 신념이기 때문에 ⅰ차원의 시찰비의 시비는 두 개의 함의를 지닌다. 첫째, 시와 비는 대립적이다. 둘째, 그와 동시에 시와 비는 인접해 있거나 공존하고 있다. 근대의 주체가 지닌 신념의 비합리적 전제를 살피는 것(察), 즉 기존 가치의 가치를 따져 묻는 과정이 첫 번째 폐심의 단계에서 두 번째 허심虛心의 단계로의 이행을 돕는 접근법이다.

식별해야 할(察) 대상은 크게 분별해야 할 것들과 양자길항적인 관계에 있는 것들, 예를 들면 순자가 말한 좋아함과 싫어함, 시작과 끝, 먼 것과 가까운 것, 넓은 지식과 얕은 지식, 고대와 현대[24] 등과 같은 것이다. 그런데 察의 의미는 식별을 위해 상세히 살핀다는 것이 외에 또 다른 의미로 '際 close to'의 뜻이 있다.

이 '察'자는 아마도 '際'로 읽어야 된다고 추측된다. '비찰시, 시찰비'란 말은 비는 시와 닿아 있고 비는 시와 닿아 있으며, 비는 시와 인접해

---

24 《荀子》〈解蔽〉: "故爲蔽, 欲爲蔽, 惡爲蔽, 始爲蔽, 終爲蔽, 遠爲蔽, 近爲蔽, 博爲蔽, 淺爲蔽, 古爲蔽, 今爲蔽."

있고 시는 비와 인접해 있는 뜻과 같다. 즉, 시 밖에 비가 있고, 비 밖에 시가 있다. 찰察과 제際는 고대 통용되던 자字이다. 〈王制〉편을 참고해 볼 만하다.[25]

〈표 3〉 ⅱ차원의 "비찰시"의 단계로 돌아가 보자. "전 단계에서 행했던 담화 기법이 '시찰비'라면, 성심聖心으로 가는 단계는 '비찰시'의 방법으로, 처음 내담자에 의해 전면 부정되었던 과거의 논리와 새롭게 담은 가치 및 도덕을 다양한 측면에서 종합하여 내담자의 일관된 하나의 기준을 가지고 심 안에서 새롭게 주조籌造해 보는 과정"이라고 말할 수 있다. 즉, ⅰ차원에서의 살핌(察)은 내담자가 굳게 믿고 있는 기존의 '是'의 차원을 전복시킬 만한 객관적 근거들(非)을 가지고 반박해 보는 과정이었다고 한다면 ⅱ차원에서는 첫째, 상실된 가치를 되살리기 위한 시도이자 전통으로의 회귀를 통한 재통합의 과정이라고 말할 수 있으며, 둘째, 고통이 지닌 긍정성을 확인하는 단계이기도 하다. 전자의 경우를 예로 들자면, 사회 문제(급여)를 개인 문제(열정)로 위장한 것은 아닌지 따져 물을 수 있다.

특히, 상담에서 ⅰ차원의 '시찰비' 단계가 끝나면 내담자는 폐심의 상태에서는 벗어날 수 있지만 자신이 변증법적 갈등을 겪고 있음을 알아차리게 되어 몹시 혼란스러운 상태에 있게 된다. 그런데 여기서 매우 중요한 사실은 〔是ⅰ察非ⅰ〕의 종결(終)은 〔非ⅱ〕의 시작(始)이기도 하다는 점이다. 즉, 내담자가 겪는 그러한 혼돈 또는 공심의 상태는 허심을 확보할 수 있게 하며, "비찰시"의 "찰"이 "인접함(際)"을 뜻할 때 고통이 주는 긍정성을 확인할 수 있기 때문이다. 학생들은

25 高亨, 〈諸子新箋〉, 《高亨著作集林》 第6卷, 北京: 淸華大學出版社, 2004, p.174.

공통적으로 왜 사는지 모르겠으며, 삶의 의미를 찾을 수 없다고 말한다. 그렇다면 인생의 의미는 어떻게 해야 찾을 수 있는 것인지 역으로 물을 수 있겠다. 그것은 가만히 앉아서 생각한다고 생겨나는 것도 아니며, 하루아침에 생겨나는 것도 아니다. 나의 삶의 의미를 찾는다는 것은 어쩌면 학생들이 겪고 있을 그 고통과 외로움, 바로 거기에서부터 시작될지도 모르겠다. 내가 어떻게 살 것이며, 어떻게 사는 것이 좋은지에 대한 답은 끊임없는 자기반성과 인간에 대한 깊은 성찰과 탐색, 몰입과 사색, 사유 능력을 통해서나 가능할 것이기 때문이다.

또한, (是 i 察非 i)의 결과로서 (非 ii)가 도출되기 때문에 (是 i 察非 i)에 대하여 (非 ii)는 終에 해당한다. 이러한 점으로부터 볼 때, (非 ii)는 (是 i 察非 i)의 안티테제이기도 하다. 공심을 겪는 학생들은 자신의 언행이 내면의 가치관과 일치하지 않는 모순에 의한 충돌로 인해 자기부정 및 혐오감을 느낀다. 자기부정 및 혐오감이 일으키는 동기 저하 등의 각종 현상들은 이항대립의 관계에 있는 두 차원이 양립 가능하다는 점을 수용하지 못하기 때문에 발생한다. 나는 주체적으로 살고 싶지만 동시에 시류에 편승하고 싶기도 하다, 실제 죽고 싶지 않지만 자살을 시도하는 등의 내적 갈등과 모순이 당사자에게 매우 혼돈스러울 수 있을 것 같지만 이 둘은 얼마든지 양립 가능하며 서로 팽팽하게 맞서 있는 죄책감과 반항심의 힘겨루기, 즉 양자의 긴장을 느슨하게 할수록 공심의 증상이 완화될 수 있다는 사실을 확인하는 것이 ii의 단계에서 진행되는 내용이다. 이렇듯 i의 단계에서의 (非)와 ii의 단계에서의 (非)는 서로 일치하지 않는다. ii의 단계에서의 (非)는 이미 i의 (시찰비)의 문답법을 통해, 가령 미美와 추醜의 인접성과 공존성 및 전체성을 발견한 후이기 때문이다. 이처럼 전통을 의심하고 비판하는 과정이 [시찰비]라면, 그 전통을 재차 상기하는 과정 속에서 전통에서 긍정될 수 있는 요소들을 다시 한 번 탐색하는 것이 [비찰시]이다. 따라서 '시찰비' 및 '비찰시' 양자의 관계는 상호 보완적인 특성을 지닌다.

다시 말해, ⅰ차원과 ⅱ차원은 개별성을 지녀 상담에서 각각 독립적으로 운용할 수 있을 뿐만 아니라, ⅰ차원과 ⅱ차원은 개별적이면서 또한 연쇄성을 지니기 때문에 두 차원 전체를 종합적으로도 운용할 수 있다.

정리하는 말

일찍이 로고테라피logotherapie의 창시자 빅터 프랭클Viktor Frankl (1905~1997)은 삶의 의미가 결여되어 있는 상태는 일종의 신경증이며, 심리적 갈등에서 생기는 일반적인 신경증과 구분하기 위해 '정신인성精神因性 신경증noögenic neurosis'이라는 용어를 사용했다. 어떻게 보면 공심병은 새삼스럽지 않은 현상으로 보일지 모르겠다. 그렇지만 중국 대학생들의 공심병은 21세기의 한국 사회에서도 여전히 진행 중이기 때문에 우리에게 분명 시사하는 바가 크다. 쉬 교수 본인도 말했듯이 공심병의 제기는 정신과 주치의의 권위를 내세워 새로운 병명을 추가하려고 하는 목적이 아니다. 임상심리학 박사이면서 정신과 주치의인 그가 심리학이나 의학이 아닌 교육에 호소하는 것만 보아도 자성적이며 고백적이다. 이 점에서 필자는 공심병이 제 학문 영역의 도움과 역할을 필요로 한다고 이해하였고, 철학상담 역시 공심에 대해 진지하게 접근할 필요가 있다고 여겼다.

이 글은 최근 쟁점이 되고 있는 철학상담의 치료적 관점에서 대학생의 우울을 살펴보았다. 공심이라는 특정 사례를 들어 상담 모형을 구상했다는 점과 내담자의 사례를 포함하고 있다는 점에서 중국 철학을 기반으로 한 철학상담 연구에서는 좀처럼 다루지 않았던 각론의 성격을 지닌다. 하지만 앞으로의 임상 사례 연구를 통해 프로그램이 평가되고 상담이론이 수정되어야 할 것이다. 이 같은 작업이 동양철학에 기반한 철학상담 체계를 확립할 수 있는 계기가 되었으면 한다. 더불어, 공심병의 주 위험군이 대학생이라는 점을 고려했을 때 대학의 교양교육을 통한 집단상담 프로그램이나 철학교육 프로그램들이 다양하게 개발될 수 있기를 기대해 본다.

참고문헌

《論語》

楊倞,《荀子集解》, 北京: 中華書局. 2007.

高亨,〈諸子新箋〉,《高亨著作集林》第6卷, 北京: 淸華大學出版社, 2004.

馮友蘭,《貞元六書》下, 北京: 中華書局, 2014.

宋基采,《譯註 荀子集解》5 (東洋古典譯註叢書 90), 傳統文化硏究會, 2018.

피터 B. 라베,《철학상담의 이론과 실제》, 김수배 옮김, 서울: 시그마프레스, 2010.

김여진,〈중국의 철학상담연구 현황에 대한 개괄적 보고 - 학술논문과 인터뷰의
    내용을 중심으로 - 〉,《儒敎思想文化硏究》36, 2017.

_____,〈공심병(空心病)과 철학상담〉,《哲學硏究》149, 2019.

_____,〈荀子의 空心治癒에서 '是察非' '非察是'의 문제〉,《인문사회21》
    10(4), 2019.

吳玲,〈現代性視角下中国青年'空心病'的诊断与治疗〉,《当代青年研究》352編 1期,
    上海社会科学院青少年研究所, 2017.

肖晓鸿,〈如何让当代大学生摆脱"空心病"〉,《科教导刊》上旬 01, 湖北省科学技术
    协会, 2018.

Paulos Huang, 徐凯文, "Investigating the Causes and Treatments of Hollow
    Disease through a Dialogue between Finnish and Chinese Education",
    Theory and practice of psychological counseling, 1(8), 2019.

徐凯文, https://www.psychspace.com/psych/viewnews-12873. (검색일: 2019.
    8. 18.)

4
주희의 격물치지론과 철학상담

이기원

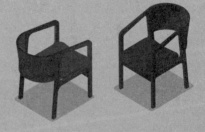

이 글은 2016년 《인문과학》 63집(성균관대학교 동아시아학술원)에 수록한 논문을 수정. 보완한 것이다.

균형화된 나를 찾는다는 것

철학상담은 "생각의 균형 상태를 유지하고 사고할 수 있는 능력을 계발하도록 돕는 것"이다.[1] 사고의 균형 상태가 중요한 이유는 자신과 타자, 자신을 둘러싼 세계를 어떻게 이해하고 인식·수용할 것인가의 문제와 관련되기 때문이다. 우리가 무엇을 판단하거나 결정할 때 그 판단이나 결정이 어떠한 의미를 가지며, 자기뿐만 아니라 타자와 사회공동체에 어떠한 영향을 미치는지 다양한 변수를 고려할 필요가 있다. 여기에는 자신의 정체성 문제나 삶과 일상, 타자, 나아가 사회를 보는 이른바 세계관적 관점이 관계한다.

세계관 해석을 주요 과제로 삼고 있는 라하브Ran Lahav는 내담자의 "다양한 일상 태도에서 드러나는 철학적 함축을 탐색하여 내담자의 행동, 감정 선호, 희망 등에서 표현되는 세계관을 펼쳐 보이게 할 것"을 강조한다. 왜냐하면 "자기 삶에서 만나는 사건들을 조직, 분석, 범주화하며 정형화하고 관계성을 만들고 이해하고 의미를 부여하는" 것이 세계관 해석에서 드러난다고 보기 때문이다.[2] 개인이 자신을 둘러싼 현실을 어떻게 개념화·구조화하면서 삶의 다양성을 인식하는가, 나아가 거기에 어떻게 의미를 부여해 갈 것인가가 세계관 정립으로 나타난다는 것이다. 세계관의 정립은 자신 및 자신의 삶을 이해하고 자신을 둘러싼 세계의 존재 방식에 대한 이해를 통해, 자신의 '현실'과 자신이 서 있는 위치를 보다 선명하게 직시할 수 있는

---

1 피터 라베, 《철학상담의 이론과 실제》, 김수배 옮김, 시그마프레스, 2010, 26~27쪽.
2 랜 라하브 외 편저, 《철학상담의 이해와 실천》, 정채원 옮김, 시그마프레스, 2013, 9~11쪽.

시점을 형성하는 계기가 될 수 있다.

우리가 사고의 균형 상태를 유지하지 못하는 것은 개념화되고 규정화된 '자기'가 있기 때문이다.[3] 개념화되고 규정화된다는 것은 어떤 특정한 신념 등에 사로잡혀 다양성을 인식하거나 다양한 견해를 받아들이기 곤란한 상태를 말한다. 자아가 특정한 사고에 갇혀 버린 것이다. 따라서 갇힌 자기에서 열린 자기로의 이행을 통해 의미의 위기, 권태와 공허한 감정, 대인관계의 어려움, 불안, 어떻게 살아야 하는가의 문제, 충족될 수 없는 현실을 받아들이는 문제 등에 대한 다양한 관점을 받아들일 수 있는 시점을 형성할 수 있다.[4]

이 글은 주희朱熹(1130~1200)의 격물치지格物致知론을 중심으로 자신과 타자, 세계를 어떻게 이해하고 해석 · 수용 · 선택할 것인지, 나아가 개념화 · 규정화된 자기를 극복하여 삶의 다양성과 사고의 다양성을 받아들이고 타자와 공감하면서 균형 있는 사고를 체득할 수 있는지를 고찰한다. 격물과 치지가 이루어지면 유가의 이상향인 최고의 선(至善)으로 나아갈 수 있다. 최고의 이상향은 절대적 선의 경지이며 여기에 도달하기 위해서는 절대불변의 지식에 도달해야 한다. 주희는 독서하지 않고 궁리하지 않기 때문에 마음이 소용없고 결국 병이 발생한다고 했다.[5] 여기에 격물궁리의 중요성이 나타나 있다.

격물치지에 대해서는 일반적으로 격물의 대상이 되는 리理를 깨닫고 사물의 보편적인 본질과 규율인 소이연所以然과 사회의 윤리

---

3 스티븐 헤이스 · 스펜서 스미스, 《마음에서 빠져나와 삶 속으로 들어가라》, 문현미 옮김, 학지사, 2010, 208~210쪽.

4 피터 라베, 《철학상담의 이론과 실제》, 39쪽.

5 《朱子語類》 권115, 中華書局, 1986, 2776쪽. "是不讀書, 不窮理, 故心無所用, 遂生出 這病."

원칙과 규범이 되는 소당연所當然을 이해하여 우주의 보편적인 리를 인식하는 것[6]이라 했다. 이러한 점에서 보면, 격물치지는 도덕 지식을 획득하는 방법으로 지식을 체험화하고 덕성화하는 공부이다.[7] 또한 격물치지는 "격물과 치지가 사물의 이치를 탐구하여 내 마음의 앎을 투철하게 하는 객관적, 대타적 치유 방법"이다.[8]

주희의 입장에서 보면 격물치지는 인식론적 측면과 수양론적 측면을 통합하고 있다. 격물치지는 이성적 사고와 감성적 사고의 결합, 마음과 신체의 통일까지 포괄하기 때문이다. 격물치지는 개인과 개인이 서 있는 일상에 기초한 아주 비근한 것에서 출발한다. 격물치지는 이성적인 사고에 치심治心과 치신治身이 결합된 것으로, 자신과 타자 및 세계를 보다 객관적으로 이해할 수 있는 방법으로 기능할 것이다. 따라서 격물치지를 통해 독아론에서 벗어나 자기 및 타자, 세계에 대한 보다 균형화된 이해와 수용, 공감이 가능해진다.

지의 극처와 타자, 세계관의 문제

세계관은 개인이 마주한 다양한 삶을 해석하고 수용, 선택, 결정하는 중요한 계기로 작용한다. 특히 삶의 위기가 찾아왔을 때 그것을 극복하기 위해 자신의 삶을 성찰할 계기가 필요해진다. 자신의 정체

6　진래,《송명성리학》, 안재호 옮김, 예문서원, 1997, 262~266쪽. 또는 주희의 격물은 인지심으로 자기 일신의 과거 행위의 경험을 반성하여 그 타당 여하를 정하는 것 등의 평가가 있다(曹昭旭, 〈주자·양명·선산의 격물의〉,《퇴계학보》26집, 퇴계학연구소, 1980, 51쪽).

7　홍성민, 〈주자의 공부론에서 신체의 의미와 역할〉,《동방학》34집, 2016, 112·124쪽.

8　최영찬·최연자,《유가철학의 덕과 덕성치유》, 예문서원, 2015, 130쪽.

성과 마주한 삶의 의미에 대해 근본적인 부분에서부터 다시 생각할 필요에 직면하게 된다. 자신이 당연하다고 여겨 왔던 경험적 지식에 대한 전면적인 내려놓기와 수정이 불가피해지는 경우가 발생할 것이다. 우리들은 개념화·규정화된 자기로 인해 부적절한 상황에 빠지게 된다. 불안이나 우울증 등 신경증상에는 이러한 개념화·규정화된 자기가 있다. 개념화·규정화된 자기에서 벗어나 사고의 유연성을 가지기 위해서는 관찰하는 자기와 지속적인 자각과 통찰이 필요하다.[9] 격물치지는 자기 및 타자, 자신을 둘러싼 세계를 어떻게 이해하고 수용·해석할 것인가의 문제와 관련되기 때문에, 개념화된 자기에서 벗어나 관찰하는 자기를 통해 지속적인 자각과 통찰을 가능하게 한다.

그 몸을 다스리려고 하는 자는 먼저 마음을 바르게 하고, 마음을 바르게 하고자 하는 자는 먼저 그 뜻을 성誠하게 하고, 그 뜻을 성하게 하고자 하는 자는 먼저 그 지식을 지극히 한다. 치지는 격물에 있다.[10]

주희가 "명덕明德을 밝히는 것이 지知"[11]라고 한 것처럼 격물치지는 명덕의 실현과 관련되어 있다. 여기에서 보듯이 세계를 파악하기 위한 전제로 먼저 성의誠意와 정심正心이 필요하며 격물을 통해 치지가 가능해진다. 따라서 자기와 타자, 자기와 세계를 이해·해석하고

---

9   스티븐 헤이스·스펜서 스미스, 《마음에서 빠져나와 삶 속으로 들어가라》, 213~219쪽.

10 《大學章句》 1장. "欲修其身者, 先正其心, 欲正其心者, 先誠其意, 欲誠其意者, 先致其知, 致知在格物."

11 《朱子語類》 권14, 270쪽. "明明德是知."

거기에 의미를 부여하기 위해서는 격물이라는 단계를 거쳐야만 한
다. 격물을 위해서는 성의와 정심이 필요한데 성의와 정심은 자신의
마음이 어떠한 상태에 있는지를 점검하는 것이다. 성의와 정심을 통
해 마음의 편벽된 상태에서 벗어나 감정을 중절中節한 상태로 유지
하면서 그러한 자기를 지속적으로 자각할 수 있게 된다. 격물치지는
자신의 삶 위에 서서 '지'의 문제로 접근해 가는 방식을 취하고 있다.

그렇다면 격물의 어떠한 측면이 독단화되는 사고를 깨닫고 거기
에서 벗어날 수 있게 하며 지속적인 자각을 가능하게 해 주는가?

> 눈앞에서 접하는 것은 모두가 사물(物)이다. 모든 일(事事)에 각각
> 하나의 궁극의 리가 있으며 그것을 알아야 한다. 만약에 알지 못한다면
> 곧 모두가 명료해지지 않는다. 만약 알게 된다면 반드시 그렇게 분명해
> 진다. 이것보다 제2, 제3의 길은 없다.[12]

여기에서 보듯이, 우리 눈앞에 있는 모든 개별 사물들은 저마다
각각 하나의 리가 있으며 각각의 사물에 있는 '리'를 명료하게 밝히
는 것이 격물이다. 주희는 《대학장구大學章句》에서 '격格'을 '이르다
(至)', '물物'은 '일(事)'이라 했는데 《주자어류朱子語類》에서는 '격'을
'다하다(盡)', '물'을 '사물事物'이라 하고 격물은 사물의 리를 끝까지
궁구하여 지극한 곳에 이르게 하는 것, 또는 사물의 리를 끝까지 다
하여 궁리하는 것[13]이라 했다. 그런데 사물의 리를 다하지 못하기 때

---

12 《朱子語類》권15, 282쪽. "眼前凡所應接底都是物, 事事都有箇極至之理, 便要知得到,
若知不到, 便都沒分明, 若知得到, 便著定恁地做, 更無第二著第三著."

13 《大學章句》1장, 주자주, 格至也, 物猶事也;《朱子語類》권15, 283쪽. "格物者, 格盡
也";《朱子語類》권15, 284쪽. "物謂事物也";《大學章句》1장, 주자주, "窮至事物之理,

문에 명료하지 못한 것이 생기게 되며 명료하지 못함에서 모든 문제가 발생한다. 주희가 '격'을 '진盡'이라 주해한 것처럼, 만약 사물에 대한 '지'를 2~3 정도 궁구하여 얻으면 이것은 아직 격물이 아니다. 반드시 10까지 다 궁진해야 격물이라 할 수 있다.[14] 이처럼 격물은 한 사물에 대해 미진한 것이 남지 않도록 완전한 지식을 추구하는 것이다.

치지致知는 '지'가 진지眞知가 되는 것을 구하는 방법인데 진지는 모든 것을 관통하여 꿰뚫어 보는 것이다.[15] 주희는 격물과 치지를 하나로 보고 있는데,[16] 격물은 사물을 하나하나 점차로 궁리하여 다해나가는 것이며 치지는 서서히 미루어 넓혀 나가는 것이다.[17] 주희는 '치지'에서 '치致'를 "미루어 나가 다함(盡)에 이르는 것"[18] 또는 추극推極[19]이라 하여 끝까지 밀고 나간다고 했다. 다함에 이른다는 것은 사물의 극처까지 미루어 나간다는 것이다.

주희는 격물의 '물'에 대해 "물이라 하는 것은 형기形器에 정체定體가 있는 것"[20] 또는 "소리, 색깔, 모양, 형상이 있으면서 천지간에 가득 찬 것은 모두 물"[21]이라 했다. 격물에서 '물'에 해당하는 것은 우주

欲其極處無不到也.;《朱子語類》권15, 283쪽. "須是窮盡事物之理"

14 《朱子語類》권15, 283쪽. "若是窮得三兩分, 便未是格物, 是窮盡得到十分, 方是格物."

15 《朱子語類》권15, 283쪽. "致知所以求為眞知, 眞知是要徹骨都見得透."

16 《朱子語類》권15, 290쪽. "致知格物, 只是一箇."

17 《朱子語類》권15, 291쪽. "格物是逐物格將去, 致知則是推得漸廣."

18 《朱子語類》권18, 397쪽. "竊謂致之爲言, 推而致之以至於盡也."

19 《大學章句》1장, 주자주. "致推極也."

20 《朱子語類》권94, 2404쪽. "凡言物者, 指形器有定體而言."

21 《大學或問》, "凡有聲色貌象, 而盈於天地之間者, 皆物也."

의 근본 원리와 같은 형이상학적인 것에서부터 아주 비근한 일상적인 것에 이르기까지 모든 것이 해당된다.

격물의 대상에서 주의 깊게 생각해 볼 필요가 있는 것은 "염려의 미세한 것을 살펴야 하며 … 심신과 성정의 덕, 인륜일용의 일상에서부터 천지귀신의 변화, 조수 초목의 당연한 것에 이르기까지"[22] 라는 주희의 표현이다. 우주에서부터 자연법칙에 이르기까지 모든 것이 격물의 대상이 되는데 그중에서 특히 '염려', '심신과 성정의 덕', '인륜일용의 일상'에는 존재의 본질과 그 의미, 주체가 일상을 살아가는 의미 등에 대한 사려와 체험적 고찰이 드러나 있다. 이처럼 세계의 시원이나 존재하는 것의 의미 등 형이상학적인 것에서부터 삶의 의미나 위기의 출처, 타자와의 관계, 어떻게 살 것인가, 정신적 불안 등 도덕윤리에 이르기까지 모든 것을 격물을 통해 파악할 수 있다. 격물을 통해 자신이 처한 문제가 무엇인지, 그것이 개념화된 자기에서 오는 것인지 등, 자기를 객관화·타자화시켜 면밀하게 들여다볼 수 있게 된다. 자기에 대한 통찰이 가능하기 때문이다. 스스로 옳다고 규정한 개념을 검증하는 과정을 가질 수 있다. 사물의 극처까지 미루어 생각하는 것, 다시 말하면 자기에 대한 관찰을 통해 본래적 자기를 볼 수 있게 되며 이러한 과정을 거치면서 개념화·규정화된 자기가 명백하게 드러나게 된다.

격물치지를 통해 최종적으로 도달하고자 하는 것은 '머물 곳'이다. 주희는 "사사물물事事物物 각각 하나의 지극한 곳이 있다. 소위 머문

---

22 《大學或問》, "或察之念慮之微, … 使於身心性情之德, 人倫日用之常, 以至天地鬼神之變, 鳥獸草木之宜."

다는 것은 즉 지극한 곳(至極之處)"[23]이라 하여 격물이 지향하는 바가 어디인지를 제시하고 있다. 머물 곳(所止)은 가장 편한 곳으로 마땅히 앉을 자리에 해당된다. 주희가 오륜 질서를 지선의 세계라 한 것에서 알 수 있는 것처럼, 인간으로서 마땅히 머무는 자리는 개인의 인격의 완성을 의미한다. 그것은 곧 덕성의 완성이다. 격물치지를 통해 감정의 이발과 미발의 극처까지 밀고 들어가 어떠한 문제가 있는지를 살필 수 있기 때문에, 개인이 안고 있는 모든 문제가 명백하게 드러나게 된다. 그렇게 되면 각 개인의 '머물 곳'이 어떠한 곳인지도 알게 될 것이다. '머물 곳'은 자기에게 가장 필요하고 중요한 '장소'이며 나아갈 방향이 된다. 자신의 '머물 곳'에서 자신 및 타자, 세계를 다시 생각해 보는 시점을 확보할 수 있게 된다.

관계적 사고와 도덕적 자아

격물치지에서 타자의 시점은 타자를 어떻게 인식하고 수용할 것인가의 문제를 함의한다. 관계적 사고를 중시하는 유가에서 타자와의 관계를 유지하기 위한 방법은 무엇인가? 관계적 사고는 개인의 존재를 개인의 역할로 규정하는 역할적 사고를 띤다. 예를 들어, 개인은 한 집안의 장남 또는 장녀, 아버지나 어머니의 역할로 존재한다. 수많은 관계 속에서 개인이 존재한다. 따라서 타자와 어떻게 관계를 맺으면서 살아갈 것인가가 중요한 문제가 된다. 전술한 것처럼, 타자와의 충돌을 최소화하기 위해서는 규정화·개념화된 자기를 통찰하고 거기에서 벗어날 필요가 있다. 이를 위해서는 자신의

---

23 《朱子語類》 권15, 291쪽. "事事物物各有箇至極之處, 所謂止者, 即至極之處也."

인식 틀에 문제가 있는지를 성찰해야 한다. 격물을 통해 인식하고 있는 자기를 보게 되며 자신을 둘러싼 타자와 세계의 관계 안에서 자신이 서 있는 곳이 어디인지를 알 수 있게 되는 것이다.

치지는 사물의 원리를 파악하는 과학적 의미의 경험적인 지식만을 의미하지 않는다.[24] 치지는 예를 들어 "독서에서는 서책에 나타난 의를 구하고, 일에 처하여 마땅함을 구하며, 외물에 접하여서는 자기의 마음을 존양할 때 마음의 시비정사를 살피는 것"이다.[25] 다시 말하면 치지는 의義와 당위(當), 존양存養, 즉 도덕성을 겸비하고 있다. 다음에서 보듯이 주희는 격물치지를 마음의 존양과 관련하여 설명하고 있다. 시비 판단은 마음의 반성과 연결되어 있으며 마음의 존양과 시비 판단은 개인의 일상과 관련되어 있다.

무릇 자신의 신심상에서 모두 반드시 하나의 시비를 몸으로 체험해야 한다. 문자를 강론하거나 사물에 접하고 각각 몸으로 체험하여 점차 미루어 넓혀 가면 자신의 입장은 자연히 넓어진다. 증자曾子의 세 번 돌아본다는 말처럼 오직 몸으로 체험해야 한다.[26]

여기에서 보듯이, 주희는 증자가 하루에 세 번 자신을 돌아보면서 남들과 도모함에 불충한지, 붕우와 사귐에 믿음이 없었는지, 전해들은 것을 학습하지 않았는지《論語》学而: 曾子曰, 吾日三省吾身, 為人謀

24 이명한, 〈주자의 격물치지론 연구〉,《중국학보》54집, 한국중국학보, 2006, 485쪽.

25 《朱子語類》권15, 283쪽. "如讀書而求其義, 處事而求其當, 接物存心察其是非邪正."

26 《朱子語類》권15, 284쪽. "凡自家身心上, 皆須體驗得一箇是非, 若講論文字, 應接事物, 各各體驗, 漸漸推廣, 地步自然低闊, 如曾子三省, 只管如此體驗去."

而不忠乎, 與朋友交而不信乎, 傳不習乎.) 자신의 일상 행위에 대해 반성한 것처럼, 자신의 몸으로 사물을 직접 체험하고 반성하는 과정이 필요하다고 했다. 주희가 위 인용문에서 증자의 삶을 도덕적인 측면에서 설명하는 것은, 사물의 리에서 도덕이라는 당위성을 강조하기 위한 것으로 이해된다.

사사물물에는 반드시 시是가 있고 비非가 있다. 옳은 것에 대헤서는 자신의 마음속에서도 반드시 옳다고 하며 틀린 것에 대해서는 자신의 마음속에서도 반드시 틀리다고 한다. 사물상에서 본다면 옳은 것은 반드시 옳으며 틀린 것은 반드시 틀리다. 그것을 왜 옳다 하고 그것을 왜 틀리다고 하는지 (그 판단의 근거는) 단지 자신에 있다. (인의예지) 네 가지는 사람들이 갖추고 있으며 모두가 하늘에서 받은 것으로 누군가에게 물어 빌려 올 필요가 없다.[27]

이처럼 인간에게 선천적으로 본유되어 있는 도덕성에 입각하여 시비 판단을 행한다. 판단의 근거는 자기 자신에게 있다. 그렇기 때문에 시비 판단은 엄격한 도덕성에 기초해 있어야 한다. 주관적인 가치에 의한 판단은 왜곡된 판단을 초래할 수 있기 때문이다. 도덕성에 의한 판단은 인의예지의 단서가 되는 사단지심에 기초해 있다.

제齊나라 선왕宣王은 소를 보고 불인지심不忍之心이 발동했는데 이

---

27 《朱子語類》권15, 285쪽, "事事物物上各有箇是, 有箇非, 是底自家心裏定道是, 非底自家心裏定道非, 就事物上看, 是底定是是, 非底定是非, 到得所以是之, 所以非之, 却只在自家, 此四者, 人人有之, 同得於天者, 不待問別人假借."

것이 단서이다. 이러한 것에 나아가 확충하여 곧 한 사물이라도 그 혜택을 입지 않는 것이 없어야 비로소 옳다.[28]

여기에서 보듯이, 제나라 선왕은 끌려가는 소를 보고 불인지심不忍之心이 발동했다. 불인지심이란 인간이라면 차마 그러한 일을 하지 못하는 마음이다. 사람이기 때문에 하지 않는 것이다. 인간이라면 누구에게나 본유되어 있는 이러한 단서, 즉 불인지심으로 사물의 리를 확충해 갈 때 끌려가는 소를 안타깝게 여기는 마음을 제대로 볼 수 있다. 사물의 리는 객관 대상에 있지만 그것을 파악하는 것은 위에서 말한 것처럼 자기 마음에 있다. 그러한 마음을 추급해 가면 '인'을 알게 되는 것이다. 끌려가는 것이 소라는 객관적 사실의 파악도 중요하지만, 끌려가는 소를 안타까워하는 선왕의 마음을 이해하는 것이 더 중요하다. 다시 말하면 격물은 일상에서의 체험과 그 체험에서 드러나는 마음을 이해하는 것이 중요하다는 점이다.

주희는 격물에서 자기에게 가장 절실한 것에서부터 알아 가야 한다[29]고 하면서 "군신, 부자, 형제, 부부, 붕우의 도리는 모두 사람에게 없을 수 없는 것으로 배우는 자는 반드시 이러한 이치를 궁격하여 다해 얻어야 한다"[30]고 하여 오륜의 문제를 가장 절실한 것이라 했다. 또한 주희가 《대학장구》의 〈격물치지 보망장格物致知 補亡章〉

---

28 《朱子語類》권18, 403쪽. "如齊宣王因見牛而發不忍之心, 此蓋端緒也, 便就此擴充, 直到無一物不被其澤, 方是."

29 《朱子語類》권15, 284쪽. "格物須是從切己處理會去."

30 《朱子語類》권15, 284쪽. "何者爲切, 曰君臣父子兄弟夫婦朋友, 皆人所不能無者, 但學者須要窮格得盡."《朱子語類》권15(284쪽)에서는 "格物, 莫先於五品"이라 하여 오품(오상)을 언급하고 있다.

에서 힘쓰는 것을 오래 하여 하루아침에 활연 관통하게 되면 모든 사물의 안과 밖, 정한 것과 거친 것이 이르지 않는 것이 없고 내 마음의 전체 대용이 밝아진다는 것은 존재론적, 경험적, 도덕적 '지知'를 포괄한다. 이러한 점에서 보면 격물을 통한 '지'의 체득은 도덕윤리와 관계적 사고에 기반한다고 할 수 있다.[31] 격물을 통해 타자와의 관계 안에서 자신의 인식 틀에 대한 재고가 가능해질 것이다.

재아宰我가 물었다. "3년상은 1년만 해도 너무 오래 하는 것입니다." … 공자가 말했다. "쌀밥을 먹고 비단옷을 입는 것이 너는 편안한가?" 재아가 말했다. "편안합니다." "편안하면 그렇게 하라. 군자가 상을 당하여 단것을 먹어도 달지 않고 음악을 들어도 즐겁지 않으며 거처함에 편안하지 않기 때문에 하지 않는 것이다. 지금 네가 편하다면 그렇게 해라."[32]

위의 대화에서 공자와 재아는 3년상을 지내는 것을 두고 충돌한다. 재아는 상례에 대해 1년만으로도 충분하다고 했으며 공자는 3년상을 주장한다. 상례에 관한 공자와 재아의 대화 기저에는 '안安'과 '불안不安'이 있다. '안'과 '불안'은 도덕적인 편함과 불안함이다. 어떤 행위를 했을 때 편하다면 그것은 도덕적으로도 편한 것이며, 불안하다면 그것은 도덕적으로도 불안한 것이다. 위 대화에 대한 주희의

---

31 관계적 사고의 장점은 타인과의 관계가 남이 아니라 우리로 경험되며, 우리 의식에서 심리적 안정감과 자기 가치를 느낄 수 있다는 점이다. 최상근 외, 《동양심리학》, 지식산업사, 2007, 397쪽.

32 《論語》, 〈陽貨〉 21, "宰我問三年之喪, 期已久矣. … 子曰食夫稻, 衣夫錦, 於女安乎? 曰安. 女安則為之. 夫君子之居喪, 食旨不甘, 聞樂不樂, 居處不安, 故不為也, 今女安, 則為之."

주해에는 "공자는 자기 마음에 돌이켜 차마 하지 못하는 단서를 스스로 터득하게 하고자 했다"[33]고 하여 불인지심이 드러나 있다. 주희는 사단지심의 측면에서 '안'과 '불안'을 보고 있다. 이처럼 격물치지는 편함과 불안함이라는 도덕적인 측면까지 고려하고 있다.

주희는 모든 사물에는 반드시 그렇게 되는 이유(所以然之故)와 그렇게 되는 법칙(所當然之則)이 있다고 했다.[34] 소당연의 법칙은 논증을 통해 알 수 있는 것이 아니다. 어린아이가 부모를 사랑하고 장성해서는 윗사람을 공경하는 것과 같이 '마땅한' 것이다. 이것은 인간이라면 누구나 알 수 있는 마땅한 법칙이며 검증을 필요로 하지 않는다. 우리 인성에 사단지심이 본유되어 있는 것과 같다. 인간이라면 누구나 당연히 차마 해치지 못하는 마음을 갖고 있다. 격물치지에서 소당연과 소이연에 의한 도덕윤리가 관계하는 것은 지식과 삶이 따로 분리된 별개의 활동이 아니라 지식과 삶이 하나로 연결되어 있음을 말해 주는 것이다. 유가에서 당위적 세계와 가치의 세계는 한데 어우러져 있다. 사물의 소이연은 사물의 당연지칙의 이유를 설명한다. 당연지칙은 현상으로 드러나는 것이며 소이연은 현상의 배후에서 사물이 그렇게 존재하게 하는 이유가 된다. 소이연에 의해 사물이 발현되고 드러나는 것은 당연지칙에 의한다. 이처럼 지식론으로서의 격물치지가 도덕과 결합됨으로써 타자 및 세계와의 관계 안에서 자기를 규정하고 가치를 발견하게 하며, 이를 통해 보다 완결된 '지'를 체득할 수 있게 된다.

---

33 《論語》, 〈陽貨〉 21, 주자주, "夫子欲宰我反求諸心, 自得其所以不忍者."
34 《大學或問》, "至於天下之物, 則必各有所以然之故, 與其所當然之則, 所謂理也."

격물치지를 통한 내외합일

독단적인 개념화·규정화에서 벗어나기 위해서는 타자와의 교감, 공감, 이해가 필요하다.《중용中庸》30장에 제시된 "만물이 함께 길러지지만 서로 해치지 않는다"는 '만물병육불상해萬物並育而不相害'의 원리는 인식의 주체와 대상, 자기와 타자를 둘러싼 각종 이해관계의 조절 가능성을 말해 준다. '만물병육불상해'의 원리에는 자기와 다자가 함께 상생, 공존하는 관계라는 것이 전제되어 있다. 이 원리에는 '성誠' 개념이 있다. 이때의 '성'은 자신을 이루는 성기成己와 타자를 포함하여 사물을 이루게 해 주는 성물成物을 포함한다. 이것이 내외를 합한 도이다.[35] 자기를 이루게 되면 자연히 남에게 미쳐 행해지게 된다. 타자와 관계 맺는 방식에는 충서忠恕의 원리가 있다. 충서는 내가 원하지 않는 것을 남에게 시행하지 않는 것이다.[36] 충서는 입장을 바꾸어 생각하는 것, 즉 타자의 입장에서 생각해 보는 것이다. 주희에 의하면 '충忠'은 "자기의 마음을 다하는 것"이며 '서恕'는 "자기 마음을 미루어 남에게 미치는 것"이다.[37] 자신의 내면을 도덕심으로 확충하여 완성된 도덕적 자아가 타자에게 미치는 것이다. 이러한 내외합일의 원리는 격물과 밀접하게 관련되어 있다.

　숙문叔文이 물었다. "격물은 마땅히 내외를 합일시키는 것입니까?"

---

35 《中庸章句》25장, "誠者非自成己而已也, 所以成物也, 成己, 仁也, 成物, 知也, 性之德也, 合外內之道也."

36 《論語》,〈衛靈公〉23, "子貢問曰, 有一言而可以終身行之者乎, 子曰其恕乎, 己所不欲, 勿施於人";《中庸》15장, "忠恕違道不遠, 施諸己而不願, 亦勿施於人."

37 《中庸章句》13장, 주자주, "盡己之心爲忠, 推己及人爲恕."

선생이 말했다. "이렇게 말할 필요는 없다. 격물 후에 내외는 자연히 합일된다. 천하의 모든 일을 사물이라 하는데 사물이 있으면 어디에도 리가 없는 것은 없다. 예를 들어 초목이나 금수는 아주 미세하고 비천한 존재지만 또한 모두 리가 있다. … 예를 들어 새나 짐승의 정은 살아 있는 것을 기뻐하고 죽임당하는 것을 싫어하지 않음이 없는데, 그러하다는 것을 인식하고서 실제로 살아 있는 것을 본다면 그것이 죽는 것을 참지 못하고 소리를 들으면 그 고기 먹는 것을 참지 못하는 것이니 이것으로 좋다."[38]

'격물을 실천하여 내외를 합일시켜야 하는가?'라는 숙문의 질문에 주희는 아니라고 답한다. 주희는 격물이 되면 자연히 내외가 합일된다고 생각했다. 천하의 모든 사물에 리가 있으며 사물의 정情은 살아 있는 것을 좋아하고 죽는 것을 싫어하는 것이다. 그러한 것이 사물의 정이라는 것을 자아가 깨달으면 자연히 내외는 합일된다. 자신의 외부에 있는 사물의 리를 깨닫고, 그것을 내면화하면서 실천하는 것이 내외합일이다. 내외합일에서 타자는 자기에게 내면화된다. 따라서 자신과 타자가 합일된다는 인식을 갖는 것이다.《대학혹문大學或問》에서는 내외합일에 대해 "사물과 나는 하나의 리, 저쪽이 밝으면 이쪽이 밝으니 이것이 내외합일의 도"라고 하고 이어서 "반드시 사물의 리가 하나에서 나온다는 것을 궁구하는 것이 격물이며, 만물이 하나의 리에서 나온다는 것을 아는 것을 지지라고 한다. 만약 내외

---

38 《朱子語類》권15, 295쪽. "叔文問, 格物莫須用合內外否, 曰, 不須恁地説, 物格後, 他內外自然合, 蓋天下之事, 皆謂之物, 而物之所在, 莫不有理, 且如草木禽獸, 雖是至微至賤, 亦皆有理. … 且如鳥獸之情, 莫不好生而惡殺, 自家知得是恁地, 便須見其生不忍見其死, 聞其聲不忍食其肉, 方是."

합일의 도이면 천과 사람, 사물과 내가 하나"[39]라고 했다. 격물을 통해 사물과 나는 하나의 리에서 나왔다는 것을 인식하는 것이 중요하며 그렇게 되면 자기와 타자, 세계가 하나가 될 수 있다. 격물에 의한 자기와 타자의 합일은 성기와 성물의 합일을 이룬다.

　내외는 일찍이 합일하지 않음이 없다. 사물의 리가 그러하다는 것을 자신이 알면 리는 저절로 그렇게 되는 것으로 인해 사물에 응하게 되며, 그렇게 하여 내외의 리가 합치되는 것을 알 수 있다.[40]

자신의 내면에서 사물에 대한 리가 납득되어 이해될 때 밖의 세계로 향할 수 있다. 그렇다면 '지가 이른다(知至)'는 것은 어떠한 상태이며 그것이 내외합일과 무슨 연관성이 있는가?

　지가 이른다는 것은 어버이에 친하고 연장자를 공경해도 그것을 천하의 모든 사람들에게 미루어 미치지 못한다면, 그것은 지를 밖으로 향하여 다하지 못하는 것이다. 어버이에 친하려 하고 연장자를 공경하려 해도 자기의 내면에서 충분하지 못한 점이 있다면, 그것은 지를 안으로 향하여 다하지 못한 것이다. 비록 밖의 세계에 세밀하지 않음이 없고 자기의 내면에서도 갖추어지지 않음이 없어야 비로소 지가 이른다고 할 수 있다.[41]

---

39 《大學或問》, "物我一理, 纔明彼即曉此, 此合內外之道也. … 蓋有以必窮萬物之理同出於一爲格物, 知萬物同出乎一理爲知至, 如合內外之道, 則天人物我爲一."

40 《朱子語類》 권15, 296쪽. "他內外未嘗不合, 自家知得物之理如此, 則因其理之自然而應之, 便見合內外之理."

41 《朱子語類》 권15, 296쪽. "知至, 謂如親其所親, 長其所長, 而不能推之天下, 則是不能

위 글에서 보듯이 '지지知至'는 천하 모든 사물의 리에 대해 모르는 것이 없는 상태를 말한다. '지지'는 자신의 내면에서 갖추어져야 밖으로 향할 수 있다. 다시 말하면, 어버이에 친하고 연장자를 공경하는 마음이 밖으로까지 미쳐야 비로소 '지가 이른다'고 할 수 있다. 이와 관련하여 《맹자집주孟子集注》에서 주희는 "어버이와 연장자는 사람에 있어 매우 가까우며 친히 하고 어른으로 섬김은 사람에 있어 매우 쉬운데 도는 처음부터 여기에서 벗어나지 않는다. 이것을 버리고 다른 데서 구하면 멀고 또 어려워서 도리어 잃게 된다"고 했다.[42] 자신의 내면에서 합치되어 밖의 외부로 향할 때 타자와 세계가 자신의 내부로 들어오게 되며 내면화될 수 있는 것이다.

그렇다면 여기서 중요한 것은 자신의 내부, 즉 마음의 이해이다. 자신의 마음이 어떠한 상태에 있는지를 면밀하게 깨달아야 한다. 그러한 상태에서 타자를 받아들일 수 있을 것이다. 주희에 의하면 마음은 모든 사유와 의식의 총체로 담연허명하여 비어 있는 거울 같고 (如鑑之空) 평형을 이루는 저울(如衡之平)과 같다. 마음이 대상을 비출 때 공평 정대할 수 있어야 한다. 하지만 마음이 대상에 작용하여 반응할 때 문제가 발생하게 된다.

사람의 마음은 담연허명하여 비어 있는 거울과 같고 평형을 이루는 거울과 같다. … 그러므로 그 감응하지 않을 때는 지극히 허하고 지극히 조용하다. … 사물에 접촉할 때 사물에 응한 것이 모두 절도에 맞으

盡之於外. 欲親其所親, 欲長其所長, 而自家裏面有所不到, 則是不能盡之於內. 須是其外無不周, 內無不具, 方是知至."

42 《孟子集注》,〈離婁上〉11, 주자주, "親長在人爲甚邇, 親之長之, 在人爲甚易而道初不外是也, 舍此而他求則遠且難而反失之."

면 거울과 거울의 작용이 막힘 없이 유행하여 광명정대하게 되니 이것이 천하의 달도이다. 어찌 바름을 얻지 못함이 있겠는가? 오직 사물이 올 때 살피지 못하여 이에 응한 것이 혹시 잘못이 없지 않으며, 또한 그 일에 함께 휩쓸리면 희노애구의 감정은 반드시 마음의 동요에 반응하여 마음의 작용이 비로소 바르지 못하게 된다.[43]

마음이 대상에 작용할 때 마음은 비어 있는 거울처럼, 평형을 이루는 저울처럼 공평해야 한다. 따라서 마음이 대상과 접촉할 때 마음의 상태를 잘 살피지 못하고 휩쓸려 버려 마음이 동요하게 되면 감정 역시 마음의 동요에 따라 중절한 상태를 유지하지 못하게 된다. 이러한 상태를 주희는 마음이 바름을 얻지 못했다고 했다.

주희는 허령지각虛靈知覺으로서의 마음을 인심人心과 도심道心으로 구분하는데 "도심과 인심은 본래 하나"[44]이다. 하지만 인심과 도심은 다르다. "도심은 도리를 지각하고 인심은 소리, 색, 냄새, 맛을 지각"[45] 한다. 이목의 욕망으로 지각하는 것이 인심이며, 의리로 지각하는 것이 도심이다. 주희에 의하면 인간은 누구나 본연지성에 의한 선한 존재이지만, 한편으로는 "선천적인 형체의 누를 가지고 있고 타고난 기질의 품부에 얽매여 사사로운 물욕에 가려지는" 존재이다.[46] 일념

---

43 《大學或問》, "人之一心, 湛然虛明, 如鑑之空, 如衡之平, … 故其未感之時, 至虛至靜, … 及其感物之際, 而所應者又皆中節, 則其鑑空衡平之用, 流行不滯, 正大光明, 是乃所以爲天下之達道, 亦何不得其正之有哉, 唯其事物之來, 有所不察, 應之旣惑不能無失, 且又不能不與俱往, 則其喜怒憂懼必有動乎中者, 而此心之用始有不得其正者耳."

44 《朱子語類》 권78, 2009쪽. "人心道心之別, 曰元來只是一箇."

45 《朱子語類》 권78, 2010쪽. "道心是知覺得道理底, 人心是知覺得聲色臭味底."

46 《大學或問》, "然旣有是形體之累, 而又爲氣稟之拘, 是以物欲之私得以蔽之."

이 발생하는 것에서부터 모든 사사물물은 격물의 대상인데, 거기에는 천리와 인욕이 포함되어 있다. 그것을 세부적으로 일일이 점검하지 않으면 안 된다. 모든 일이 천리에 맞아야 한다. 격물이 어려운 이유는 마음이 인욕에 구애받아 천리를 가리기 때문이다.

내외합일적 시점은 미발 상태까지 염두에 두어야 한다. 미발 상태에서도 마음의 중절을 유지할 수 있을 때 보다 강력한 자기 성찰이 가능하기 때문이다. 사려가 생겨나기 이전의 미발 상태에서도 지각이 깨어 있도록 해야 한다. 미발 상태에서 지각이 깨어 있어야 한다는 것은, 마음이 대상이 되어 마음을 들여다본다는 것을 의미하지 않는다. 마음은 온몸을 주재하는 존재로 주체이지 대상이 아니다. 따라서 마음의 본질을 알기 위해 미발 상태에서 자신의 내면을 들여다보는 것은 불필요하다. 미발 상태에서는 마음에 본성이 실체적으로 존재하는 것이 아니기 때문이다.[47] 주희는 "미발일 때의 마음은 지허至虛의 상태로 거울 같고 잔잔한 물 같다. 단지 경으로 잘 보존해서 조금도 치우치고 기대는 것이 없도록 하는 것"[48]이라 하여, '경'으로 미발로서의 마음을 잘 보존하면 된다고 했다. 이처럼 미발 상태의 마음까지 단속하는 것으로 내외합일은 보다 견고해진다. 내외합일에서 주희가 강조하는 것은 자신의 마음에 대한 이해와 이를 바탕으로 타자와 세계를 내면화하는 것, 그렇게 될 때 마음은 외부를 향해 열려진다는 점이다.

---

47 전병욱, 〈주자의 미발설과 거경격물의 수양론〉, 《철학연구》 38권, 2009, 117쪽.

48 《中庸或問》, "當其未發, 此心至虛, 如鏡之用, 如水之止, 則但當敬以存之, 而不使其小有偏倚."

자각의 지속성을 위한 성찰

격물을 통한 통찰과 자각 다음에 필요한 것은 지속성이다. 변화는 일회적인 것이 아니다. 변화된 자기를 유지하고 지속할 수 있어야 한다. 지속적인 자각이 가능한가가 관건이다. 지속적인 자각을 위해서는 이성과 감성의 전인적인 사고와 균형이 필요하다. 격물을 통해 궁리된 '지'가 심신의 구석구석에 관통하여 실천으로 이어질 때 참된 지식이 될 수 있다. 지속적인 자각은 인식에서 실천으로 나아가는 것이다.

물격 이후에 지가 이른다에서 가장 중요한 것은 지극하게 알아야 한다는 것이다. 사람이 불선한 짓을 해서는 안 된다는 것을 알면서도 실제 일에 임하여 또 불선한 짓을 한다면, 이것은 단지 앎이 아직 지극하지 않은 것이다.[49]

여기에서 보듯이 지식은 인식의 차원에서 머무는 것이 아니다. 불선한 행동을 하면 안 된다는 것을 알면서도 실제로 그러한 행동을 한다면 사물의 극처에 도달하지 못한, 격물이 되지 않은 상태가 된다. 지식이 내외에 관통하기 위해서는 마음과 신체에 의한 '지'의 체득이 필요하다.[50] 다시 말하면 "마음으로 증험하고 몸으로 체험"[51]하

---

49 《朱子語類》 권46, 1173쪽. "物格而後知至, 最是要知得至, 人有知不善之不當為, 及臨事又為之, 只是知之未至."
50 주희가 강조하는 《소학》 공부에 대해 반복적인 신체 훈련을 통해 도덕규범을 내면화·의식화하면서 확고한 도덕의식을 갖게 만드는 일종의 '도덕의 신체화'라는 견해는 시시하는 바가 크다. 홍성민, 〈주자의 공부론에서 신체의 의미와 역할〉, 118쪽.
51 《朱子語類》 권113, 2741쪽. "以心驗之, 以身體之."

는 것이다. 여기서 중요한 것은, "사람은 모름지기 이 사물을 몸소 체찰體察하여 성실하게 나에게 있게 하면 된다"[52]는 것, 체찰 즉 성찰이다. 따라서 지속적인 자각은 성찰의 과정이다.

그렇다면 마음을 어떻게 성찰해야 하는가? 이에 대해 주희는 "격물치지하지 않으면 성의誠意, 정심正心에 대해서 강하게 억누르게 되는데 그것은 자연스럽지 않다. 만약 격물치지한다면 자연히 무리하게 억누를 필요는 없다"고 했다.[53] 외부에서 강하게 억제하여 성의나 정심을 갖게 하면 강제당한 마음, 억제당한 마음이 될 수 있다. 마음의 자연스러운 발현이 아니기 때문이다. 마음의 자연스러운 발현이 중절한 행동을 가능하게 만든다. 지속적인 자각은 성의와 정심을 필요로 하며, 성의와 정심은 거경居敬에 의한 성찰이다.

성인은 단지 격물 두 문자를 말한 것에 지나지 않았는데, 이는 곧 사람들이 사물상에서 이치를 구하게 하고자 한 것이다. 또 일념의 미세한 것에서 사사물물에 이르기까지 정이든 동이든, 처소에 있거나 음식을 먹거나, 말하거나 일이 아닌 것이 없으며 그 각각에 천리와 인욕 아닌 것이 없다. 그것은 반드시 하나씩 점검해야 한다. 비록 조용한 곳에 앉아 있어도 역시 경과 사를 점검해야 한다. 경은 천리이고 사는 인욕이다. 처소에 있을 때에도 공손함과 불공손함을 점검해야 한다.[54]

---

52 《朱子語類》 권9, 155쪽. "人須是體察得此物誠實在我, 方可." 주희는 격물치지와 함께 주경 공부의 필요성을 강조한다(《朱子語類》 권15, 287쪽. "所以要人格物主敬").

53 《朱子語類》 권15, 294쪽. "若不格物致知, 那箇誠意正心, 方是捺在這裏, 不是自然, 若是格物致知, 便自然不用強捺."

54 《朱子語類》 권15, 287쪽. "聖人只說格物二字, 便是要人就事物上理會, 且自一念之微, 以至事事物物, 若靜若動, 凡居處飲食言語, 無不是事, 無不各有箇天理人欲, 須是逐一驗過, 雖在靜處坐, 亦須驗箇敬肆, 敬便是天理, 肆便是人欲, 如居處, 便須驗得恭與

여기에서 보듯이 격물을 통해 천리와 인욕, 경敬과 사肆, 공恭과 불공不恭을 구분한다. 생생하게 살아 활동하면서 끝없는 생명력을 유지·지속할 수 있는 '지'가 되기 위해서는 마음과 신체에 의한 '지'의 체득이 있어야만 한다. 따라서 주희의 격물치지에 의해 완성되는 '지'는 마음과 신체를 온전히 지배하는 '지'이다. 이러한 의미에서 격물에 의한 '지'를 '지의 신체화'라고 할 수 있다. 이 지점에서 주희가 "배우는 사람의 공부는 거경과 궁리 두 가지 일로, 이 두 가지 일을 서로 발용하는 데 있다. 궁리하면 거경 공부는 날로 진보하고 능히 거경하면 궁리 공부는 날로 정밀해진다"[55]고 하여 격물과 거경을 연결시키고 있는 이유도 분명해질 것이다. 학문은 마음에 근본하여 이치를 강구하는 것으로 '경'으로 지식에 도달하지 않으면 혼란되고 의혹이 많아지며, '경'으로 실천하지 않으면 방자해져 참된 '리'에 도달할 수 없다. 거경 함양이 격물과 함께 거론되는 이유는 마음과 신체의 통합이며 이를 통한 자아의 완성에 있다.

그렇다면 '경'을 어떻게 이해해야 하는가? 주희는 "배우는 자는 반드시 경으로 마음을 지켜야 한다", "심성은 경하면 항상 보존하고 경하지 못하면 보존하지 못한다", "만사를 내버려 두는 것이 아니라 전일하여 삼가고 두려워하면서 마음을 풀어놓지 않는 것"[56], "마음을 한 곳에 집중시켜 다른 곳으로 흐르지 않게 하는 것, 즉 주일무적主一

不恭."

55　《朱子語類》 권9, 150쪽. "學者工夫, 唯在居敬窮理二事, 此二事互相發, 能窮理則居敬工夫日益進, 能居敬, 則窮理工夫日益密."

56　《朱子語類》 권12, 205쪽. "學者須敬守此心"；《朱子語類》 권12, 210쪽. "人之心性, 敬則常存, 不敬則不存"；《朱子語類》 권12, 211쪽. "敬不是萬事休置之謂, 只是隨事專一謹畏, 不放逸耳."

無適"[57] 등으로 설명한다. '경'은 유사시와 무사시를 포함하여 마음을 단속하는 것이다. 일이 없을 때, 즉 무사無事일 때 '경'은 내면에 있으며 유사有事일 때의 '경'은 일(事)에 있게 된다. 무사일 때는 주체를 보존하는 데 게으르지 않으며 사물에 응하여서는 마음을 어지럽히지 않는 것이다.

경하면 내면이 일제히 바르게 되어 상하에 미치게 되면 곧 하나의 사사로움도 없게 된다. 만약 경하지 못하면 내면에는 갖가지 계산하여 따지는 일이 모두가 사심에서 나온 것이 된다.[58]

위에서 보듯이, '경' 공부를 통해 마음이 사사로움 등에 의한 형기에서 벗어나 올바른 상태를 유지할 수 있다. 마음이 항상 탁연하여 공정해지고 사의私意가 없어지는 상태가 바로 '경'이 이루어진 상태라 할 수 있다. 마음이 인욕에 구애받지 않게 하는 것으로, 이렇게 될 때 정심의 바른 상태를 유지할 수 있다. 그런데 '경'은 마음의 수양에만 관련되는 것은 아니다.

지경설에는 많은 말이 필요 없다. 다만 정제엄숙, 엄위엄각, 용모를 단정히 하고 사려를 가지런히 함, 의관을 바르게 함, 시선을 높임과 같은 말들을 익숙하게 완미하여 실제로 힘을 쏟기만 하면, 이른바 경으로 내면을 바르게 한다라든지 하나됨을 주로 한다와 같은 것들은 애써 안

---

57 《論語集注》, 〈學而〉 5, 주자주, "敬者主一無適之謂."
58 《朱子語類》 권44, 1145쪽. "敬時內面一齊直, 徹上徹下, 更無些子私曲, 若不敬, 則內面百般計較, 做出來皆是私心."

배하지 않고도 자연스럽게 몸과 마음이 숙연해져서 겉과 속이 한결같 아질 것이다.[59]

위 인용문은 '지경持敬'에 대한 질문에 주희가 대답한 내용이다. 주 희가 '지경'을 위한 방법으로 제시하는 몸가짐을 바르게 하고 마음 을 엄숙하게 함, 엄숙하고 엄격함, 용모를 단정히 하고 사려를 가지 런히 함, 의관을 바르게 하고 시선을 높임 등은 몸의 행동거지와 관 련된 표현이다. 이처럼 주희는 '경이직내敬而直內'나 '주일무적'을 신 체의 행동거지와 관련하여 설명한다. 위에서 보듯이 주희가 '거경居 敬'에서 신체의 문제를 거론하는 것은 '거경'을 마음의 문제로만 이 해하려는 견해에 대한 반론이라 할 수 있다.

예를 들어, 주희가 하숙경何叔京(1127~1175)과 서신으로 '경'에 관해 논한 내용을 보면 '경'에서 신체의 중요성을 강조한다. 주희는 "밖에 서 제어하는 것이 그 안을 기르는 방법이라는 것이 비로소 공부를 해야 하는 곳을 말한 것"[60], "마음과 몸, 안과 밖은 원래 간격이 없는 것으로, 오로지 안에 그것을 간직하고 바깥은 소홀히 해도 된다고 말한다면 이는 스스로 간격을 만드는 것"[61], "우선 몸에서 구하여 살 펴봐야 한다"[62]고 하여 '거경'을 위해서는 신체의 외면을 소홀히 해

---

59 《朱子語類》권12, 211쪽. "持敬之說, 不必多言. 但熟味整齊嚴肅, 嚴威儼恪, 動容貌, 整思慮, 正衣冠, 尊瞻視, 此等數語, 而實加工焉, 則所謂直內, 所謂主一, 自然不費安 排, 而身心肅然, 表裏如一矣."

60 《朱子大全》8, 주자대전번역연구단 옮김, 한국학술정보(주), 2010, 834쪽. "制之於 外所以養其中, 方是說下功夫處."

61 《朱子大全》8, 836쪽. "專存諸內而略夫外, 則是自爲間隔."

62 《朱子大全》8, 836쪽. "伏惟試反諸身而察焉."

서는 안 된다는 점을 분명히 밝히고 있다. 주희가 이렇게 생각하게 된 이면에는 "사람의 마음은 형체가 없어서 그 출입은 정해져 있지 않다. 반드시 정해진 법도에 나아가 지키고 안정시켜야 하니, 이렇게 하면 자연스럽게 내면과 외면이 안정된다"[63]는 인식이 작용했기 때문이다. 인심무형人心無形, 출입부정出入不定의 마음을 붙잡기 위해서는, 신체 행동에 있어 예법을 지키는 것이 필요하다는 것이다.

요새 친구들과 강론하면서 근세 학자들의 병통에 대해 깊이 궁구해 보니, 결국 지경 공부가 결핍되어 일마다 체계가 없이 이리저리 흩어져 버렸음을 알게 되었다. 경에 대해서 말하는 사람들은 다만 능히 이 마음을 유지하면 저절로 이치에 맞을 수 있다고 말할 뿐이다. 그러나 용모나 말투에 이르러서는 왕왕 전혀 공을 들이지 않으니, 설령 참으로 이렇게 유지할 수 있다 할지라도 석씨나 노자와 무엇이 다르겠는가?[64]

위에서 보듯이 주희는 마음의 단속, 보존 등으로만 '경'한 상태를 유지할 수 있다는 것에 반대한다. 마음만을 단속하고 보존하는 것이 '경'이라는 근세 학자들의 견해를 병통이라 하면서, 노자나 석가와 다를 바 없다고까지 치부한다. 하숙경의 "경은 밖에 있지 않다. 존심이 곧 경"이라는 주장에 대해, 주희는 "용모를 바르게 하고 사려를 가지런히 하면 경이 생겨난다"고 하면서 '경'에는 두 측면이 있음을

---

63 《性理大全》 권46, 文淵閣四庫全書 제711책, 39쪽. "蓋人心無形, 出入不定, 須就規矩繩墨上守定, 便自內外帖然."

64 《朱子大全》 9, 355쪽. "此因朋友講論, 深究近世學者之病, 只是合下次却持敬工夫, 所以事事滅裂, 其言敬者, 又只說能存此心, 自然中理, 至於容貌詞氣, 往往全不加工, 設使眞能如此存得, 亦與釋老何異."

말하고 있다.[65] 주희는 '거경'에서 마음과 신체의 표리일체를 강조한다. '거경'은 마음과 신체를 구분하는 것이 아니라 두 측면에서 구분없이 이루어져야 한다는 점이다. 주희는 '치심治心' 못지않게 '치신治身'의 중요성을 강조하면서 용모나 말투, 사려 등 신체의 기법에 대해 주의를 환기시키고 있다.

'경'에 의한 지속적인 자각과 성찰은 타자와 자기를 둘러싼 외부세계로 향한다. 예를 들어《논어論語》의 "군자의 도가 넷 있는데 몸가짐이 공손하고 윗사람을 섬김이 공경스럽다"[66] 등에서는 타자에 대한 '공경'의 의미가 있다. 타자에 대한 '공경'에는 대타적對他的인 시점, 즉 향외성이 있다. 이러한 향외성은 "공자가 말하길 예가 아니면 보지 말며 예가 아니면 듣지 말며 예가 아니면 말하지 말며 예가 아니면 움직이지 말라"[67]에서 보듯이, 타자와의 관계 유지와 지속을 위한 것이다. 이러한 대타적 시점에서 자기와 타자, 자기와 세계가 편벽됨 없이 하나로 어우러질 수 있다.

건강한 일상으로

독단적인 고정화되고 개념화된 신념은 세계를 이해하고 해석하는 다양한 관점의 수용, 또는 삶의 방식의 다양성이나 생각·판단의 다양성, 타자의 수용을 어렵게 만든다. 고정화된 신념은 습관화

---

65 《朱子語類》권12, 212쪽. "何丞說敬不在外, 但存心便是敬, 先生曰須動容貌, 整思慮, 則生敬. 已而曰各說得一邊."
66 《論語》,〈公冶長〉15, "子謂子產, 有君子之道四焉, 其行己也恭, 其事上也敬."
67 《論語》,〈顏淵〉1, "子曰非禮勿視, 非禮勿聽, 非禮勿言, 非禮勿動."

되고 행동화로 나타난다. 자신에 대한 관찰과 성찰은 고정화되고 개념화된 자기가 만들어 내는 병리적인 문제를 성찰하고 그로부터 벗어나게 할 수 있다. 격물치지는 세계, 존재의 본질, 도덕윤리 등 세계를 구성하는 모든 것에 대한 사유를 통해 삶의 방향과 질서의 형성을 가능하게 한다. 격물치지를 통해 자기를 관찰하면서 문제를 발견하고 이에 따라 자각과 성찰이 가능하다는 점에서 철학상담의 방법으로 기능할 것이다.

격물치지는 마음뿐만 아니라 마음에서 발생하는 감정의 미세한 떨림까지도 포착하여 설명하려 한다. 마음이 어떠한 상태에 놓여 있는지를 알고자 한다. 감정을 파악하고 설명하는 것은 감정의 중절中節을 위한 것이다. 감정이 어떠한 상태에 있어야 병리적이지 않을 수 있는지 알 수 있기 때문이다. 주희는 감정의 작용이 없는 상태를 바른 마음이라 하지 않는다. 감정이 대상과 접촉하여 작동할 때 중절한 상태를 유지할 수 있는지를 중요시한다. 그렇지 못하면 감정이 어느 한쪽으로 편벽된 상태가 되며 여기에서 마음의 왜곡이 발생할 수 있다. 그렇게 되면 건강한 마음은 형성되기 어렵다.

격물치지는 마음에만 관련되지는 않는다. 격물을 통해 신체의 행동이 어떠한 상태에 있어야 하는가를 알 수 있다. 주희가 당대의 유자들이 마음에만 몰두하여 마음의 문제에만 관심을 집중하는 것을 병통이라고까지 치부하고 신체의 중요성을 강조한 것은, 마음과 신체의 합일적 시점의 중요성을 말하고 있는 것으로 이해된다. '건강한 일상'의 회복은 마음과 신체가 동시에 고려되어야 한다. 어떤 상황에 대한 인식과 그에 따르는 행동의 변화를 통해, 문제가 되는 생각이나 행동을 다시 수정하게 할 수 있어야 한다. 격물을 통해 자기 마음의 문제점을 직시하고 감정의 미묘한 변화까지 파악하며, 그러한 마음이 행동으로 나타날 때 무엇이 병리적인지 파악할 수 있다.

건강한 '일상'을 위해서는 외부의 충격에 견디는 힘과 지속성이 필요하다. 마음은 끊임없이 외부와 접촉하기 때문에 마음에는 다양한 힘이 작용한다. 그러한 힘은 때로는 깊은 상처를 남기거나 트라우마가 되기도 한다. 마음은 미발의 상태로만 있을 수 없기 때문이다. 수시로 변하는 마음의 흔들림을 견고하게 붙잡기 위해서는 주희가 말하는 것처럼 텅 비어 있는 거울 같은, 평형의 저울 같은 마음의 상태를 유지할 필요가 있다. 격물치지는 마음의 흔들림을 견고하게 붙잡아 주는 힘으로 작용하면서 건강한 마음과 감정의 표출을 가능하게 해 줄 것이다.

이러한 격물치지는 생활이라는 '일상' 위에 기초를 두고 있다. 격물치치를 통해 비근한 일상에서부터 우주의 모든 것들에 대한 '리'를 밝히는 이유는, 결국 다시 자기에게로 돌아와 자신의 '건강한 일상'을 회복하는 데 있다. 격물치지는 자기 자신을 포함하여 자기를 둘러싼 세계와 매일 부딪히는 타자를 어떻게 이해하고 받아들여야 하는지, 어떠한 삶의 방식으로 살아가야 하는지, 이른바 관계성과 변용, 지속의 문제와 그 해결에 관여한다. 격물치지는 나 자신이 어떻게 변할 것인가 하는 나의 문제를 직시하는 방법이 된다. 지의 극처에 도달하면 문제가 되는 것의 원인과 이유, 해결책 등에 대한 방법을 찾을 수 있다. 이러한 상태가 될 때 비로소 자기와 타자, 세계가 보다 선명하게 보일 것이다.

참고문헌

朱熹,《朱子語類》, 中華書局, 1986.

_____,《四書集注》, 大孚書局, 2000.

_____,《大学或問》, 景文社, 1977.

_____,《中庸或問》, 景文社, 1977.

《性理大全》, 文淵閣四庫全書, 臺灣商務印書館, 1983.

《朱子大全》, 주자대전번역연구단 옮김, 한국학술정보(주), 2010.

랜 라하브 외 편저,《철학상담의 이해와 실천》, 정채원 옮김, 시그마프레스, 2013.

스티븐 헤이스 · 스펜서 스미스,《마음에서 빠져나와 삶 속으로 들어가라》, 문현
미 옮김, 학지사, 2010.

진래,《송명성리학》, 안재호 옮김, 예문서원, 1997.

최연자 · 최영찬,《유가철학의 덕과 덕성치유》, 예문서원, 2015.

최상근 외,《동양심리학》, 지식산업사, 2007.

피터 라베,《철학상담의 이론과 실제》, 김수배 옮김, 시그마프레스, 2010.

이기원, 〈공자의 인인시언적 방법과 철학상담 – 논어에 나타난 공자의 문답법을
중심으로〉,《퇴계학과 유교문화》56집, 퇴계연구소, 2015, 75~108쪽.

_____, 〈공자와 논어를 통해 보는 철학상담〉,《한국민족문화》54집, 부산대
학교 한국민족문화연구소, 2015, 207~234쪽.

이명한, 〈주자의 격물치지론 연구〉,《중국학보》54집, 한국중국학보, 2006,
467~498쪽.

전병욱, 〈주자의 미발설과 거경격물의 수양론〉,《철학연구》38권, 2009, 117쪽.

曺昭旭, 〈주자 · 양명 · 선산의 격물의〉,《퇴계학보》26집, 퇴계학연구소, 1980, 51쪽.

최영찬 · 최연자, 〈유가 덕철학 치유의 실험연구 – 정감체험 프로그램을 통하여〉,
《유학연구》30집, 충남대 유학연구소, 2014, 309~342쪽.

홍성민, 〈주자의 공부론에서 신체의 의미와 역할〉,《동방학》34집, 2016,
112~118쪽.

5

왕양명의 철학상담과 정감치유

박길수

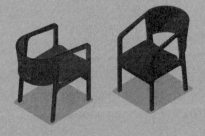

현대 철학상담의 이념과 역사는 1980년대에 독일 철학자 아헨
바흐G. Achenbach가 정식으로 제창하면서 시작되었다. 그 목적은 기
존의 추상적이고 이론적인 철학적 작업의 한계를 극복하고 철학함
philosophizing에 필요한 철학적 사고의 도구들을 제시하여 내담자들이
그들의 삶을 잘 영위할 수 있는 철학적 지혜를 얻게 하는 데 있다.[1]

동양철학은 이러한 철학상담의 이념과 방법을 아직 정식으로 제
창한 적은 없다. 하지만 역사와 내용 면에서 보면 그 역사는 매우 오
래되었다. 가령 유학儒學에만 한정하더라도《논어論語》를 비롯하여
수많은 어록 형식의 저술들이 대부분 철학적 문제에 대한 스승과 제
자, 또는 제자들 사이의 토론과 대화로 구성되어 있다. 예를 들면 주
희朱熹(1130~1200)의 대표작인《주자어류朱子語類》의 경우 그 분량이
무려 140권이나 된다. 이 밖에 서신書信이나 문록文錄 등을 포함시킬
경우 그 전체 분량은 너무 방대하여 가늠하기 어렵다.

여기서 살펴볼 왕양명王陽明(1472~1528)의 철학상담 이념과 방법은
그의 대표서인《전습록傳習錄》에 잘 나타나 있다. '전습傳習'은 본래
'전하고 익힌다'는 의미로 스승이 가르치고 제자들이 학습하는 것을
말한다. 실제로 이 책에는 평소 왕양명이 자신의 철학을 제자들에게
가르치고 그 의문점에 대해 토론하고 대화한 내용이 실려 있다. 그
내용을 보면 격물치지格物致知, 심즉리心卽理, 성의誠意, 정심正心, 지행
합일知行合一, 치양지致良知, 사구교四句敎, 사상마련事上磨鍊을 통한 집
의集義, 만물일체萬物一體 이론 등이 포함되어 있다.[2] 그런데 그 내용

---

1 랜 라하브 외 편저,《철학상담의 이해와 실천》, 정재원 옮김, 시그마프레스, 2013,
   8~12쪽.
2 王陽明,《전습록1》, 정인재·한정길 역주, 청계, 2001, 15~39쪽.

에는 공통적인 특징이 있다. 그것은 스승과 제자 사이의 철학적 대화의 목적이 사변적 이해나 체계적 이론을 확립하는 데 있지 않고, 일상에서 실제적인 수양을 통해 자기치유를 성취할 수 있는 방법과 지침을 공유하는 데 있다는 점이다.[3] 그래서 진영첩陳榮捷은 이 책을 영문으로 번역하면서 '실천적 삶을 위한 왕양명의 가르침Instructions for Practical Living by Wang Yang-ming'이라고 제목을 달기도 하였다.[4]

이러한 점들을 종합할 때, 이 책은 유학사상 가운데 특히 심학心學 계열의 학자들이 남긴 뛰어난 철학치유의 사례보고집인 셈이다. 특히 이 책에는 인간의 정감의 본질과 특징, 그리고 수양과 치유에 대한 매우 풍부한 논의가 등장한다. 따라서 왕양명의 정감치유 이론과 사례를 분석하고 정리하는 작업은 그의 철학상담의 기본 이념과 방법을 개괄하는 데 일조할 것이다. 또한 현대에 들어 한국에서 매우 빠르게 확산되는 정신병리 현상 가운데 특히 정감과 관련된 병리 현상을 자기치유라는 새로운 시각과 방법에서 다룰 수 있는 시사점과 의의를 제공할 것이다.

초기 유학의 정감 사상의 전개와 특징

흔히 서양의 이성중심주의logocentrism 문화와 대비시켜 동양의 문화를 '정감情感 문화'라고 한다. 정감은 정서와 감정을 결합한 개념으로 인간의 감성적 요소를 총칭한 말이다. 이 때문에 유학, 불도, 도가

---

3 정인재, 〈동아시아 철학에서 본 철학상담 및 치료〉, 김석수 외 지음, 《왜 철학상담인가?》, 학이시습, 2012, 132쪽.

4 이에 대한 상세한 설명은 다음의 책을 참조할 것. 최재목, 《《전습록》에 대하여》, 김길락 외, 《王陽明철학연구》, 청계, 2001, 69~84쪽.

와 같이 동양철학을 대표하는 학파와 종교들은 인간의 실존을 결정 짓는 요소로 정情을 든다.[5] 초기에 정은 본래 세계의 사물이나 사태 의 사실적 모습이나 상태를 가리켰다. 하지만 인간의 지성이 발달하 면서 그 시선을 내면으로 돌림에 따라 솔직한 의견, 목적의식, 정서 적·감정적 반응 등 확장의 의미도 겸하게 되었다.[6] 이러한 정 개념 의 변천사에는 정감이 인간의 본질과 특징을 대변한다는 생각이 전 제되어 있다.

유학에서는 일찍부터 정에 주목하였다. 왜냐하면 정이 인간의 마 음의 본질과 기능을 올바로 이해하는 데 가장 중요하다고 여겼기 때 문이다. 그래서 선진先秦의 유학자들은 정의 본질과 기능에 근거하 여 선악의 문제를 설명하기도 했다.[7] 가령 맹자가 제시한 사단四端 이론이나 순자의 성악 이론이 이에 해당한다. 이후 유학에서 정의 이론은 꾸준히 발전하여 한漢에 이르면 기본적인 관점이 완성된다. 《예기禮記》의 저자는 인간의 정감을 다음과 같이 규정한다.

> 무엇이 인간의 감정인가? 기쁨·노함·슬픔·두려움·사랑·증오·욕 망이다. 이 일곱 가지 감정은 배우지 않아도 사용할 수 있다.[8]

《예기》의 저자는 인간의 기본 정감으로 기쁨·노함·슬픔·두려

---

5 蒙培元 著, 《情感與理性》, 北京:中國人民大學出版社, 2009, 3쪽.

6 김명석, 〈『논어(論語)』의 정(情) 개념을 어떻게 이해할 것인가〉, 《동양철학》 제29집, 한국동양철학회, 2008.

7 나광, 《유가의 형이상학》, 안유경, 기창, 2006, 266쪽.

8 《禮記》, 〈禮運〉: "何爲人情? 喜怒哀懼愛惡欲. 七者弗學而能."

움·사랑·증오·욕망 등 일곱 가지를 제시한다.[9] 그리고 이러한 정감의 본질적 특성으로 선천성innateness과 선험성apriority을 강조한다. 다시 말해 정감은 인간이라면 누구나 갖고 태어나며 또한 후천적인 교육과 상관없이 사용할 수 있는 능력이라는 것이다. 따라서 정감의 사용과 관련하여 중요한 점은 이러한 선천적·선험적 정감을 적절하게 배양하고 조절하는 것이다. 《중용中庸》의 저자는 일찍이 이 문제에 주목하여 다음과 같이 말한다.

　기쁨·노함·슬픔·즐거움이 아직 발생하지 않은 상태를 중中이라고 하고, 이러한 감정들이 발생하여 모두 절도에 들어맞는 상태를 화和라고 한다. 중은 천하의 큰 근본이요 화는 천하에 보편적으로 통용되는 도이다. 그러므로 중화를 완전히 실현하면 그 효과로 천하가 바로 잡히고 만물이 길러진다.[10]

《중용》의 저자는 마음과 정감의 관계를 중中과 화和의 두 측면으로 구분하여 설명한다. 중은 마음에 정감이 발생하지 않은 상태를 가리키고, 화는 정감이 발생하여 적절한 상태를 가리킨다. 정감이 발생하지 않은 상태를 중으로 규정한 까닭은, 이때의 마음이 특정한 방향이나 상태로 편향되지 않아서 평형성을 유지하기 때문이다. 또한 정감이 적절한 상태를 화로 규정한 까닭은, 정감이 적절하게 실현되었다는 것은 마음을 자극한 외부 사물이나 사태와 조화

9　칠정 가운데 '두려움'을 '즐거움'으로 보아 '기쁨·노함·슬픔·즐거움·사랑·증오·욕망'으로 보기도 한다.

10　《中庸》: "喜怒哀樂之未發, 謂之中; 發而皆中節, 謂之和. 中也者, 天下之大本也; 和也者, 天下之達道也. 致中和, 天地位焉, 萬物育焉."

를 이룬 상태이기 때문이다. 간단히 말해 정감이 상황적합성situation-adaptedness을 획득한 상태를 화라고 한다.

이어서 중화를 실현했을 때 가치와 효과에 대해 설명한다.《중용》의 저자는 인간의 정감으로서 중화를 세계 모든 존재의 근본 토대로 설명한다. 그에 따르면, 중은 모든 존재의 근본이고, 화는 모든 존재의 보편적인 도이다. 이는 정감의 평형성과 적절성을 세계와 사물들이 올바르게 존재하고 성장할 수 있는 원천으로 설정한 것이다. 현대적 관점에서 보면 이러한 설명은 일견 과장되어 보인다. 하지만 세계와 사물에 대한 이해가 결국 마음에 달려 있고, 마음의 상태와 태도를 결정짓는 요소가 정감에 달려 있다는 점을 감안하면《중용》의 설명은 또한 합리적으로 보인다.

그런데 흥미로운 점은《중용》의 정감 이론을 현대의 생명 이론과 대조해 보면 좀 더 심층적인 의미가 드러난다는 사실이다. 톰슨E. Thompson은 마음의 자기조직화의 특성을 생명의 자기조직화의 확장 결과로 설명하였다. 그리고 자기조직화는 자기생산이나 생성의 운동으로서 그 자체로 인지 기능을 가지고 있고, 지각과 행위로 발현될 때 정감의 형태를 띤다고 지적하였다.[11] 이러한 견해를 수용할 경우 마음의 평형성에서 정감이 발생하여 외부 사태와 조화를 이루는 과정은, 마음의 평형성이 심층적인 인지 기능을 갖고 자기조직화를 통해 지각과 행위라는 자기생성의 활동을 전개하는 과정으로 이해할 수 있기 때문이다. 뒤에서 수시로 지적하겠지만, 이 점은 마음의 정감 활동의 가장 중요한 기능과 의의에 해당한다.

실제로 한漢의《성자명출性自命出》의 저자는 인간의 본성이 정감

---

11 에반 톰슨,《생명 속의 마음》, 박인성 옮김, 도서출판b, 2003, 13쪽.

으로 발현되는 과정과 특징에 대해 다음과 같이 말한다. "본성을 움직이는 것은 사물이고, 본성으로 하여금 사물을 맞이하게 하는 것은 기쁨이다. … 보이는 것을 사물이라고 하고, 자신에게 발생하는 쾌감을 기쁨이라고 한다."[12] 곧, 정감을 사물이 본성을 자극했을 때 발생하는 내적인 쾌감으로 본다. 그리고 이러한 내적 느낌들 가운데 사물을 향해 마음을 개방시키고 수용시키는 정감을 기쁨으로 규정하고 있다. 바꿔 말하면, 슬픔의 경우 외부 사물의 자극에 의해 발생하는 불쾌한 느낌이고, 그 결과로 마음은 사물에 대해 폐쇄적이고 거부하는 자세를 취할 수 있다. 이러한 견해들은 정감이 마음의 상태와 태도에 직접 영향을 끼친다는 점을 잘 보여 준다. 한漢의《오행五行》의 저자는 이러한 점을 보다 분명하게 지적한다.

군자가 마음에 우환이 없으면 마음에 지혜가 없어지고, 마음에 지혜가 없어지면 마음에 기쁨이 없어지며, 마음에 기쁨이 없어지면 마음이 불안해지고, 불안해지면 즐겁지 않고, 즐겁지 않으면 덕이 없어진다.[13]

여기서 우환은 동양철학의 근본적인 문제의식을 가리키는 것으로 인간의 실존의식을 말한다. 위의 내용은 긍정 화법으로 바꿔서 말하면 실존의식에서 비롯된 지혜가 마지막에 덕성으로 정립되는 과정에서 작용하는 정감의 역할을 설명하고 있다. 그 과정을 간단히 정리하면 '우환의식 → 지혜 → 기쁨 → 안정 → 즐거움 → 덕'으로 이

---

12 郭海燕, 〈性自命出〉, 丁原植 主編, 《新出簡帛文獻注釋論說》, 臺灣書房出版有限公司, 2008. 103쪽. "凡動性者, 物也; 逢性者, 悅也. …凡見者之謂物, 快於己者之謂悅."

13 李燕, 〈五行〉, 《新出簡帛文獻注釋論說》, 2쪽. "君子亡中心之憂則亡中心之智, 亡中心之智則亡中心之悅. 亡中心之悅則不安, 不安則不樂, 不樂則亡德."

루어진다. 지혜와 덕성으로 구현되려면 기쁨, 안정, 즐거움이라는 세 가지 긍정적 정감의 전환 과정을 거쳐야 한다. 이때 기쁨에서 즐거움에 이르는 길은 표층적 감정emotion의 반복적 체험으로부터 점차 심리적 안정과 심층적 정서fundamental sentiment로 침전하는 과정으로 설명할 수 있다. 이 과정을 통해서 지혜가 마침내 즐거움이라는 근본 정서로 정착되는 단계에 도달할 때 비로소 마음에 덕성이 형성된다는 것이다.

이러한 견해는 부정적인 정감과 관련해서 반대의 논리를 도출할 수 있다. 설령 행위자가 실존적 지혜를 갖고 있어도 그 지혜를 긍정적인 정감으로 단련시키는 과정을 생략하거나 배제하면 결국 마음에 덕성이 형성되지 않는다는 것을 의미한다. 또한 실존적 지혜를 정감으로 단련시키더라도, 그것이 부정적 정감(슬픔, 불안, 불쾌 등)인 경우 역시 덕성은 형성되지 않는다는 점을 시사한다. 따라서 긍정적 정감들은 메마른 지혜가 감성적 덕성으로 성장할 수 있는 토양분인 것이다. 이후 송명末明의 유학자들은 이러한 초기 유학의 정감 사상을 더욱 발전시킨다. 그들은 이 과정에서 기존의 정감 개념을 인간의 심성의 범주로 더욱 내면화한다.[14] 이 가운데 특히 왕양명은 초기 유학에서 중시됐던 즐거움과 정감의 문제에 주목하고, 이것을 정감치유 이론으로 발전시킨다.

마음의 본래 상태로서 즐거움

앞서 초기 유학의 정감 사상의 발전과 특징에 대해 개괄하고, 이

---

14 蒙培元,《성리학의 개념들》, 홍원식 외 옮김, 예문서원, 2008, 504쪽.

과정에서 정감이 인간의 마음의 본질이자 주요 기능이라는 점을 서술하였다. 그리고 실존적 지혜가 덕성이 되려면 여러 긍정적 정감의 정제 과정을 거쳐야 하는데, 특히 이 과정에서 즐거움의 단계에 도달해야만 마음의 확고한 덕성으로 정착된다는 점을 살펴보았다. 왕양명은 이러한 즐거움의 사상을 보다 심층적으로 발전시킨다. 그는 마음과 즐거움의 관계를 다음과 같이 규정한다.

즐거움이 마음의 본체이다.[15]

중국철학에서 '본체本體'는 본래 다양한 의미를 갖는다. 여기서는 '본래 상태나 모습'이라는 의미로 즐거운 상태가 마음의 본래 상태나 모습에 해당한다는 것이다. 하지만 본체의 측면에서 말한 즐거움은 마음의 선험적 측면을 강조한 것이므로, 후천적이고 경험적 측면에서 말한 구체적인 정감 활동으로서 즐거움과 구분된다. 그것은 마치 초기 불교에서 무명과 갈애로부터 비롯된 번뇌를 극복하고 해탈을 성취하는 과정에서 점차 심층적으로 체험되는 희열piti이나 즐거움sukha, 또는 환희muditā에 해당한다.[16] 또한 앞서 말한 중화의 관점에서 말하면, 마음의 평형성인 중의 상태에 해당한다. 따라서 마음의 본체로서 즐거움은 근본적인 마음의 근본 정서에 해당하며 그 특징은 안정감이다.[17] 그러면 왜 왕양명은 즐거움을 마음의 근본 상태

---

15 王陽明 撰, 〈與黃勉之〉,《文錄二》(《王陽明全集》 卷五), 上海: 上海古籍出版社, 1992, 194쪽. "樂是心之本體."
16 장승희, 〈초기불교에 나타난 행복의 의미와 추구 방법〉, 한국윤리학회,《윤리연구》 제106집, 한국윤리학회, 2016, 89~127쪽.
17 陳來,《양명철학》, 전병욱 옮김, 예문서원, 2003, 140쪽.

로 간주할까?

즐거움이 마음의 본체이다. 어진 사람의 마음은 천지만물과 일체여서 기쁘게 화합하고 조화롭게 트여서 원래 타자와 간격이 없다. …
(《논어》에서 말한) '언제나 때에 맞게 익히는' 것은 이 마음의 본체의 회복을 추구하는 것이고, '기쁨'은 본체가 점차 회복되는 것을 말한다. '벗이 찾아오는 것'은 본체가 기쁘게 화합하고 조화롭게 트인 기상이 천지만물에 고르게 이르러서 간극이 없는 것을 말한다. 본체의 기쁘게 화합함과 조화롭게 트인 기상은 본래 그런 것이니 처음부터 더 보탤 것이 없다.[18]

여기서 왕양명은 한 사람이 수양을 통해 마음의 본래 상태인 즐거움을 회복하는 과정을 공자의 말에 근거하여 설명하고 있다. 공자는 일찍이 "배우고 그것을 때에 맞게 익히면 또한 기쁘지 아니한가? 멀리서 벗들이 찾아오면 또한 즐겁지 아니한가? 남들이 알아주지 않아도 성내지 않으면 군자가 아니겠는가?"[19]라고 말한다. 여기서 공자는 표면적으로는 일상의 삶에서 이루어지는 배움과 실천, 그리고 인간관계와 인격에 대해서 말하지만 도를 추구하는 데서 오는 기쁨, 감화에서 비롯되는 즐거움, 그리고 자기만족에 도달한 군자의 덕성

---

18 王陽明 撰, 〈與黃勉之〉, 194쪽. "樂是心之本體. 仁人之心, 以天地萬物爲一體, 訢合和暢, 原無間隔. … '時習'者求復此心之本體也, '悅'卽本體漸復矣, '朋來'則本體之訢合和暢充周無間, 本體之訢合和暢本來如此, 初未嘗有所增也."

19 《論語》, 〈學而〉: "學而時習之, 不亦說乎? 有朋自遠方來, 不亦樂乎? 人不知而不慍, 不亦君子乎?"

을 심층적으로 암시하고 있다.[20]

　왕양명은 공자의 관점을 확장하여 즐거움을 인덕仁德을 지닌 사람이 천지만물과 일체가 되는 근거로 설명한다. 초기 유학에서 살펴본 것처럼 행위자가 실천적 수양을 거듭할수록 점차 본체를 회복하는 과정에서 기쁨을 누리게 되고, 그 감화가 주변으로 확산될수록 심층적인 즐거움을 체험하게 된다는 것이다. 하지만 이러한 즐거움은 본래 마음의 선천적인 상태를 가리키므로 새로운 상태를 획득하는 과정은 아니다. 다만 후천적인 사욕이나 사의 때문에 은폐되거나 왜곡되었던 즐거움의 상태를 회복하는 과정일 뿐이다.

　이처럼 마음의 본래 상태인 즐거움을 회복하는 과정에서 두드러진 점은 기쁨과 즐거움 같은 정감의 발생과 강화이다. 바꿔 말하면 수양 과정에서 기쁨과 즐거움 같은 긍정적 정감을 자주 체험하고 그로부터 마음이 안정되어 가는 느낌을 갖는다면, 그것은 마음의 본래 상태가 회복된다는 조짐이다. 또한 이러한 긍정적 정감의 반복적인 체험과 축적된 느낌은 일종의 촉매제 역할을 한다. 다시 말해, 행위자의 마음의 자발성과 능동성을 점차 강화시켜 세계와 사물에 대한 수용성과 개방성을 극대화한다. 이러한 과정의 정점이 곧 천지만물과 일체가 되는 것이다.

20　이 구절에 대한 이후 유학자들의 자세한 해석과 의의에 대해서는 다음의 논문을 참조할 것. 이승연, 〈유가적 '즐거움'의 의미와 그 현대적 의의〉, 《한국학논집》 제32집, 계명대학교 한국학연구원, 2005, 381~420쪽.

즐거움과 일반 정감의 관계

본체로서 즐거움과 일반 정감은 모두 정감에 속하지만 둘 사이에는 공통점과 차이점이 동시에 존재한다. 이 점을 이해하는 것이 곧 정감 치유의 핵심 내용을 구성한다. 왕양명은 일반 정감에 대해 다음과 같이 말한다.

> 기쁨·노함·슬픔·두려움·사랑함·미워함·욕구를 칠정七情이라고 한다. 이 칠정은 인간의 마음이 당연히 갖고 있는 것이다. … 칠정은 그 스스로 그러함에 따라 유행할 뿐이니 모두 양지의 작용이므로 선악으로 분별할 수 없다.[21]

모든 인간은 칠정으로 대변되는 일반적인 정감을 갖고 있으며 그 특성을 자연적 유행성으로 규정한다. 이때 자연적 유행성은 일반적인 정감은 사전에 조작이 불가능하고 오직 사물의 자극에 따라 자동적으로 발현됨을 강조한 것이다. 따라서 일반적인 정감은 비록 주어진 사태에 따라 다양한 형태로 출몰하지만, 그 자체를 선악의 범주 아래 규정할 수는 없다. 이는 일반적인 정감의 활동을 중성적으로 파악한 것으로, 선악은 오직 정감들과 사태의 조화, 곧 상황적합성의 단계에서만 말할 수 있다는 점을 암시한 것이다. 그러면 마음의 본래 상태로서 즐거움과 일반적 정감의 관계는 어떠한가?

---

[21] 王陽明 撰,《傳習錄下》(《王陽明全集》卷三), 111쪽. "先生曰："喜怒哀懼愛惡欲謂之七情. 七者俱是人心合有的, … 七情順其自然之流行, 皆是良知之用, 不可分別善惡.""

즐거움은 마음의 본체로서 칠정의 즐거움과 같지 않지만, 그렇다고 칠정의 즐거움에서 벗어나지도 않는다. 비록 성현에게는 별도의 참된 즐거움이 있지만, 또한 일반 사람들도 마찬가지로 이 즐거움을 갖고 있다.[22]

왕양명은 마음의 본체로서 즐거움과 칠정의 즐거움을 비교하여 설명한다. 먼저 마음의 본체로서 즐거움은 보편적인 것이므로 모든 인간이 갖고 있다는 점에선 차이가 없다. 하지만 수양을 통해 성취한 경계에서 보면, 누구나 이러한 본체의 즐거움을 똑같이 향유하는 것은 아니다. 왜냐하면 성현은 수양을 통해 본체의 즐거움을 누리지만, 정작 일반 사람들은 다만 칠정의 즐거움에 집착하기 때문이다.[23] 본체에서 비롯되는 즐거움은 정신적 즐거움에 가깝지만, 칠정에서 비롯되는 즐거움은 감성적 즐거움에 가깝다.[24] 그런데 왕양명은 본체의 즐거움과 칠정의 즐거움이 한편으로는 이처럼 다르다고 말하면서, 다른 한편으로는 본체의 즐거움이 칠정의 즐거움으로부터 분리되지 않는다고 말한다. 이 말의 본의는 무엇인가?

22　王陽明 撰, 〈答陸原靜書〉,《傳習錄中》, 70쪽. "樂是心之本體, 雖不同於七情之樂, 而亦不外於七情之樂. 雖則聖賢別有眞樂, 而亦常人之所同有."

23　한편 프레데릭 르누아르는 동서양 철학에서 기쁨이 자아실현과 자아해방의 과정에서 갖는 의의를 설명하면서 '일시적 기쁨'과 '완전하고 영원한 기쁨'을 구분하는 것의 중요성을 강조한다. 그에 따르면 영원한 기쁨은 자아에서 완전히 해방된 성현들의 경계에서 비롯되는 기쁨이다.(프레데릭 르누아르,《철학, 기쁨을 길들이다》, 이세진 옮김, 와이즈베리, 2015, 154~162쪽.) 그의 관점을 적용할 경우 결국 감정 단계에서 나타나는 기쁨은 대상에 따른 일시적 기쁨에 해당하고 본체의 즐거움은 완전하고 영원한 기쁨에 해당한다고 볼 수 있다.

24　한편, 양국영楊國榮은 왕양명이 성인의 경계로 제시한 참된 즐거움은 정신적 희열을 중시하지만 여전히 감성적 요소가 포함되어 있다고 지적한다. 楊國榮,《心學之思》, 北京:三聯書店, 1997, 75~76쪽.

즐거움이 심의 본체이다. 즐거워할 것을 얻으면 기뻐하고, 즐거워할 것에 반하면 분노하며, 즐거워할 것을 잃으면 슬퍼한다. 그럼에도 기뻐하지 않고 분노하지 않으며 슬퍼하지 않는 것이 참된 즐거움이다.[25]

왕양명은 즐거움과 칠정의 관계를 본체와 작용의 관계로 설명한다. 다시 말해 사물이 본체인 즐거움을 자극하면 즐거움은 그 감수感受하는 방식에 따라 다양한 일반적인 정감들로 발출한다는 것이다. 이러한 견해는 일반 감정이 본체의 즐거움이 심신의 자극에 대해 체현된 평가embodied appraisal를 수행한 결과물이라는 점을 설명해준다.[26] 그리고 이것은 또한 즐거움과 일반적인 정감의 상호 전화轉化를 긍정한 것으로, 일반적인 정감을 통해서 즐거움을 체험할 수 있는 길을 인정한 것이다.

칠정으로 대변되는 일반 정감들은 외부의 자극이 발생하면 개체의 사고나 의지와 상관없이 거의 반사적으로 발생한다. 또한 자극의 속성과 강도에 따라 그 발현 방식은 천차만별이고, 자극들의 시공간적 변화 및 생멸에 따라 정감들도 끊임없이 변화하고 생멸한다. 특

---

25 王陽明 撰,《稽山承語》(《王陽明全集》(新編本) 卷四十), 杭州:浙江古籍出版社, 2010, 1610~1611쪽. "問 '喜怒哀樂'. 陽明老師曰 '樂者心之本體也, 得所樂則喜, 反所樂則怒, 失所樂則哀, 不喜不怒不哀時, 此真樂也.'"

26 이러한 사실은 왕양명이 "양지는 곧 즐거움의 본체이다"라고 말한 것에서 확인된다.(王陽明 撰,〈與黃勉之二〉,《文錄二》(《王陽明全集》卷五), 194쪽. "良知卽是樂之本體.") 양지는 본래 선천적인 규범적 인식 능력인데, 그가 이러한 양지를 즐거움의 본질로 보았다는 사실은 결국 즐거움에 선천적인 규범적 인식 능력이 내재되어 있는 것으로 본 것이다. 한편 현대에 인지주의자의 관점에서 이와 유사한 주장을 한 학자는 프린츠J. Prinz이다. 이에 대한 자세한 설명은 다음의 논문을 참조할 것. 신인자,〈신체적 느낌과 인지는 감정을 구성하기 위해 어떻게 결합되는가?〉,《철학사상》제27집, 서울대학교 철학사상연구소, 2008, 269~296쪽.

히 1차적인 자연 정감들의 발생과 지속은 정상적인 조건에서는 한시적 성격을 띤다. 따라서 관건은 이러한 정감들의 자연적 유행에 함몰되지 않는 것이다. 왜냐하면 자연스러운 정감들이 발생했을 때 그 흐름을 따르면서도 동요되지 않을 때에만 그 정감의 내감內感을 구성하는 본체의 즐거움을 체인體認할 수 있기 때문이다.

적절한 정감의 동인으로서 즐거움

유학자들은 인간과 세계의 교섭 작용을 인정人情과 사변事變으로 요약하였다. 인정은 인간의 정감으로 행위자의 마음의 활동을 가리키고, 사변은 세계의 수많은 사태와 변화를 가리킨다. 그런데 세계의 수많은 사태와 그에 따른 변화는 결국 인간의 정감 실현의 대상이자 산물이므로, 결국 인정을 실현하는 방식에 따라 그 의미의 구성도 달라진다. 이 때문에 왕양명은 다음과 같이 말한다.

인간의 정감과 사태의 변화를 제외하면 다른 일은 없다. 기쁨·노함·슬픔·즐거움이 인간의 정감이 아니겠는가? 보고 듣고 말하고 행동하는 것으로부터 부유하고 귀하고 가난하고 천하며 근심하고 어렵고 죽고 사는 것이 다 사태의 변화이다. 사태의 변화는 또한 단지 인간의 정감에 달려 있다. 그 핵심은 단지 중화를 실현하는 데 있을 뿐이다.[27]

---

27 王陽明 撰,《傳習錄上》, 15쪽. "澄嘗問象山在人情事變上做工夫之說. 先生曰 , '除了人情事變 , 則無事矣. 喜怒哀樂非人情乎? 自視聽言動以至富貴貧賤患難死生 , 皆事變也. 事變亦只在人情里. 其要只在致中和.'"

왕양명은 정감을 조절하는 가장 중요한 방법으로 중화를 성취할 것을 강조한다.[28] 앞서 논의한 것처럼, 중화는《중용》에 나오는 말로 중中은 마음에 정감이 발생하지 않은 상태를 가리키고, 화和는 구체적인 정감이 발생하여 적절하게 실현된 상태를 가리킨다. 따라서 중화를 성취하는 것은 평소 정감이 발생하지 않았을 때에는 마음의 평형성을 유지하도록 노력하고, 정감이 발생했을 때에는 사태의 변화에 적절하게 발휘하는 것이다. 하지만 우리의 삶을 돌아보면 평소에 이 정감의 중화를 성취하는 것이 쉽지 않다는 걸 느낀다. 왜 그런가?

기쁨·노함·슬픔·즐거움의 본래 상태는 원래 중화이다. 하지만 (이 것들이 발생할 때) 자신의 생각을 투여하자마자 지나치거나 모자라게 되어 사사롭게 된다.[29]

일반 정감은 자연적 조건에서 발현되면 중화의 상태가 된다. 곧 기쁜 일이 있으면 기뻐하고 노할 일이 있으면 노하며 슬픈 일이 있으면 슬퍼하고 즐거워할 일이 있으면 즐거워한다. 그런데 우리는 실제로 그렇게 하지 못한다. 왜 그런가? 그것은 사사로운 의도 때문이

---

28 이 점은 그가 다음과 같이 말하는 구절에서도 확인할 수 있다. "천하의 일이 끝없이 변화하더라도 내가 그것들에 대응할 수 있는 근거는 (그것들이) 기쁨·노함·슬픔·즐거움에서 벗어나지 않기 때문이다. 이것이 학문의 핵심이고, 정치 또한 그것에 달려 있다."(王陽明 撰,〈與王純甫〉,《文錄一》(《王陽明全集》卷四), 154~155쪽. "天下事雖萬變, 吾所以應之, 不出乎喜怒哀樂四者. 此爲學之要, 而爲政亦在其中矣.")

29 예를 들면, 왕양명은 중화와 희로애락의 관계에 대해 다음과 같이 말한다. "희로애락의 본모습은 본래 중화의 상태이다. 자신의 생각을 거기에 개입시키자마자 곧 과불급이 발생하여 사사롭게 된다."(王陽明 撰,《傳習錄上》, 19쪽. "喜怒哀樂, 本體自是中和的. 纔自家着些意思, 便過不及, 便是私.")

다. 다시 말해 정감이 자연스럽게 드러날 때 동시에 사사로운 생각이 거기에 투입되어 자연스러운 진행 과정을 억압하거나 왜곡시키기 때문이다. 사사로운 생각이 이처럼 부정적인 영향을 끼치는 까닭은, 자연적 정감은 비의지적 활동인 데 반해 사의는 의지적 지향성을 내포하기 때문이다. 이 때문에 왕양명은 정감의 실현 조건과 사의의 관계에 대해 다음과 같이 충고한다.

분노·두려움·좋아함·즐거워함·근심 등의 정감이 어떻게 사람의 마음에 없을 수가 있겠는가? 다만 소유하지 말아야 할 뿐이다. 사람이 분노할 때 조금이라도 자신의 생각을 보태면, 곧 분노가 적절함을 지나치게 되니, 이 상태는 탁 트여 크게 공정한 상태를 벗어나게 된다. 그러므로 분노하는 바가 있으면, 그 바른 상태를 얻지 못한다. 가령 분노의 경우 단지 특정 사물이 자극해 올 때 이것에 자연스럽게 대응하되 한 터럭이라도 자신의 생각을 보태지 않으면, 곧 마음의 본체가 탁 트여 크게 공정한 상태가 되고 그 결과로 본체의 올바름을 얻게 될 것이다. 예를 들면 밖에 나갔다가 사람들이 서로 싸우는 상황을 목격했을 때 잘못한 상대방을 보면 내 마음에도 분노가 인다. 하지만 이처럼 분노할지라도 이 마음은 탁 트여서 조금도 기운 때문에 동요된 적이 없다. 다른 사람에게 분노하는 것도 이와 같아야 비로소 올바르게 된다.[30]

---

30 王陽明 撰,《傳習錄下》, 98~99쪽. "問: "有所忿懥"一條. 先生曰: "忿懥幾件, 人心怎能無得? 只是不可有耳. 凡人忿懥, 著了一分意思, 便怒得過當, 非廓然大公之體了. 故有所忿懥, 便不得其正也. 如今於凡忿懥等件, 只是箇物來順應, 不要著一分意思, 便心體廓然大公, 得其本體之正了. 且如出外見人相鬪, 其不是的, 我心亦怒. 然雖怒, 却此心廓然, 不曾動些子氣. 如今怒人亦得如此, 方纔是正.""

이 내용은 왕양명이 그의 제자와 《대학大學》의 정심正心에 대해 토론하는 과정에서 말한 것이다. 《대학》에서는 "마음에 분노하는 바가 있으면 그 올바름을 얻지 못하고, 두려워하는 바가 있으면 그 올바름을 얻지 못하고, 좋아하고 즐거워하는 바가 있으면 그 올바름을 얻지 못하며, 근심하는 바가 있으면 그 올바름을 얻지 못한다"[31]고 말한다. 남송南宋의 유학자인 주희朱熹는 이 구절에 대해 다음과 같이 해설한다. 《대학》의 7장에서는 '유소有所'라는 두 글자를 눈여겨봐야 한다. '근심하는 바가 있다(有所憂患)'고 했으니 근심은 당연히 있어야 한다. 하지만 만약 이 한 가지 사태 때문에 (이 정감이) 여전히 마음에 계속 남아 있으면 이것이 곧 소유한다는 말의 의미이다. … 두려워하는 바와 좋아하고 즐거워하는 바도 또한 그렇다."[32] "마음에 어떤 것도 남기지 말아야 한다. 기쁨·노함·슬픔·즐거움은 참으로 그 바름을 얻고자 해야 하지만 지나간 뒤에는 마음의 평형 상태를 회복해야 한다. 가령 사람이 먼저 기쁜 마음을 갖고서 사물을 응대하면 곧 그 올바른 상태를 얻지 못한다."[33]

이러한 견해들은 정감이 왜곡되는 이유와 그 부정적 효과에 대해 지적한다. 사물의 자극 때문에 그에 따른 정감이 발생하는 것은 자연적이고 필연적이다. 문제는 해당 자극이 지나갔는데도 그때 발생했던 정감을 계속 마음에 담고 있는 상태이다. 이것은 정감을 소유

---

31 《大學》: "所謂脩身在正其心者, 身有所忿懥, 則不得其正; 有所恐懼, 則不得其正; 有所好樂, 則不得其正; 有所憂患, 則不得其正."

32 朱熹 撰, 《朱子語類》卷十六, 北京:中華書局, 1999, 344쪽. "大學七章, 看'有所'二字. '有所憂患', 憂患是合當有, 若因此一事而常留在胸中, … 恐懼·好樂亦然." 泳(66세).

33 朱熹 撰, 《朱子語類》卷十六, 344~345쪽. "心不可有一物. 喜怒哀樂固欲得其正, 然過後須平了. 且如人有喜心, 若以此應物, 便是不得其正." 人傑(51세)

하는 것으로 특정 정감에 집착하는 상태이다. 이러한 집착은 이후 다른 사태가 마음을 자극했을 때 마땅히 발생해야 하는 정감을 억압하거나 왜곡시켜 지나치거나 모자란 상태를 초래한다.

이러한 부정적 영향은 선재하는 감정의 성격에 따라 상반된 방향으로 전개된다. 만일 선재하는 정감이 부정적인 경우 이후 발생하는 정감은 비관적pessimistic 특성을 띠고, 이와 반대로 선재하는 정감이 긍정적인 경우 이후 발생하는 정감은 낙관적optimistic 특성을 띤다. 긍정심리학의 측면에서 보면 후자(낙관적 정감)는 바람직한 정감으로 간주되지만, 왕양명이 보면 두 가지 경우 모두 사태에 따른 상황 적합성을 벗어났다는 점에서 바람직하지 않다. 따라서 정감의 중화를 성취하려면 평소 사의의 작동 방식을 주의 깊게 파악하고 철저하게 제거하여 마음이 확 트여 크게 공정하게 되는 상태를 확보하는 것이 필요하다.[34]

또한 왕양명은 본체의 즐거움을 실현하기 위한 조건으로 무체성無滯性을 제시한다. 무체성은 정체되지 않은 속성으로 자발적이고 자유로운 마음의 활동, 사의에 의해 왜곡된 정감에 사로잡히거나 고정되지 않은 상태를 말한다. 이러한 맥락에서 왕양명은 마음의 무체성을 회복하려면 사의는 말할 것도 없고 심지어 호의好意조차도 마음에 담아서는 안 된다고 말한다.[35] 따라서 마음의 본체 상태이자 평형성인 즐거움은 확연대공廓然大公과 무체성을 근본 특징으로 삼는다.

---

34 王陽明 撰,《傳習錄上》, 23쪽. "須是平日好色好利好名等項一應私心, 掃除蕩滌, 無復纖毫留滯, 而此心全體廓然, 純是天理. 方可謂之喜怒哀樂未發之中, 方是天下之大本."

35 王陽明 撰,《傳習錄下》, 124쪽. "心體上著不得一念留滯, 就如眼著不得些子塵沙, 些子能得幾多? 滿眼便昏天黑地了." 又曰 : "這一念不但是私念, 便好的念頭, 亦著不得些子. 如眼中放些金玉屑, 眼亦開不得了.'"

마음의 평형성의 감수 능력과 체험 방법

여기서는 즐거움과 양지의 관계를 살펴보고 왕양명이 제시하는 정감치유의 방법에 대해 개괄해 보자. 앞서 중화 상태를 성취하려면 평소 사의를 철저하게 제거하여 마음의 평형성과 무체성을 확보해야 한다고 말하였다. 그런데 마음의 즐거움에서 비롯되는 평형성과 무체성이 중화를 실현하는 근거가 되려면 즐거움, 또는 평형성과 무체성이 그 자체로 자기조절과 자각 능력을 내포하고 있어야 한다. 이 점을 의식하고 있던 왕양명은 안연顔淵의 경계를 평가하면서 다음과 같이 말한다.

공자께서 안자顔子를 "자신의 분노를 남에게 옮기지 않았고, 같은 실수를 두 번 하지 않았다"라고 평가하셨다. 그런데 안자가 (이러한 경계에 도달할 수 있었던 까닭은) 미발未發의 중을 갖고 있었기 때문에 가능했다.[36]

앞서 여러 번 지적한 것처럼, 미발의 중은 마음에 정감이 발생하지 않았을 때 나타나는 평형성을 가리킨다. 그리고 철학사에서는 이러한 평형성을 배양하는 공부를 미발 공부라고 한다. 宋송의 정주학程朱學은 대표적인 미발 공부로 주경主敬을 제시하였다. 주경 공부는 사려와 감정이 발생하지 않았을 때 마음의 상태를 늘 각성시켜서 통일된 상태를 일관되게 유지하는 공부를 말한다. 그런데 왜 마음의 상태를 이처럼 유지해야 하는가? 그것은 마음의 주재 능력, 곧 자기

---

36 王陽明 撰,《傳習錄上》, 32쪽. "顔子不遷怒, 不貳過, 亦是有未發之中始能."

주재력power of self-sovereignty과 자기감찰력power of self-monitoring을 최대한 각성시키려는 것이다.[37] 왜냐하면 이러한 미발 공부를 통해서 자기제어와 감수 능력이 충분히 각성될수록 구체적인 정감이 발생했을 때 적절하게 실현하는 능력이 더욱 좋아지기 때문이다.

따라서 위의 내용에는 안연이 평소 끊임없이 미발 공부를 통해 마음의 주재 및 자각 능력을 배양하여 지나치거나 모자란 정감이 발생하면 즉시 그것을 치유했다는 생각이 전제되어 있다. 이 때문에 왕양명은 "지나치거나 못 미치는 상태를 아는 능력이 곧 중화이다"[38]라고 설명한다. 따라서 인지의 관점에서 볼 때 정감치유를 통해 상황 적합성을 획득하는 가장 좋은 방법은 마음의 평형성에 내재하는 주재 및 자각 능력을 각성시키는 것이다.[39]

하지만 정감치유의 핵심은 부정적인 정감을 억압하거나 완전히 배제하는 것이 아니라 지나치거나 모자란 상태를 조정하는 것이다. 따라서 즐거움을 인식하는 방법은 오직 정감 내에서 체화된 인지embodied recognition의 형태로만 가능하다. 다시 말해 마음의 본래 상태인 즐거움을 직접적인 인지의 대상으로 삼아 추구할 수 없다. 왜냐하면 본체의 즐거움을 직접적인 인지의 대상으로 삼는 순간 그것은 이미 사고와 정감의 활동으로 전환되는 모순이 발생하기 때문이다. 따라서 즐거움을 체화하는 유일한 방법은 정감이 발현될 때이다. 이

---

37 이승환, 〈주자 수양론에서 '미발 공부'의 목적과 방법 그리고 도덕심리학적 의미〉, 《동양철학》제32집, 한국동양철학회, 2009, 321~330쪽.

38 王陽明 撰, 《傳習錄 下》, 114쪽. "問 '良知原是中和的, 如何卻有過不及?' 先生曰 '知得過不及處, 就是中和.'"

39 중화와 양지, 그리고 자각의 상호 관계에 대한 논의는 졸고, 〈왕양명 철학에서 도덕 감정과 즐거움의 문제〉, 《양명학》제38집, 한국양명학회, 2014, 9~12쪽.

때문에 왕양명은 본체의 즐거움을 체험할 수 있는 공부 방법으로 인용구체因用求體를 제시한다. 다시 말해 구체적인 정감이 작용할 때 그 내감으로 구현되는 본체를 체험하라는 것이다.[40] 이것이 앞서 그가 "즐거움은 마음의 본체로서 칠정의 즐거움과 같지 않지만, 그렇다고 칠정의 즐거움에서 벗어나지도 않는다"[41]고 말한 본의이다. 이러한 전제 위해서 왕양명은 마음의 평형성에 대해 마지막으로 다음과 같이 말한다.

일반 사람들이 모두 정감이 발생하지 않았을 때의 마음의 평형성을 갖추고 있다고 말해서는 안 된다. 마음의 본래 상태와 작용은 본래 통일되어 있어서 이 본래 상태를 갖추고 있으면 이에 이 작용도 있게 마련이다. 그러므로 구체적인 정감이 발생하지 않았을 마음의 평형성을 갖추고 있으면 이에 정감이 발생해도 모두 상황에 적절하게 실현하는 조화로움이 갖춰지게 된다. 하지만 오늘날의 사람들은 정감이 발생해도 모두 상황에 적절하게 실현하는 조화로움을 충분히 갖추지 못했으니, 그 정감이 발생하지 않았을 때의 마음의 평형성을 완전히 체득하지 못한 상태임을 알 수 있다.[42]

---

40 王陽明 撰, 〈答汪石潭內翰〉, 《文祿一》(《王陽明全集》卷四), 146~147쪽. "喜怒哀樂之與思與知覺, 皆心之所發. 心統性情. 性, 心體也; 情, 心用也. 程子云 "心一也. 有指體而言者, 寂然不動是也; 有指用而言者, 感而遂通是也." … 夫體用一源也, 知體之所以爲用, 則知用之所以爲體者矣. 雖然體微而難知也, 用顯而易見也. …君子之於學也, 因用以求其體."

41 주22) 참조.

42 王陽明 撰, 《傳習錄上》, 17쪽. "不可謂未發之中, 常人俱有. 蓋體用一源, 有是體, 卽有是用. 有未發之中, 卽有發而皆中節之和. 今人未能有發而皆中節之和, 須知是他未發之中亦未能全得."

왕양명은 중화를 두 가지 관점에서 설명한다. 먼저 본체의 측면에서 보면 중화는 본래 마음의 선천적인 본질과 특징으로 인간이라면 누구나 갖고 있다. 하지만 작용의 측면에서 모든 인간의 중화가 온전히 발휘되지는 않는다. 왜냐하면 본체의 중화를 실현하려는 수양의 정도에 차이가 있기 때문이다. 곧, 성현과 일반인이 모두 정감이 발생했을 때 상황적합성을 이룩하려고 노력하는 점에선 같지만, 성현과 일반인이 상황적합성에서 궁극적으로 체험하는 대상은 다르다. 일반인이 정감의 상황적합성에서 단지 적절성의 실현 여부에 초점을 둔다면, 이와 대조적으로 성현은 정감의 상황적합성에서 적절성을 통해 구현되는 마음의 본래 상태의 평형성을 체험한다. 간단히 말해, 마음의 자각 능력과 감수 능력의 배양이 마음의 본래 상태인 즐거움을 보다 분명하게 체험할 수 있는 길이다.[43]

왕양명의 철학상담과 정감치유의 사례들

서두에서 지적한 것처럼 《전습록》에는 철학상담과 치료에 관한 많은 내용이 실려 있다. 하지만 여기서는 앞서 거론한 왕양명의 철학상담 이론이 정감치유에 어떻게 활용되는지 몇 가지 사례를 통해 살펴보겠다. 왕양명이 '슬픔', '근심과 번민', '후회'에 빠져 있는 제자들을 즐거움의 관점에서 어떻게 치료하는지 살펴볼 텐데, 이 과정에

---

43 사실 이러한 발상은 송명宋明 성리학자들의 공통된 생각이다. 예를 들면 주희는 연원에 따라 사단四端과 칠정七情을 구분하면서도 사단도 상황적합성을 획득하지 못하면 결국 악으로 흐른다고 지적하였다. 이것은 감정의 최종적인 규범성을 감정의 중절中節 여부로 설명한 것이다. 홍성민, 《감정과 도덕》, 소명출판, 2016, 140~159쪽.

서 비록 주제와 대상이 다르더라도 한 가지 공통점을 발견하게 된다. 그것은 왕양명의 철학상담과 정감치유의 목적이 일상적 삶 속에서 정감적 인격을 완성하여 보다 조화로운 삶을 영위하도록 각성시키는 데 있다는 것이다.

사례1: 슬픔의 극복

왕양명과 제자 황면지黃勉之는 마음의 본래 상태인 즐거움과 슬픈 정감의 상관성에 대해 토론한다.

> 물었다: 즐거움이 심의 본체라고 말씀하셨습니다. 잘 모르겠습니다만 부모님의 상을 당해 슬피 통곡할 때에도 이 즐거움은 여전히 존재합니까?
> 선생께서 대답하셨다: 반드시 한 차례 크게 통곡해야만 비로소 즐거워지니, 통곡하지 않으면 이내 즐겁지 않다. 통곡할지라도 이 마음의 안정적 측면이 곧 즐거움이다. 마음의 본래 상태는 동요된 적이 없다.[44]

황면지는 평소 왕양명이 심의 본래 상태를 즐거움으로 보는 것에 의문을 품고 부모의 상을 예로 들어 극단적 슬픔으로서 비통함과 즐거움이 어떤 관계인지를 묻는다. 이 질문에는 다음과 같은 문제의식이 깔려 있다. 곧, 마음이 가장 비통할 때에도 즐거움은 여전히 공존하는가? 이 질문에 대해 왕양명은 오히려 비통한 마음을 한 차례 크

---

44 王陽明 撰,《傳習錄下》, 112쪽. "問 "樂是心之本體, 不知遇大故於哀哭時, 此樂還在否?" 先生曰 "須是大哭一番了方樂, 不哭便不樂矣. 雖哭, 此心安處, 卽是樂也. 本體未嘗有動.""

게 통곡으로 표출해야만 비로소 즐거움을 체험할 수 있다고 강조한다. 왜냐하면 극단적인 슬픔을 억압했을 때 발생하는 마음의 심상을 심신의 구체적인 행위로 표출했을 때에만 비로소 즐거움의 작용인 마음의 안정(安)을 감수할 수 있기 때문이다.

그런데 황면지의 의문에는 한 가지 오해가 담겨 있다. 그것은 마음의 본래 상태로서의 즐거움을 일반 정감의 즐거움과 혼동한다는 점이다. 그러므로 그의 의도는 양가감정ambivalence의 성립 가능성에 근거를 두고 있다. 하지만 앞서 지적한 것처럼, 본래 상태로서 즐거움은 마음의 총체적이고 심층적인 정서인 데 반해, 일반 정감으로서 즐거움과 슬픔은 특정 사물(사태) 때문에 발생하는 감정emotion이다. 따라서 부모의 상 때 느끼는 비통한 심경은 자연적 감정이고 통곡한 후에 감수되는 안정감은 회한이나 상실감에 근거한 2차적 정감이다. 그리고 이처럼 비통함에서 상실감으로의 전환은 즐거움의 평형성이 작동하여 자기회복으로 작용한 결과이다. 실제로 현대의 애도 연구가인 웨스트버그G. Westberg의 연구에 따르면, 이러한 상실감은 시간이 지남에 따라 여러 단계의 희석된 정감으로 전이되다가 마침내 '현실 긍정'의 형태로 소멸된다.[45] 같은 맥락에서 왕양명도 심의 본래

---

45 웨스트버그G. Westberg는 비탄의 감정은 시간의 경과함에 따라 대체로 10단계의 변화 과정을 거친다고 보았다. 곧 쇼크와 부정shock and denial, 감정의 분출emotion erupt, 화anger, 질병illness, 공황panic, 양심의 가책guilt, 우울과 외로움depression and loneliness, 추억과 회상memory and remembrance, 희망hope, 현실 긍정affirming reality이다.(그랜저 웨스트버그, 《굿바이 슬픔》, 고도원·키와 블란츠, 두리미디어, 2010.) 이 견해에 근거할 경우 왕양명과 황면지의 대화는 2단계인 '감정의 분출'에 관한 것으로 볼 수 있다. 그런데 웨스트버그가 비탄의 발생과 소멸 과정이 쇼크와 부정에서 출발하여 최후에 현실 긍정으로 귀결된다고 이해하는 방식은, 왕양명이 즐거움의 평형성과 회복 능력에 근거하여 부정적 정감을 점차 극복해 가는 과정을 설명하는 관점과 대체로 일치한다.

상태로서 즐거움은 비통의 상태에서도 동요된 적이 없다고 말한다.

따라서 근본 정서인 즐거움을 실현하는 길은 정감을 억압하거나 제거하는 과정이 아니다.[46] 오히려 사태에 대한 적절한 정감의 표현을 통해서 체험할 수 있다. 이 때문에 왕양명은 "즐거움이 마음의 본래 상태이다. 본래 상태에 따르면 선하고, 본래 상태에 어긋나면 악하다. 가령 슬픔이 사태의 실정에 부합하면 슬픔은 마음의 본래 상태를 얻으므로 또한 즐거움이다"[47]라고 말한다. 다시 말해 구체적인 정감이 사태의 실정과 부합하는 상황적합성을 획득하면, 그때 즐거움의 평형성과 무체성을 체험하게 되는 것이다.[48] 그러므로 정감에서 즐거움에 이르는 과정은 안정安靜과 같은 2차적 정감에 대한 체험을 바탕으로 내면의 심층으로 깊이 침전하는 과정이다.[49]

이와 대조적으로 슬픔을 극복하기 위한 방안으로 슬픔의 표출을 회피하거나 무시할 경우, 이러한 슬픔은 억압되어 내면으로 전이되고 이

---

46 이 점은 왕양명이 적멸寂滅을 대하는 유학과 불교의 관점을 비교하면서 불교가 적멸을 즐거움의 대상으로 삼아 추구하는 태도를 비판하는 다음과 같은 구절에서도 확인할 수 있다. 王陽明 撰, 《陽明先生遺言錄下》《王陽明全集》(新編本) 卷四十), 杭州: 浙江古籍出版社, 2010, 1606쪽. "問, 佛家言寂滅, 與聖人言寂滅不動, 何以異? 先生曰, 佛氏言生生滅滅, 寂滅爲樂. 以寂滅爲樂, 是有意於寂滅矣. 惟聖人只是順其寂滅之常."

47 王陽明 撰, 《陽明先生遺言錄下》, 1605쪽. "樂是心之本體. 順本體是善, 逆本體是惡. 如哀當其情, 則哀得本體, 亦是樂."

48 감정의 중화와 즐거움의 상관관계에 대해서는 졸고, 〈왕수인의 감정론 연구〉, 《동양철학》 제50집, 한국동양철학회, 2018, 175~209쪽을 참조할 것.

49 모종삼牟宗三의 용어를 차용하여 설명하면 이것은 '내재적 역각체증內在的逆覺體證'에 해당한다. 내재적 역각체증이란 마음의 자각 능력을 바탕으로 일상적 삶에서 드러나는 마음의 본질과 특징을 직접 인식하는 방법을 말한다. 반면 일상성을 벗어나 모든 사려 행위를 끊고 초월적인 진리를 체인하는 방법은 '초월적 역각체증超越的逆覺體證'으로 규정하고 있다. 牟宗三, 《從陸象山到劉蕺山》, 臺灣: 學生書局, 1990, 230쪽.

후 부정적 정감으로 자리 잡아 심상trauma를 형성한다. 그리고 이러한 심상은 결국 즐거움에서 비롯되는 마음의 평형성과 회복 능력을 손상시켜 자연적인 정감이 적절하게 발현할 수 있는 능력을 상실케 한다.

사례2: 근심과 번민의 극복

내(육징陸澄)가 홍려사鴻臚寺에 잠시 머물 때 갑자기 집에서 편지를 보내와 아이의 병이 위급하다고 알렸다. 그러자 나의 마음은 아주 근심과 번민으로 가득 차서 감당할 수 없는 지경에 이르렀다. 선생께서 말씀하셨다. "이때가 공부해야 할 때이다. 만일 이때를 놓치면 평소의 배움과 토론이 무슨 소용이 있겠는가? 사람은 곧 이때에 단련해야 한다. 아버지가 자식을 사랑함은 참으로 지극한 정이다. 하지만 천리에는 또한 본래 중화의 측면이 있으니 이것을 지나치면 사의가 된다. 사람들은 이런 상황에서 대부분 마땅히 근심하는 것이 천리라고 여겨서 계속 근심하고 고통스러워하여 (《대학》에서 말한) '이미 근심하고 걱정하는 바가 있으면, 그 올바름을 얻지 못한다'라는 말의 취지를 알지 못한다. 칠정의 감응은 지나친 경우가 대부분이고 모자란 경우는 드물다. 지나치면 곧 마음의 본래 상태가 아니니 반드시 조절하여 지나치거나 모자란 상태에서 벗어나야 비로소 마음의 본래 상태를 얻게 된다. … 이러한 도리는 성인이 인위적으로 만든 것이 아니라, 본래 천리의 본모습에 일정한 법칙이 있어서 지나쳐서는 안 되기 때문이다. 따라서 사람이 이러한 마음의 본래 모습을 묵묵히 몸소 체험한다면, 당연히 거기에 조금도 덧보태거나 빼지 못할 것이다."[50]

---

50 王陽明 撰,《傳習錄上》, 17쪽. "澄在鴻臚寺倉居, 忽家信至, 言兒病危. 澄心甚憂悶不

이 대화는 왕양명과 그의 제자인 육징 사이에서 이루어졌다. 육징은 왕양명의 수제자 가운데 한 사람이지만 정작 자녀의 병이 위중하다는 소식을 전해 듣자 깊은 근심과 번민에 사로잡혀 어쩔 줄을 모른다. 동서고금을 막론하고 특히 부자父子의 정은 혈연에 기초한 관계로 그 상호 간의 정은 본능에 가까우므로 인위적인 조절이나 통제가 쉽지 않다. 또한 현재 서로 멀리 떨어져 있는 점을 감안하면 큰 불안감과 초조함은 당연해 보인다.

하지만 왕양명은 오히려 이 기회에 근심과 번민을 적절하게 조절하는 공부를 하라고 충고한다. 왜냐하면 평소 근심과 번민을 다스리는 방법에 대해 책과 토론을 통해 이해했더라도, 정작 일상의 현실에서 그에 해당하는 실제적인 사태가 발생하지 않으면 정감을 조절하는 실질적인 공부를 할 수 없기 때문이다. 따라서 그는 육징에게 아이가 아프다는 소식 때문에 급작스럽게 발생한 지나친 근심과 번민의 원인을 지금 살피고 그것으로부터 벗어나는 공부를 할 것을 강조한다. 그리고 그것을 치유할 수 있는 근거로 천리天理의 본연성을 강조한다. 다시 말해 정감을 치유할 수 있는 근거는 성현들이 남긴 제도적 규범이나 인륜적 당위에 있는 것이 아니라, 다름 아닌 마음에 내재된 천리의 자연스러운 활동이라는 것이다. 이것은 지나치거나 모자란 정감을 실제로 치유하려면 바로 그 정감이 발생하여 지속되고 있는 현재 자기의 마음 상태를 자각하고 교정하는 것이다. 동

能堪. 先生曰: "此時正宜用功. 若此時放過, 閒時講學何用? 人正要在此等時磨鍊. 父之愛子, 自是至情. 然天理亦自有箇中和處, 過即是私意. 人於此處多認做天理當憂, 則一向憂苦, 不知己是有所憂患, 不得其正. 大抵七情所感, 多只是過, 少不及者. 才過, 便非心之本體, 必須調停適中始得. … 非聖人强制之也, 天理本體自有分限, 不可過也. 人但要識得心體, 自然增減分毫不得."

일한 맥락에서 왕양명은 또 다른 제자인 진구천陳九川이 병이 났을 때에도 병문안을 가서 다음과 같이 말한다.

> 선생께서 말씀하였다. "병은 격물하기가 어려운데, 그대의 생각은 어 떠한가?"
> 구천이 대답하였다. "공부가 매우 어렵습니다."
> 선생께서 말씀하였다. "언제나 쾌활한 것이 곧 공부이다."[51]

진구천이 병 때문에 공부에 집중할 수 없다고 말하자, 왕양명은 오히려 이 병 때문에 공부의 대상이 생겼다고 말한다. 다시 말해 병으로 심신이 미약해져 마음에 불안과 근심을 발생했을 때, 그것을 대상으로 삼아 마음의 본래 상태인 즐거움으로부터 구현되는 긍정적 정서인 유쾌하고 활기찬 상태를 체험하라고 권고한다.

이처럼 지나친 근심과 불안감은 반드시 극복해야 할 대상으로 등장한다. 왜 그런가? 부정적 정감들은 즐거움의 평형성과 무체성에서 비롯되는 자각 능력과 자유로움을 억압하기 때문이다. 사실 근심과 번민은 칠정과 같은 자연적 감정emotion이 아니라, 그 감정에 대한 지각으로부터 파생된 2차적 정서들sentiments이다. 다시 말해 자녀의 불행한 소식 때문에 발생한 초기의 슬픈 정감은 이미 소멸했지만 이후 그 슬픔에 대한 느낌과 지각이 계속해서 마음에 잔존한 상태이다. 정확하게 말하면 근심과 불안감은 '슬픔'이라기보다 '슬픔에 대한 느낌'이다. 그런데 이처럼 부정적 정감에 오랫동안 빠져 있으면

---

51 王陽明 撰,《傳習錄下》, 94쪽. "九川臥病虔州. 先生云: '病物亦難格, 覺得如何?'" 對曰: "功夫甚難." 先生曰: "常快活便是功夫."

결국 스트레스와 우울증으로 발전하게 되고, 이후 새로운 사태가 다가오더라도 그것을 객관적으로 감수하지 못한다. 그러므로 왕양명은 근심에 젖어 있는 제자에게 다음과 같이 말한다.

한 친구가 선생을 모시고 있었는데 미간에 근심하는 기색이 역력했다. 선생께서 그 친구를 돌아보시고 말씀하셨다. "양지는 본디 천지를 꿰뚫지만 가깝게는 내 한 몸을 관통한다. 사람의 몸이 불쾌하게 되는 것은 그다지 큰일을 요구하지 않는다. 단지 한 올의 머리카락만 늘어져도 곧 온몸이 불쾌하게 된다. 이 상태에서 무엇을 받아들일 수 있을까?[52]

왕양명은 근심에 빠져 있는 제자에게 즐거움의 본질로 양지를 제시하고 양지에 근거하여 즐거움을 회복할 것을 충고한다. 이때 양지는 마음의 본래 상태인 즐거움을 감수 능력의 측면에서 설명한 것이다.[53] 따라서 즐거움을 회복하는 것은 양지의 수용성과 개방성을 확장하는 것이고, 그 반대의 논리도 성립한다. 행위자가 근심에 사로잡힌 경우 즐거움은 위축되고 그 결과 양지의 감수 능력에 따른 수

---

52 王陽明 撰,《補錄 · 傳習錄拾遺》(《王陽明全集》卷三十二), 1171쪽. "一友侍 , 眉間有憂思 , 先生顧謂他友曰 : "良知本徹天徹地. 近徹一身, 人一身不爽 , 不須許大事. 第頭上一髮下垂 , 渾身即是爲不快. 此中那容得一物耶?"

53 필자가 양지를 '정서적 감수성'으로 규정한 것은 정서적 직관주의자인 리드T. Reid의 견해를 감안한 것이다. 그는 윤리적 정감을 느낌Feeling, 정서Affections, 감정Sentiments으로 구분하고 도덕적 판단에 느낌이 수반되지 않으면 결국 도덕적 판단도 타당성을 상실할 것이라고 설명한다. 그러므로 도덕적 행위의 긍정과 부정에는 행위자의 도덕적 판단, 선호 여부, 느낌 등이 총체적으로 결합되어 있다고 지적한다.(사빈 뢰저,《도덕적 감정과 직관》, 박병기 외 옮김, 씨아이알, 2015, 204~205쪽.) 이러한 리드의 견해는 왕양명이 양지를 즐거움의 본질로 규정한 것과 대체로 일치한다.

용성과 개방성은 위축된다. 심리학의 관점에서 말하면 이러한 상태는 행위자가 점차 세계와 사물로부터 소외돼서 고립감과 우울증이 증가하는 상황을 의미한다.

한편, 현대 신경과학의 관점에서 보면, 한 행위자가 특정 정감에 사로잡혔다는 것은 자신과 정감을 일체시하여 정감에 대한 '객관적 느낌'을 확보하지 못한 것을 의미한다. 정감에 대한 객관적인 느낌은 행위자와 정감이 어떤 형태로든 분리되었을 때에만 가능하다. 그리고 이 분리된 느낌은 이후 사고가 결합하여 다시 정감을 증폭시키는 방식으로 끊임없이 순환한다.[54] 따라서 과부족한 정감의 치유는 느낌이 진행되어 사고와 결합할 때 이에 대한 자각과 성찰을 통해서만 가능하다.[55] 정감이 발생할 때 1차적으로 주의할 점은 특정 정감이 과도해지는 전후에 그 정감을 가능한 한 신속하게 상황적합성으로 유도해 가는 것이다. 왜냐하면 정감이 상황적합성을 획득했다는 것은 행위자의 마음이 내감으로 감수되는 특정한 정감에 몰입된 상태에서 벗어나 세계 및 사물과 소통을 회복했다는 신호이기 때문이다.

---

54 다마지오A. Damasio의 연구는 이러한 왕양명의 견해를 뒷받침해 준다. 그의 연구에 따르면, 정서의 발생과 전개는 '정서→느낌→정서에 대한 생각→정서의 증폭'의 순환적 과정을 거친다. 그리고 이 순환 과정은 거의 무의식적 과정이며 순환의 정지는 오직 주의를 다른 곳으로 환기시키거나 이성이 작용할 때에만 가능하다(안토니오 다마지오,《스피노자의 뇌》, 임지원 옮김, 사이언스북스, 2015, 86~87쪽.). 이러한 관점에서 볼 때 특정 정감에 지나치게 빠져 있는 것은 결국 이러한 순환 과정에 갇혀 있는 것이며, 이 순환이 강화될수록 행위자는 다른 사태의 자극에 대응하여 다양하게 발생하는 다른 정감들을 자기 인식 아래 적절하게 실현하지 못한다는 것을 의미한다.

55 이광래 외,《마음, 철학으로 치료한다》, 知와 사람, 2011, 18~19쪽.

사례3: 후회의 극복

왕양명은 그의 제자인 황간黃侃이 평소 지나치게 후회하는 것에 대해 다음과 같이 말한다.

황간이 후회를 많이 하였다. 그러자 선생께서 말씀하셨다. "후회는 병폐를 제거하는 약이니 개과천선하는 것을 귀하게 여긴다. (그런데도) 만일 (이 후회하는 마음이) 마음에 오랫동안 남아 있다면, 또한 이 약 때문에 병이 생기게 될 것이다."[56]

후회는 과거에 자신이 했던 생각과 행위에 대한 반성에서 발생하는 정감이다. 그런데 후회의 구조를 분석해 보면 이중적 성격을 띤다. 먼저 정감의 측면에서 볼 때 후회는 과거에 했던 지나치거나 모자란 행위에 대해 자책의 성격을 띤다. 하지만 내용의 측면에서 보면 후회는 과거의 잘못된 행위를 성찰하는 활동이다. 이 때문에 후회(悔)를 '뉘우침'으로 해석하기도 한다. 그런데 왕양명은 후회의 본질을 개과천선改過遷善으로 규정한다. 다시 말해 후회의 본질을 과거의 잘못을 고쳐서 이후 선한 상태로 옮겨 가는 것으로 본다.

황간이 자주 후회했다는 사실은 평소 그의 후회가 개과천선으로 연결되지 않아서 자책의 정감으로 빠져든 상태를 말한다. 이러한 자책의 정감은 지속적으로 반복될 경우 수치심과 죄책감 계열의 정감을 파생시킨다. 특히 개과천선과 단절된 후회의 심각성은 현재성과 단절된다는 데 있다. 후회의 대상은 언제나 과거에 존재했던 것인

---

56 王陽明 撰,《傳習錄上》, 31쪽. "侃多悔. 先生曰: "悔悟是去病之藥, 以改之爲貴. 若留滯於中, 則又因藥發病.""

데 반해, 후회와 자책에 빠진 자아는 현재성에 있기 때문이다. 따라서 잦은 후회는 현재의 생기 있는 마음의 지향성을 과거의 불운하거나 잘못되었다고 생각하는 특정한 사태에 종속시킨다. 이 때문에 왕양명은 이 상황을 '약 때문에 병이 생기는 것'에 비유한다.

왕양명은 이처럼 각종 부정적 정감 상태에 사로잡혀 있는 제자들의 마음을 치유하기 위해, 마음의 본래 상태의 무체성을 다시 한 번 강조한다. 그는 마음의 본래 모습에 대해 다음과 같이 말한다.

선생께서 일찍이 배우는 사람들에게 다음과 같이 말씀하셨다. "마음의 본모습에 한 생각이라도 남겨서는 안 된다. 이것은 마치 눈에 아주 작은 먼지나 모래가 붙으면 안 되는 것과 같으니 이 작은 것이 얼마나 되겠는가? 하지만 들어가면 눈 전체가 온통 어두워진다." 또 말씀하셨다. "한 생각은 사적인 생각은 말할 것도 없고 심지어 좋은 생각도 조금도 마음에 남겨서는 안 된다. 이것은 마치 눈에 금옥의 가루를 조금이라도 넣으면 역시 눈을 뜨지 못하는 것과 같다."[57]

금옥의 가루가 아무리 귀한 가치를 지닌다고 하더라도 그것이 조금이라도 눈에 들어가면 즉시 시력을 상실한다. 이와 마찬가지로 마음이 나쁜 생각뿐만 아니라 심지어 좋은 생각이라도 그것에 얽매이면 마음의 무체성에서 비롯되는 자연스러움과 생동감을 해친다는 것이다. 그러므로 그는 마음의 본래 상태는 본래 선악을 초월한다고

---

57 王陽明 撰,《傳習錄下》, 124쪽. "先生嘗語學者曰: 心體上著不得一念留滯. 就如眼著不得些子塵沙. 些子能得幾多? 滿眼便昏天黑地了. 又曰 : 這一念不但是私念, 便好的念頭, 亦著不得些子. 如眼中放些金玉屑, 眼亦開不得了."

강조하고, 역설적으로 이 선악을 초월한 상태를 최고의 선으로 규정한다.[58] 다시 말해 마음의 즐거움에서 비롯되는 평형성과 무체성을 회복하고 실현하는 방식으로 정감을 사용하고 치유하는 것이야말로 상대적인 선악의 기준을 넘어서서 절대선으로 나아가는 길이라고 강조한다.

우리의 모든 일상적 삶은 정감의 문제와 직간접적으로 연결되어 있다. 현대의 연구들이 밝혀 주는 것처럼, 정감은 기본적으로 느낌·감정·정서·지각·사고 등을 포괄한다. 또한 현대에 들어 급격하게 증가하는 정신적 병리 현상들 가운데 정감의 문제는 인격 형성 과정과 직결된다는 것은 널리 알려져 있는 사실이다. 또한 이러한 정감의 문제는 지적 측면의 형성과 발달 과정에도 직접적으로 영향을 준다.

왕양명이 평소 일상에서 마음의 평형성과 정감의 적절성을 실현하는 공부를 강조한 까닭은 무엇보다도 일반 정감에서 발생하는 일시적이고 변화하는 즐거움을 넘어 보다 지속적이고 항구적인 즐거움을 자각하고 회복하게 하려는 데 있다. 그런데 이러한 심층적인 즐거움을 성취하려면 일반적인 정감을 억압하거나 배제하지 말고 오히려 이 정감들을 일상생활에서 끊임없이 적절하게 사용하는 방식을 통하여 그 속으로 더욱 깊이 파고 들어가야 한다. 이를 위해 일상에서 자신의 정감 사용의 적절성을 수시로 점검하고 성찰할 수 있는 자기만의 '정감 사용설명서'를 만들어야 한다. 이 과정을 반복하

58　王陽明 撰,《傳習錄下》, 117쪽. "無善無惡是心之體.";《傳習錄上》, 2쪽. "至善是心之本體."

고 숙달하면서 점차 체험하는 자기만족에 근거한 정감들, 곧 안정감, 평안함, 조화로움 등을 느낄 때 비로소 마음의 본래 상태인 즐거움에서 비롯되는 자기균형성과 자유로움을 체험하게 된다.

왕양명의 정감치유가 오늘날 우리에게 소중한 까닭은, 그 자신이 직접 실천을 통해 체득한 지혜이고, 제자들이 그것을 다시 실천한 뒤 대화를 통해서 검증된 가르침과 지침, 방법들을 후대에 전수했다는 점 때문이다. 또한 왕양명의 정감치유는 다양한 상담이나 약물치료처럼 타자에 의존하는 치료가 아니라, 스스로 자기를 치유하는 자가치유, 또는 자기치유의 방식을 강조한다. 이처럼 오랫동안 검증을 통해 전승되어 온 자기치유 방법을 현대 식으로 개조할 경우, 각종 정신병리 현상으로 힘들어하는 현대인들의 가치관 확립과 일상적 실천에 매우 큰 기여를 할 것이다.

참고문헌

《論語》,《大學》,《中庸》,《禮記》

朱熹 撰,《朱子語類》, 北京: 中華書局, 1999.

王陽明 撰,《王陽明全集》, 上海: 上海古籍出版社, 1992.

王陽明 撰,《王陽明全集》(新編本), 杭州: 浙江古籍出版社, 2010.

그랜저 웨스트버그,《굿바이 슬픔》, 고도원 · 키와 블란츠 옮김, 두리미디어,
    2010.

김길락 외,《王陽明철학연구》, 청계, 2001.

김석수 외,《왜 철학상담인가?》, 학이시습, 2012.

나광,《유가의 형이상학》, 안유경 옮김, 기창, 2006.

랜 라하브 외 편저,《철학상담의 이해와 실천》, 정재원 옮김, 시그마프레스, 2013.

사빈 뢰,《도덕적 감정과 직관》, 박병기 외 옮김, 씨아이알, 2015.

안토니오 다마지오,《스피노자의 뇌》, 임지원 옮김, 사이언스북스, 2015.

이광래 외,《마음, 철학으로 치료한다》, 知와 사람, 2011.

에반 톰슨,《생명 속의 마음》, 박인성 옮김, 도서출판b, 2003.

프레더릭 르누아르,《철학, 기쁨을 길들이다》, 이세진 옮김, 와이즈베리, 2015.

홍성민,《감정과 도덕》, 소명출판, 2016.

蒙培元,《성리학의 개념들》, 홍원식 외 옮김, 예문서원, 2008.

王陽明,《전습록1》, 정인재 · 한정길 역주, 청계, 2001.

陳來,《양명철학》, 전병욱 옮김, 예문서원, 2003.

牟宗三,《從陸象山到劉蕺山》, 臺灣: 學生書局, 1990.

蒙培元 著,《情感與理性》, 北京: 中國人民大學出版社, 2009.

楊國榮,《心學之思》, 北京: 三聯書店, 1997.

丁原植 主編,《新出簡帛文獻注釋論說》, 臺灣書房出版有限公司, 2008.

김명석,〈『논어(論語)』의 정(情) 개념을 어떻게 이해할 것인가〉,《동양철학》제29
    집, 한국동양철학회, 2008.

박길수,〈왕양명 철학에서 도덕감정과 즐거움의 문제〉,《양명학》제38집, 한국양

명학회, 2014.

박길수, 〈왕수인의 감정론 연구〉,《동양철학》제50집, 한국동양철학회, 2018.

신인자, 〈신체적 느낌과 인지는 감정을 구성하기 위해 어떻게 결합되는가?〉,《철학사상》제27집, 서울대학교 철학사상연구소, 2008.

이승연, 〈유가적 '즐거움'의 의미와 그 현대적 의의〉,《한국학논집》제32집, 계명대학교 한국학연구원, 2005.

이승환, 〈주자 수양론에서 '미발 공부'의 목적과 방법 그리고 도덕심리학적 의미〉,《동양철학》제32집, 한국동양철학회, 2009.

장승희, 〈초기불교에 나타난 행복의 의미와 추구 방법〉, 한국윤리학회,《윤리연구》제106집, 한국윤리학회, 2016.

2부

서양철학

6

스토아철학과 철학실천

이진남

이 글은 2019년 5월 《철학연구》에 실린 논문을 수정 · 보완한 것이다.

들어가는 말

우리에게 친숙한 철학은 대학에서 전공이나 교양과목으로 배우거나 인문학강좌를 통해 듣는 전문적 지식 혹은 지적 유희를 위한 소재의 모습을 띠는 경우가 많다. 그러나 고중세의 철학은 일차적으로 이론적 연구의 대상이라기보다 자신의 구체적 삶의 문제를 해결하는 삶의 기예art of living로 여겨지는 경우가 많았다. 특히 헬레니즘철학은 마음을 지키고 치료하는 전사이자 의사로 여겨졌고, 그중에서도 특히 행동주의와 인지주의적으로 치료하는 특징이 있었다.[1] 스토아학파는 에피쿠로스학파, 회의주의학파와 더불어 헬레니즘 시대의 대표적인 철학사상이다. 흔히 이 세 학파가 소크라테스의 사상 중에서 각각 덕, 쾌락, 지식을 강조하여 행복의 첩경으로 삼았다고 단순하게 설명하기도 한다. 에피쿠로스학파가 감각의 세계에서 현실적 쾌락의 행복을 찾으려 했다면, 스토아철학은 이성의 세계에서 당위적 행복을 추구했다고 말할 수 있다.

스토아철학은 키티움의 제논(기원전 334~기원전 262)에 의해 창립되었고 클레안테스를 거쳐 크리시포스에 이르러 사상적 체계가 완성되었다. 중기에 이르러 파나이티오스(기원전 180~기원전 110)와 포시도니오스(기원전 135~기원전 55)에 의해 로마로 전해졌고 로마의 대표적인 사상이 된다. 세네카(기원전 1~65), 에픽테토스(50~130), 마르쿠스 아우렐리우스(121~180)는 후기 스토아철학을 대표하는 사상가로서 지금까지도 온전하게 전해지는 이들의 작품은 스토아철학을 자세하게

---

[1] D. Robertson, *The Philosophy of Cognitive-Behavioral Therapy: Stoic Philosophy as Rational and Cognitive Therapy*, London: Karnac, 2010, pp. xvi-xxi.

볼 수 있는 창이 된다. 스토아철학은 현대철학사에서는 비중이 그다지 높지 않지만 그리스도교의 발생부터 시작해서 중세철학, 르네상스철학, 근대철학, 현대의 인지치료에 이르기까지 지속적이고 광범위한 영향을 미쳐 왔다.[2] 그중에서도 특히 합리정서행동치료Rational-Emotive Behavior Therapy와 인지행동치료Cognitive Behavior Therapy에 강한 영향을 미쳤고, 철학실천[3] 중에서는 논리기반치료Logic-Based Therapy에 직접적인 기여를 했다. 그러나 이러한 인지주의 계열의 치료들이 스토아철학을 활용하는 데 있어 상당 부분 한계와 문제점이 있는 것으로 보인다. 국내에서도 스토아철학에 대한 이론적 연구가 상당수 나왔지만, 철학실천계 내에서 스토아철학을 철학상담의 원자재로 사용하는 문제에 대해 본격적이고 종합적으로 다룬 작업은 장영란의 논문을 제외하고는 별로 없는 것이 현실이다.[4]

---

2 A. Still & W. Dryden, *The Historical and Philosophical Context of Rational Psychotherapy: The Legacy of Epictetus*, London: Karnac, 2012, pp. xvi-xxii.

3 엄격한 의미에서 철학상담은 철학치료, 철학교육, 취미로서의 철학 등과 같이 철학실천의 한 분야이고 철학실천은 철학함doing philosophy 자체라고 할 수 있다. 이 분야 학자들에 따라 철학상담과 철학실천은 구분 없이interchangeably 사용되기도 하고 구분하여 사용되기도 한다. 필자는 철학실천이라는 말이 이 글의 취지로 볼 때 더 적합한 용어라고 생각하면서도, 상담과 직접 관련된 철학실천은 철학상담으로 표현하고, 더 넓은 의미와 관련해서는 철학실천으로 표현한다. 왜냐하면 아직 우리나라 학계에서는 철학실천이라는 말이 생소하여 실천철학으로 오해하는 경우가 많기 때문이다.

4 철학계 내에서 스토아철학이 가지는 철학실천적 측면을 잘 드러내 주는 작품으로는 다음이 있다. P. Hadot, *Philosophy as a Way of Life: Spiritual Exercises from Socrates to Foucault*, trans. by Michael Chase, Cambridge: Blackwell, 1995.; M. C. Nussbaum, *The Therapy of Desire: Theory and Practice in Hellenistic Ethics*, Princeton: Princeton University Press, 1994. 그런데 피에르 아도의 책은 삶의 기예를 소크라테스부터 현대철학까지 아우르고 있고, 누스바움의 책은 헬레니즘철학 전반에 걸쳐 감정과 욕구의 문제를 다루고 있지만, 여전히 철학적 실천에 대한 이론적 논의에서 머물 뿐 철학실천의 영역으로 과감하게 발을 들여놓지는 않고 있다. 오히려 피에르 아도의 다

이 글에서는 스토아학파의 철학사상을 철학실천에 어떻게 적용시킬 수 있는지에 대한 해답을 찾는 작업을 시도한다. 스토아철학을 철학실천계에서 활용하는 작업은 다음의 세 단계로 나눠질 수 있다. 첫째 기존의 스토아철학 활용에 대한 검토, 둘째 그에 기반하여 철학실천계의 스토아철학 활용의 방향성 제시, 셋째 스토아철학을 활용한 철학실천 방법론을 구체적으로 만드는 것이다. 이 글은 첫째와 둘째 단계에 해당된다고 볼 수 있다. 필자는 여기서 섣불리 스토아철학에 기반을 둔 철학실천 기법을 만들어 제시하기보다, 스토아철학의 이론 전체를 철학실천적 입장에서 차근차근 살펴보고 기존의 각종 상담과 자기계발 분야에서 이루어진 스토아철학 활용법을 비판적으로 검토하여 철학실천에서의 활용 가능성을 모색할 것이다. 왜냐하면 심리치료뿐 아니라 철학실천 내에서 스토아철학을 활용하는 기존의 작업에 여러 문제가 노정되었기 때문이다. 따라서 필자가 이 글에서 할 작업은 스토아철학에 기반을 둔 철학실천 방법론 개발

음 책은 스토아철학자 중에서 마르쿠스 아우렐리우스 철학의 실천적 모습을 상세하게 다루고 있는 것으로 향후 이어지는 연구가 기대된다. P. Hadot, *The Inner Citadel: The Meditations of Marcus Aurelius*, trans. by Michael Chase, Cambridge: Harvard University Press, 1998. 국내 학자의 작업으로는 장영란의 논문 2편과 김대군의 논문 1편이 있다. 장영란, 〈스토아학파의 영혼의 인식론적 훈련과 철학적 치유〉, 《해석학연구》 제30집, 한국해석학회, 2012, 31~57쪽.; 장영란, 〈스토아학파의 영혼의 윤리적 훈련과 치유〉, 《해석학연구》 제36집, 한국해석학회, 2015, 185~214쪽.; 김대군, 〈분노조절에 대한 윤리상담적 접근: 세네카의 분노론을 중심으로〉, 《윤리교육연구》 제34집, 한국윤리교육학회, 2014, 61~82쪽. 장영란의 논문은 이 분야 연구를 개척한 것으로 인지주의 계열의 스토아 활용과 더불어 다루기로 한다. 김대군의 논문은 '윤리상담'을 모색하는 가운데 세네카의 분노론을 매리노프의 책에 나오는 사례와 연결시키고 있는데, 스토아철학이나 철학상담에 대한 이해에 있어 일관성이나 체계성에 문제가 있는 것으로 보인다. 이에 대한 논의는 다음의 논문을 참고하라. 이진남, 〈철학실천 그리고 문제해결의 과정과 기법들〉, 《가톨릭철학》 제25호, 가톨릭철학회, 2015, 33~61쪽.

의 준비 단계에 해당된다고 볼 수 있다. 이러한 목적을 위해 기존의 학자들과 상담사들이 스토아철학을 활용한 것을 분석해 그 문제점을 지적하고, 스토아철학의 핵심 사상을 철학실천적 관점에서 정리하며, 철학실천에 제대로 적용할 수 있는 스토아철학의 요소를 제시해 보고자 한다.

기존의 스토아철학 활용과 문제점

이 글의 일차적인 과제는 기존 상담계에서의 스토아철학 활용에 대해 검토하여 그 문제점을 지적하는 데 있다. 이를 위해 우선 철학실천계의 스토아철학 활용을 따져 보고, 기타 상담계 특히 인지주의 계열 상담에서의 활용에 대해 검토할 것이다. 앞서 지적했듯이 철학실천계에서의 스토아철학 활용은 장영란의 두 논문 외에는 본격적인 작업이 없는 것으로 보인다. 고대철학을 전공한 장영란은 철학실천에 오랫동안 몸담아 온 학자이자 철학실천가로서, 이 분야에 대한 깊은 전공 지식을 바탕으로 스토아철학을 철학상담에 적용하기 위한 방법들을 제시했다. 첫 번째 논문에서는 인식론적 훈련 방법, 두 번째 논문에서는 윤리적 훈련 방법을 제시했다. 그가 제시한 방법론을 하나씩 살펴보자.

장영란은 스토아철학에서 인간 행동양식의 단초가 되는 인식론의 기본 구조를 분석하고 이에 근거해서 인식론적 훈련 방법을 제시한다. 우선 스토아철학에 있어 판타시아phatasia와 판타스마phatasma의 구분을 분석하고 감각적 표상/비감각적 표상, 이성적 표상/비이성적 표상을 구별한다. 방해받지 않은 인식 표상kataleptike phatasia만이 진리의 기준이 된다는 데에 스토아철학의 대체적인 합의가 있다는 점을 밝히고, 판단 중지를 통해 평정심을 추구하는 회의주의에 맞서 인식 표상에 대한 동의synkatathesis가 삶을 영위할 수 있는 기본 조건이자 행동의 원리라고 주장한다.[5] 그리고 이러한 행동의 원리인 동의를 훈련하는 세 가지 원리('사물 그 자체'를 인식하는 것, 우주적 관점, '위'로부터의 시선)와 그에 따른 세 가지 방법(식별력 훈련, 자아 확대 훈련, 초월적 훈련)을 제시한다. 그것은 불분명한 감각 자료와 이로부터 생기는 선입견이나 잘못된 믿음에서 벗어나 내가 아니라 우주 전체의 관점에서, 그리고 위로부터의 초월적 관점에서 바라보라는 것이다.[6]

그런데 그가 제시한 이러한 인식론적 훈련 방법이 어떻게 스토아 인식론에 대한 설명에서 나오는지에 대한 필연성이 보이지 않는다. 인식 표상과 동의에 어떤 문제가 있기에 이러한 훈련이 필요한지에 대한 충분한 설명이 없어서 인식론적 훈련 방법의 필요성이 부각되지 않는 문제점이 있다. 그리고 이 세 가지 방법을 철학상담에서 구체적으로 어떻게 사용하는지 그 내용을 제시하지 않아 실천적 측면을 담보하는 데 한계가 있다. 또한 기존의 인지주의 계열 심리상담이나 각종 자기계발 분야에서 사용해 온 스토아적 방법과 차별성이 보이지 않는다.

장영란의 두 번째 작업은 스토아윤리학과 관련된다. 그는 영혼의 윤리적 훈련과 관련한 철학적 원리를 찾아 현대적으로 해석하여 영혼의 병을 치유할 수 있는 철학적 방법을 제시한다는 목표[7] 하

---

5 장영란, 〈스토아학파의 영혼의 인식론적 훈련과 철학적 치유〉, 33~41쪽.
6 장영란, 〈스토아학파의 영혼의 인식론적 훈련과 철학적 치유〉, 42~51쪽.
7 장영란, 〈스토아학파의 영혼의 윤리적 훈련과 치유〉, 187쪽.

에, 스토아철학에 있어 윤리적 대상의 판단 기준으로 프로하이레시스prohairesis, 즉 우리에게 달려 있는 것과 그렇지 않은 것을 구분하는 합리적 선택을 제시하고 이것이야말로 인간으로서의 이성과 자유를 보장해 주는 것이라고 말한다.[8] 그는 에픽테토스를 따라 윤리적 훈련의 원리로 욕구/혐오의 훈련, 충동의 훈련, 동의의 훈련을 제시하고 자연과의 일치, 역할 모델 따르기, 신의 부름에의 호응이 필요하다고 주장한다.[9] 그리고 철학적 치유의 원리로 최악의 사태에 대한 예비 훈련, 의식의 감찰 훈련, 현재에 집중하는 훈련, 죽음에의 훈련이라는 네 가지를 제시한다.[10]

그런데 스토아윤리에 기반을 둔 장영란의 이러한 철학적 훈련 방법은 프로하이레시스라는 기본 원리에서 어떻게 세 가지 윤리적 훈련 원리가 나오는지에 대한 설명 없이 에픽테토스의 권위에 따라 훈련 분야를 제시하는 문제점이 있다. 그리고 철학적 치유의 원리로서의 네 가지 훈련 방법도 선별 기준이나 필연성에 대한 설명 없이 단지 선별하였다고만 말하고 있다.[11] 또한 이 훈련 방법을 어떻게 철학 상담에서 사용하는지에 대한 구체적 기법이 제시되지 않고, 앞에서 제시한 인식론적 훈련 방법과의 연관성과 차별성에 대한 언급도 없다. 마지막으로 자신의 방법이 어떤 점에서 철학적인지, 기존의 인지주의 심리상담이나 자기계발에서 사용하는 스토아적 상담 방법과 어떤 점에서 다른지 그 차별성이 제시되지 않고 있다.

---

8   장영란, 〈스토아학파의 영혼의 윤리적 훈련과 치유〉, 187~192쪽.
9   장영란, 〈스토아학파의 영혼의 윤리적 훈련과 치유〉, 192~200쪽.
10   장영란, 〈스토아학파의 영혼의 윤리적 훈련과 치유〉, 200~206쪽.
11   장영란, 〈스토아학파의 영혼의 윤리적 훈련과 치유〉, 200쪽.

철학실천계의 스토아철학 활용 시도가 위와 같은 문제점을 가지고 있었다면, 기존 인지주의 계열의 심리치료에서는 스토아철학을 어떻게 활용하고 있는가? 인지주의 계열의 심리치료나 논리기반치료는 스토아철학의 다양한 이론 중에서 이성과 감정이 긴밀하게 연관되어 있다는 점에 주로 주목한다. 그러나 부정적 정서가 잘못된 추론에서 기인하기 때문에 제대로 된 추론으로 대체하여 바람직한 정서로 바꿔 주어야 한다는 것에 주력할 뿐, 스토아 사상의 다양한 측면을 충분히 활용하지 못하고 있다. 그 결과 지나치게 논리적 논박에 집중하여 이성 개념 자체가 협소하게 되었다. 그리고 부정적 정서를 긍정적 정서로 만드는 과정에 집중한 결과 이분법적 구도에 매몰되는 문제가 생긴다. 또한 내담자에게 과제를 부여하고 자기계발과 결합하여 내담자의 자율성을 훼손하는 문제를 노정한다. 즉, 인지주의 치료는 스토아철학을 도입하는 과정에서 중요한 부분을 빠뜨리고 있고, 활용하는 과정에서도 여러 온전하지 못한 부분들이 있다.[12]

위의 논의를 정리해 보면, 장영란의 철학상담에서의 스토아철학 활용 모색 작업은 이론에서 실천으로 급하게 진행한 결과, 철학상담 방법론에 대한 충분한 논의나 구체적 기법 제시가 없었고, 기존 상담계의 스토아철학 활용에 대한 검토 없이 이루어지다 보니 철학상

---

12 이 글을 준비하는 과정에서 인지주의 치료가 스토아철학을 충분히 이용하지 못한 점을 비판하는 부분을 작성하여 학술대회에서 발표한 바 있다. 필자는 인지주의, 특히 합리정서행동치료가 스토아철학을 활용하는 데 있어서 문제점으로 지나치게 이성에만 집중하고 그마저도 왜곡된 방식으로 집중하는 점, 지나친 단순화와 이분법, 긍정주의적 경향, 그리고 내담자의 자율성을 훼손하는 문제를 지적했다. 이에 대해서는 다음의 논문을 참고하라. 이진남, 〈인지주의 치료와 스토아철학〉, 《인간연구》 제39호, 가톨릭대학교 인간학연구소, 2019, 47~75쪽.

담으로서의 정체성과 차별성 확보에 문제가 있는 것으로 보인다. 또한 기존 인지주의 계열의 스토아철학 활용은 논박에의 집중과 이분법적 구도, 내담자의 자율성 훼손이라는 문제를 노정하고 있다. 따라서 이제 우리가 해야 할 일은, 철학실천적 관점에서 스토아철학을 다시 차분히 정리하고 이에 따라 구체적 방법론이나 기법을 서둘러 제시하기에 앞서 철학실천의 정체성에 맞춰 스토아철학의 활용 가능성을 타진하고 그 방향성을 모색하는 일이 될 것이다.

스토아철학의 핵심 사상

위에서 확인한 현대의 스토아철학 활용이 가지는 문제를 극복하기 위해, 원점으로 돌아가 철학실천적 관점으로 스토아철학에 대해 차근차근 따져 보고 분석할 필요가 있다. 이것이 바로 여기서 수행할 작업이다. 스토아철학에 대한 설명은 헬레니즘철학의 기본 전제에 따라 대체로 논리학, 자연학, 윤리학으로 나눠 이루어져 왔다. 홀로책M. A. Holowchak은 스토아철학을 공부하는 이유, 스토아철학의 매력을 다음 네 가지로 요약한다. 덕은 외적 환경과는 관련 없고 오직 내적인 문제이며 운명과 같은 문제들에 관심을 두지 않는다는 자족성 테제sufficiency thesis, 세상은 모두 신과 같은 존재에 의해 결정된다는 운명론fatalism, 인생의 목적은 자연 본성과의 일치라는 목적론teleology, 그리고 운명과 같이 외적인 것이 좋은 것도 나쁜 것도 가져다주지 않음을 깨닫는 것이 마음을 치료해 준다는 심리치료 psychotherapy.[13] 그러나 이 글의 목적이 스토아철학에 대한 이론적 분

---

13 M. A. Holowchak, *The Stoics: A Guide for the Perplexed*, London: Continuum, 2008,

석에 있는 것이 아니라 철학실천의 관점에서 활용할 수 있는 스토아철학의 이론을 점검하는 데 있기 때문에, 스토아철학의 사상가와 주요 사상을 철학실천적 관점에서 다음과 같이 네 가지 묶음으로 정리할 것이다.

우주의 이법과 개인의 행위 간의 일치

스토아윤리에서 '적합한 행위kathēkon'와 '옳은 행위katorthōma'의 구분은 다른 철학에서는 찾아보기 힘든 독특한 구조와 결과를 만들어 낸다. 적합한 행위는 자연에 따르는 행위, 자연의 이치에 맞는 행위이기 때문에 적합하다고 말한다.[14] 모든 살아 있는 것은 자신을 사랑하고 자기 자신을 지키려는 본성, 즉 오이케이오시스oikeiosis가 있다. 자기를 지각하고 자기를 보호하여 진정한 자기를 온전히 하려는 자기보존의 욕구가 바로 오이케이오시스다. 그리고 자기지각과 자기애를 통해 자기를 만들어 가는 과정은 자기동일화 과정self-identification process이라고 말할 수 있다.[15] 한 개체로서 경험의 고유성과 개별성을 드러내고자 하는 이러한 본능이 인간적 자아로 확장되는 과정에서의 부산물이 프로하이레시스prophairesis다. 이는 내면화되고 개별화된 인간적 자아 혹은 그 자아가 의식하는 것을 말한다. 프로하이레시스는 표상과 동의를 거쳐 믿음, 태도, 욕구, 정서가 생기고 자신의 일부가 된다. 이렇게 사람은 표상, 동의를 거쳐 각종 정

---

pp. 4-6.

14 바로 이 점에서 키케로가 적합한 행위kathēkon를 의무officium로 번역한 것은 적합한 번역이 아닌 것으로 보인다.

15 이창우, 〈스토아철학에 있어서 자기지각과 자기애〉,《철학사상》제17집, 서울대학교 철학사상연구소, 2003, 221~230쪽.

신 작용을 만들어 내고 결국 자기 자신 즉, 자아를 만들어 낸다.[16] 덕은 진정으로 자신의 것이 되는 것만을 추구하는 삶에서 얻어진다. 우리가 사는 이 세계는 로고스적인 세계이고 우리가 생각할 수 있는 가장 최선의 세계이다. 그런데 이성적 동물인 인간에게 있어 자신의 이성logos에 따르는 것은 우주의 이법, 자연법을 따르는 것과 같다. 이렇게 자신의 본성인 로고스에 맞춰 사는 것homologoumenōs이 적합한 행위이고 덕이다. 덕은 진정 자신의 것이 무엇인지, 자신의 것이 아닌 것이 무엇인지를 아는 것이다. 여기서 자신을 보존하려는 욕망은 이기적이고 말초적인 쾌락이 아니라 객관적이고 합리적으로 자신을 보존하려는 욕망이 된다.[17] 이렇게 스토아철학은 존재하는 것에서 유용하고 바람직한 것으로 자연스럽게 연결된다. 그러나 자연(본성)을 따르는 행위인 적합한 행위는 진정한 의미의 도덕적 행위가 되지 못한다. 그것은 그 자체로 선도 아니고 악도 아니다.

반면 옳은 행위katorthōma는 도덕적 행위의 기준이 된다. 그것은 내 맘대로 할 수 있는 것의 영역에 있는 것으로 덕을 추구하는 행위이다. 모든 옳은 행위는 적합한 행위kathēkon지만 그 역은 아니다.[18] 스

---

16 이창우, 〈우리에게 달려 있는 것: 에픽테토스의 메시지와 소크라테스〉,《서양고전학연구》제31집, 한국서양고전학회, 2008, 44~54쪽. 이러한 점에서 이창우는 아리스토텔레스에 있어 프로하이레시스가 목적보다는 수단을 선택하는 것이었다면, 에픽테토스에 있어 프로하이레시스는 우리 자신의 전 인격을 선택하는 것이라고 주장한다.

17 이창대, 〈스토아윤리학에서 적합한 행위와 옳은 행위〉,《철학》제74집, 한국철학회, 2003, 85~86쪽.

18 김재홍, 〈상식의 철학자 에픽테토스와 스토아 윤리학〉,《서양고전학연구》제17권, 한국서양고전학회, 2001, 109쪽. 왜냐하면 옳은 행위는 적합한 행위 중에서 구체적 상황에 따라 실천적 지혜에 의해 도덕적 판단을 내려 선택한 행위만을 말하기 때문이다. 결과가 좋다고 해서 옳은 행동이 될 수 있는 것이 아니고 의도와 과정이 바람직해야 옳은 행동이 될 수 있는 것이다.

토아 철학자들은 소크라테스를 따라 덕을 영혼의 조화로운 상태, 즉 행복 그 자체로 보았다. 옳은 행위는 적합한 행위 중에서 바른 의도와 바른 방식으로 하는 행위를 말한다. 여기서 스토아의 동기주의가 나온다. 옳은 행위가 되기 위해서는 우주 전체에 대한 이해와 구체적 상황에 대한 판단, 그리고 개별 행위를 보편적 원리와 연결시키는 추론이라는 세 가지 조건이 완비되어야 한다.[19]

자족성과 책임의 강조

스토아철학은 결과보다는 의도를 중시하는 동기주의적 윤리관을 발전시켰다. 행위의 결과는 행위자의 통제 밖에 있기 때문에 옳은 행위를 하려는 의도가 우리가 할 수 있고 책임질 수 있는 전부이다.[20] 진정 자신에게 달려 있는 것은 자신의 신체도 행동도 아니고 오직 자신의 마음뿐이라는 스토아철학의 주장은 자신의 결정과 행위에 대한 책임, 그리고 자족성의 기반이 된다. 에픽테토스가 '질병이나 장애가 육체에 방해empodion가 될 수 있지만 프로하이레시스가 원하지 않는다면 마음에는 방해가 되지 못한다'[21]고 말할 때, 그는 외적 사건이나 힘, 다른 사람의 강요, 운명이 자신에게는 방해가 되지 못하며 오직 자신만이 자신에게 책임이 있다는 점을 설명하고 있다.

강한 운명론과 강한 자기책임론을 양립시키려는 스토아의 이러한 생각은 크리시포스에게서 비롯된다. 그는 실린더의 비유를 들어

---

19 김재홍, 〈상식의 철학자 에픽테토스와 스토아 윤리학〉, 99~100쪽.

20 M. A. Holowchak, op. cit., p. 90.

21 Epictetus, *Encheiridion*, I, ix.; *The Discourses as Reported by Arrian, The Manual, and Fragments*, vol. 2, trans. by W. A. Oldfather, Cambridge: Harvard University Press, 1956, pp. 490-491.

운명(혹은 외적 강제)과 주체의 책임이 양립함을 설명한다. 실린더를 미는 것은 외부의 힘이지만 실린더가 움직이는 방향은 실린더 자체의 생김새에 달려 있듯이, 외적 원인이 마음에 영향을 주기는 하지만 우리의 반응을 일으키는 것은 내적 원인이라는 것이다.[22] 이렇게 외적 원인과 내적 원인의 영역을 할당하는 것은 쓸데없는 희망이나 집착을 버리게 하면서도 자신이 해야 할 것은 철저하게 책임지도록 하는 사고방식을 제공할 수 있다. 운명이 모든 것을 정해 놓았다면 인간은 할 일도 그 일에 대한 책임도 없다는 '게으름 논변argos logos'에 대해, 크리시포스는 우리의 동의에 선행하는 원인이 있을 수 있지만 주요한 원인은 행위자 안에 있다는 논변으로 반박한다.[23] 행위는 운명에 의해 발생하지만 결국 우리를 통해 발생하기 때문에, 우리에게 달려 있다는 것은 우리를 통해 있다는 의미가 된다. 따라서 행위 발생에 있어 우리 자신의 동의는 단순한 도구적 원인이 아니라 운명보다 더 주도적인 원인이 된다.[24]

이성과 감정의 연관성

스토아철학은 강한 인지주의적 입장을 채택한다. 모든 감정은 그 자체로 인지적 판단이거나 인지적 판단으로 환원 가능하고, 잘못된 추론과 판단의 결과로 잘못된 감정이 생긴다고 말한다.[25] 잘못된 감정은 과도한 충동으로 한계를 넘어선 통제 불가능한 감정인데, 이는

---

22 D. Robertson, op. cit., p. 233.
23 M. A. Holowchak, op. cit., pp. 46-47.
24 이상인, 〈스토아의 자유 정초〉, 《범한철학》 제36집, 범한철학회, 2005, 61~62쪽.
25 이창우, 〈스토아적 감정 이론: 추론적 구조, 동의 그리고 책임〉, 《인간·환경·미래》 제8호, 인제대학교 인간환경미래연구원, 2012, 99~100쪽.

마음의 동의 없이는 결코 일어나지 않는다.[26] 스토아윤리에 있어 책임의 영역은 단지 행위에만 국한되지 않고 감정에까지 미친다. 그래서 스토아 철학자들은 외적 원인으로 인해 생겨나는 자신의 첫 번째 움직임에 쉽게 동의하지 말고 이성을 사용해서 감정을 통제하라고 주문한다.[27] 왜냐하면 그들은 인상phantasia, species과 그 인상에 대한 믿음doxa, opinio을 구분했기 때문이다. 인상은 대상에 달려 있지만 믿음은 우리 자신에게 달려 있다는 것이다.[28] 그리고 이성과 감정을 대립적인 것으로 상정하는 현대심리학과 달리, 스토아철학에서는 이성과 감정을 감각 경험sense impression과 대립되는 것으로 보았다. 갈등은 이성과 감정 간에 일어나는 것이 아니라 바른 이성과 잘못된 이성 사이에서 일어나는 것이다.[29] 따라서 나쁜 감정은 책임지고 제거해야 한다. 어려운 상황에 처했을 때 상처받지 않고 평정심을 유지할 수 있는 방법은 이러한 감정 개입 중단과 더불어 판단 중지이다.[30] 감정과 이성은 실질적으로 분리되어 일어나는 것이 아니기 때문이다. 따라서 내 것과 내 것이 아닌 것을 구분하고 불필요한 감정을 차단하기 위해 항상 깨어 있는 이성의 사고 과정이 필요하다. 그리고 이러한 논박, 성찰이라는 사고의 과정은 일회로 끝나는 것이 아니라 끊임없이 이어지는 지난한 과정이다.

이러한 인지주의적 관점은 내 마음대로 할 수 없는 것들을 무관심

26 이창우, 〈스토아적 감정 이론: 추론적 구조, 동의 그리고 책임〉, 114쪽.
27 A. Still & W. Dryden, op. cit., pp. 4-5.
28 이창우, 〈스토아적 감정 이론: 추론적 구조, 동의 그리고 책임〉, 107~108쪽.
29 A. Still & W. Dryden, op. cit., pp. 8-11.
30 M. A. Holowchak, op. cit., p. 124.

한 것들(혹은 무가치한, 중립적인 것들: adiaphora)로 분류하고 철저하게 무시하는 전략을 만들어 낸다. 부, 권력, 명예 등 내 밖에 있는 것이나 건강이나 외모 같은 내 신체와 관련된 것들은 내 마음대로 될 수 있는 것이 아니기 때문에 무관심한 것들의 영역에 속한다. 이렇게 무관심의 영역에 속하는 것은 잃어버릴 수도 없고 따라서 슬프거나 괴로울 수도 없다. 왜냐하면 자기 것이 아닌 것을 잃어버릴 수는 없기 때문이다.[31] 그러나 제논 때부터 스토아철학자들은 이 무관심한 것들에도 건강 · 부 · 명예와 같이 좋게 느껴지는 것이나 선호되는 것을 프로에그메논proēgmenon, 나쁘게 느껴지는 것을 아포프로에 그메논apoproēgmenon이라고 구분하여 약간의 차별성은 인정했다.[32]

덕과 행복의 일치, 강인한 삶을 위한 철학실천

덕과 행복의 일치는 소크라테스를 계승하고 있는 스토아철학의 핵심 테제이다. 행복은 전적으로 덕으로만 구성되고 다른 모든 선들은 중요하지 않은 혹은 무관심한 것들adiaphora이다.[33] 인생의 궁극적 목적은 행복이다. 그런데 스토아의 행복은 덕을 실천했을 때 얻는 자유로운 경지이다. 덕은 마음의 평안이고 유일한 선이고 행복이

---

31 ibid., p.144.

32 Cicero, *De Finibus Bonorum et Malorum*, III, xv, 51; 마르쿠스 툴리우스 키케로, 《키케로의 최고선악론》, 김창성 옮김, 파주: 서광사, 2009, 145쪽.

33 이창우, 〈관조와 복된 삶: 고대 스토아 윤리학의 신학적 기초〉, 《서양고전학연구》 제26권, 한국서양고전학회, 2006, 196~197쪽. 스토아철학의 이러한 비타협적 태도는 아리스토텔레스가 행복에 외적인 선들을 포함시킨 것과는 대조된다. 아리스토텔레스와 스토아의 행복 개념 비교에 대해서는 다음을 참고하라. 이창우, 〈행복, 욕구 그리고 자아: 헬레니즘 철학의 이해〉, 《철학연구》 제62집, 철학연구회, 2003, 57~74쪽.

다.[34] 그것은 진정 내 마음대로 할 수 있는 것이고 본성적으로 자유로운 것이기 때문이다.[35] 반면 건강, 부, 명예, 권력과 같은 외적인 것은 내 마음대로 할 수 없는 것이기 때문에 행복과는 관계가 없다.[36] 단순하면서도 강한 삶은 달콤하거나 편안한 삶보다 훨씬 가치가 있는 것이고 진정한 행복이다. 따라서 우주의 본성이자 인간의 이성, 인간의 본성인 자연을 따라 살아야 하고, 그렇게 자연과 조화된 삶이 최고선이다. '최고선은 우연을 가볍게 여기며 덕을 기뻐하는 영혼summum bonum est animus fortuita despiciens, virtute laetus'이다.[37] 그런데 덕에는 정도의 차이가 있는 것이 아니라 '있고 없고all or nothing'의 차이만 있다.[38] 덕은 교육disciplina과 실천exercitio에 달려 있기 때문에 처음에는 교육으로 덕이 무엇인지 배우고 그 다음 실행함으로써 강화해야 한다.[39] 스토아의 덕은 전사적 용맹성에 기반을 둔 덕이었다. 따라서 스토아적 치료제 또한 강한 약이었다.[40] 이 덕을 실천하기 위해

---

34 스토아에 있어 덕이 행복의 필요충분조건이라는 점은 블라스토스나 앤소니 롱 같은 학자들 모두 동의하는 바이다. M. Schofield, "Stoic Ethics," in *The Cambridge Companion to the Stoics*, ed. by Brad Inwood, New York: Cambridge University Press, 2005, p. 246. 그리고 스토아에 있어 덕은 행복의 한 부분이고 단지 행복하기 위한 도구적 기능을 가진 것이 아니다. T. H. Irwin, "Stoic Naturalism and Its Critics," in *The Cambridge Companion to the Stoics*, ed. by Brad Inwood, New York: Cambridge University Press, 2005, p. 348.

35 Epictetus, *Encheiridion*, I, i.

36 명예와 같은 평판은 우리에게 달려 있지 않은 것이다. 서영식, 〈노예철학자 에픽테토스의 명예관〉, 《철학논총》 제68집, 새한철학회, 2012, 337쪽.

37 Seneca, *De Vita Beata*, IV, 1.

38 M. A. Holowchak, op. cit., p. 26.

39 "Pars virtutis disciplina constat, pars exercitatione; et discas oportet et quod didicisti agendo confirmes." Seneca, *Senecae Epistularum Moralium*, XCIV, 47.

40 Cicero, *Tusculanae Disputationes*, IV, xxvii-xxix. 여기서 키케로는 개별적 격정을 일

스토아철학이 제시한 두 가지 근본 요구는 '(괴로움을) 견디고 (쾌락을) 버려라anekhou kai apekhou; sustine et abstine'와 '부동심apatheia을 유지하라'였다.

이렇게 스토아철학은 철학함을 실제 생활 곳곳에서 행한 전형적인 철학실천이었다. 세네카는 철학을 받아들이고 회복하고 기력을 찾았으며 철학에 자신의 생명을 빚졌고 따라서 철학을 하는 것이 최소한의 의무라고 말했다.[41] 스토아에 있어 철학은 마음의 치료제였고 삶의 기예였다. 로버트슨D. Robertson은 고대의 철학실천은 현대 인지주의 치료의 네 가지 범주에 해당한다고 말한다. ① 정신건강을 증진하는 철학적 태도나 경구 ② 다이어트, 잠, 운동, 친구 사귀기 등과 같은 생활방식의 변화 ③ 정신적 심상과 관련된 명상 기술 ④ 독서, 토론, 글쓰기를 통한 수사적 연습.[42] 그는 또한 세네카의《편지》, 에픽테토스의《대화》, 마르쿠스 아우렐리우스의《명상록》이 각각 현대의 개인상담, 집단상담, 자기계발서와 비슷하다고 주장한다.[43] 이러한 논박과 성찰의 철학실천 방법은 현대의 심리치료에까지 이어져 다양한 형태로 영향을 주어 왔다.

으키는 생각을 교정하는 개별적 접근보다 격정 자체를 없애는 일반적 접근의 차이를 설명하고 있다. 비슷한 구분은 약한 약과 강한 약을 구분하는 보에티우스의 발언을 통해서도 엿볼 수 있다. Boëthius, *De Consolatione Philosophiae*, II, prose 5.

[41] Seneca, *Epistularum Moralium*, LXXVIII. "Philosophiae acceptum fero quod surrexi, quod convalui; illi vitam debeo et nihil illi minus debeo."

[42] D. Robertson, op. cit., p. 45.

[43] ibid., p. 48.

철학실천에 적용할 수 있는 스토아철학의 요소들

여기에서는 스토아철학의 핵심 사상을 우주의 이법과 개인의 행위가 일치한다는 점, 자족성과 책임을 강조하는 점, 이성과 감정이 불가분의 관계라는 점, 덕과 행복의 일치에 기반해서 강인한 삶을 위한 철학실천을 주장한다는 점 등 네 가지로 정리했다. 그런데 우주와 개인의 일치, 자족과 책임의 강조, 이성과 감정의 관계는 세계와 자신을 바라보고 내가 진정 할 수 있는 것에만 집중하며 다른 비본질적인 것들을 과감하게 포기하는 삶의 태도와 관련된다. 그리고 덕과 행복의 일치는 행복을 달성하기 위한 전제이자 방법으로서의 덕을 증진시키는 것과 관련된다. 즉, 전자는 결단의 철학, 후자는 향덕과 행복에 해당되는 것이다. 여기에 기타 여러 가지 철학이론과 기존 상담 방법들과의 연계도 모색할 수 있다. 따라서 이 세 가지가 스토아철학을 철학실천적으로 활용할 수 있는 요소라고 할 수 있다. 이제 기존의 스토아철학 활용이 가지는 문제점을 극복하고 스토아철학을 철학실천 분야에 제대로 활용하기 위한 작업을 결단의 철학, 향덕과 행복, 그리고 다른 철학적 요소들과의 결합으로 나누어 살펴보고자 한다.

결단의 철학: 포기, 운명

스토아철학이 철학실천에 기여할 수 있는 것들 중에서 첫 번째는 운명이나 타인, 불행과 같은 외적인 상황에 대한 이해와 수용, 자신의 인생에 대한 책임에 있을 것이다. 이는 주로 세계를 바라보는 인식론적 문제와 관련된다. 스토아철학에서 가장 중요한 테제는 내게 달린 것과 내게 달려 있지 않은 것의 구분이다. 고대와 중세뿐 아니라 근대와 현대까지도 스토아철학을 따르는 사람들에게 행동지침서 Handbook의 역할을 해 왔던《엥케이리디온Encheiridion》의 첫 장, 첫 문장은 이렇게 시작된다.

존재하는 것 가운데 어떤 것들은 우리에게 달려 있는 것들이고, 다른 것들은 우리에게 달려 있는 것들eph' hēmin이 아니다. 우리에게 달려 있는 것은 믿음hypolēpsis, 충동hormē, 욕구orexis, 혐오ekklisis, 한마디로 말해서 우리 자신이 행하는 그러한 모든 일이다. 반면에 우리에게 달려 있지 않은 것은 육체, 소유물, 평판, 지위, 한마디로 말해서 우리 자신이 행하지 않는 그러한 모든 일이다.[44]

그런데 그는《대화록》에서도 같은 주장을 하면서 이를 프로하이레시스와 연결시킨다. 우리에게 달려 있는 것은 프로하이레시스와 프로하이레시스가 하는 모든 일들이고, 우리에게 달려 있지 않은 것은 몸, 몸의 일부, 소유물, 부모, 형제, 조국 등 한 마디로 우리와 관련되어 있는 것들이라고 말한다.[45] 아리스토텔레스에게 프로하이레시스는 행위의 목표를 정하는 소망boulēsis(혹은 욕구), 그 수단과 구성 요소를 고르는 숙고bouleusis에 이어 선택 혹은 결정을 하는 과정으로 이해할 수 있다.[46] 아리스토텔레스에 있어 자신에게 달려 있는

44 Epictetus, *Encheiridion*, I, i.; 에픽테토스, 《왕보다 더 자유로운 삶: 에픽테토스의 〈엥케이리디온〉, 〈대화록〉 연구》, 김재홍 옮김, 서광사, 2013, 29~30쪽.

45 Epictetus, *Discourses*, I, xxii, 10; *The Discourses as Reported by Arrian, The Manual, and Fragments*, vol. 2, pp. 145-146.

46 이진남, 〈지성과의 화해: 아리스토텔레스와 아퀴나스의 욕구 개념〉,《범한철학》제54집, 범한철학회, 2009, 177쪽.

것eph' hēmin은 행위자가 사태의 원인이고 따라서 자발성과 책임을
부과한다는 맥락에서 이해될 수 있다. 따라서 그것은 프로하이레시
스 자체가 아니라 프로하이레시스의 대상이 되는 어떤 개별적 상황
에서의 구체적 행위 정도가 된다. 반면 에픽테토스에 있어 자신에게
달려 있는 것은 프로하이레시스 자체가 된다. 아니, 프로하이레시스
가 곧 자신이다. 그래서 에픽테토스는 '너는 살도 머리카락도 아니
고 프로하이레시스'라고 했다.[47] 모든 인간은 자기 자신에 대한 전적
인 통제를 할 수 있다는 의미에서 인간 영혼 전체를 통제하는 중심
기관to hēgemonikon이다. 이렇게 외적 대상뿐 아니라 자신의 신체까지
도 배제하는 의미에서 자신의 마음만을 지칭하기 때문에, 에픽테토
스에 있어 내게 달려 있는 것과 그렇지 않은 것의 구분은 사실 판단
의 영역을 넘어서 가치 판단의 영역에 속하게 되고, 인간의 자유와
행복을 보장해 주는 중요한 척도가 된다.[48] 이렇게 자신에게 달려 있
는 것과 그렇지 않은 것을 명확하게 구분하고 오직 자신에게 달려
있는 것에만 가치를 두고 그것을 철저히 자신의 통제 아래 두는 삶
을 사는 것은 스토아철학에서 제시하는 바람직한 삶의 첨경이었다.

내게 달린 것과 내게 달려 있지 않은 것을 명확하게 구분하는 방
법은 철학실천에 적용하여 좋은 기법들을 만들 수 있다. 세네카의
《편지》첫 구절은 '너를 위해 너를 요구하라!vindica te tibi!'로 시작하
한다.[49] 운명이나 외적인 가치의 노예가 되지 말고 자아를 되찾고 자

---

47 Epictetus, *Discourses*, III, i, 40.

48 전헌상, 〈아리스토텔레스와 에픽테토스 윤리학에서의 프로하이레시스: '우리에게
    달려 있는 것'과의 연관성을 중심으로〉,《서양고전학연구》제43집, 한국서양고전학
    회, 2011, 123~148쪽.

49 Seneca, *Epistularum Moralium*, I, 1.

유로운 자신의 주인이 되라고 말하는 것이다. 스토아철학이 제시하는 세계에 대한 이해에 기반을 두어서 자신의 마음, 즉 믿음·판단·이해·감정·욕구와 같이 자신 안에 있는 것은 철저하게 자신이 통제하고 자기 밖에 있는 것들, 즉 타인의 마음, 내게 벌어진 일들, 불행, 죽음 등은 있는 그대로 받아들일 것을 요구할 수 있다. 자신에게 달린 것을 프로하이레시스와 동일시하여 시련과 불행을 이겨 내는 스토아적 방법을, 8년간 베트남군 수용소에 갇혀 각종 고문과 세뇌공작을 견뎌 낸 미군 장교 스톡데일James Bond Stockdale은 철저하게 자기 것으로 만들어 냈지만, 인지주의적 심리치료에서는 그 방법이 적극적으로 수용되지 못한 것으로 보인다. 혹자는 이러한 스토아적 방법은 스토아의 현인이나 스톡데일처럼 강인한 정신을 가진 사람만이 달성할 수 있는 이상적인 상태일 뿐이라고 비판할 수도 있다. 그러나 스토아철학은 위대한 철학자만을 위한 거창한 이론이나 완벽한 상태만을 말하지 않는다. 홀로책의 제안처럼 완벽한 현인들을 위한 코스와 수련을 닦고 있는 평범한 사람들을 위한 코스를 나누거나,[50] 스토아의 이상에 도달하는 정도에 따라 일종의 급수級數를 나누는 방법으로 현실적 접근을 할 수도 있다.

스토아철학은 조화로운 우주의 이법인 로고스에 맞춰 살 것을 주문했다. '로고스에 맞게 산다homologoumenōs'는 것은 인간의 합리성과 자연의 이법이 정확하게 일치한다는 믿음 위에 기초했고, 이 사상은 아퀴나스와 같은 중세 사상가를 통하여 자연법 사상으로 이어졌

---

50 M. A. Holowchak, op. cit., p.15. 홀로책은 이 책의 제1장은 스토아 현인The Stoic Sage에 대한 것으로, 제2장은 스토아적 훈련을 하고 있는 사람The Stoic Progressor 에 대한 것으로 나누고 있다.

다. 그리고 스토아철학은 보편적 로고스가 자신을 전개해 가는 과정인 운명을 받아들이는 삶의 자세를 주문했다. 스토아철학의 운명관은 흔히 운명에 대한 무조건적 복종을 의미하는 것으로 오해되어 왔다. '운명은 순종하는 자는 태우고 가고 항거하는 자는 끌고 간다'[51]는 세네카의 유명한 격언은 이러한 숙명론적 해석의 대표적인 표현으로 많이 거론되곤 했다. 그러나 운명에 대한 스토아의 입장은 숙명론이라기보다는 운명을 적극적으로 사랑하고 받아들이라는 말로 이해되어야 한다. 운명을 있는 그대로 받아들이라는 이러한 입장은 운명을 무시하라는 말과도 통한다. 왜냐하면 운명은 내 마음대로 할 수 없는 영역에 속하는 것이기 때문에 받아들여야 하는 것이고, 또한 거기에 매달리기보다는 무시하는 것이 지혜롭기 때문이다.

이렇게 운명이 내 마음대로 될 수 없는 것에 속한다는 사실을 명심하는 자세는 질병, 노화, 실직, 이별 등 각종 불행에 초연한 태도를 뒷받침해 준다. 자신의 통제력을 벗어나는 것은 무엇이든 받아들이는 스토아의 결정론적 태도는 철학치료의 좋은 전략이 된다.[52] 특히 죽음에 대한 스토아철학자들의 태도는 현대인들에게 의연하게 죽음을 맞을 수 있도록 도와줄 수 있다. 죽음을 운명으로 분류하는 것은 말기 환자들이 죽음을 받아들이고 편안하게 죽음을 준비할 수 있도록 해 준다. 죽음에 대해 명확한 입장을 가진 스토아철학자들은 삶에 집착하고 죽음을 무조건 부정하는 사람들을 경멸했다. 그들에게 죽음은 선도 악도 아니고 중립적인 것adiaphora이었다. 세네카는 '살

---

51 "Ducunt volentem fata nonlentem trahunt." Seneca, *Senecae Epistularum Moralium*, CVII, 11.

52 D. Robertson, op. cit., p. 234.

아 있는 것이 선이 아니라 잘 사는 것이 선이라고 하면서, 따라서 현자는 살아야 하기 때문에 사는 것이지 살 수 있기 때문에 사는 것이 아니라고' 말한다.[53] 그는 또한 죽음에 대해 알고 있는 사람에게 운명은 아무것도 할 수 없다고 한다.[54] 그리고 오래 사는 것이 더 잘 사는 것이 아닌 것처럼 오래 죽는 것이 더 나쁜 것이 아니라고 하면서 자기 마음에 드는 죽음이 최고라고[55] 말했다.

'현재에 충실하라Carpe diem.' 영화 〈죽은 시인의 사회〉를 통해 대중에게 널리 알려진 이 말은 거대한 목표 따위는 포기하고 대충 살라는 의미가 아니다. 그것은 자기보존의 본능인 오이케이오시스에 맞춰 사는 것이고, 본성인 로고스에 맞춰 사는 것homologoumenōs이며, 적합한 행위일 뿐 아니라 옳은 행위를 하면서 사는 것을 의미한다. 그것은 선을 추구하고 악을 피하는 삶이고 선도 악도 아닌 중립적인 것adiaphora에는 크게 신경 쓰지 않는 삶이다. 물론 내담자에게 이렇게 살라고 요구할 때 단지 명언 몇 마디에 의존할 수는 없다. 이는 독서치료를 통해 스토아사상을 같이 읽고 토론하면서 그 세계관과 인생관을 자신의 삶에 적용하는 과정을 통해 이루어질 수 있다. 자신에게 일어난 일을 섣불리 판단하는 대신 세계 전체 속에서 자신의 위치를 다시 확인하는 작업을 먼저 하면서 불필요한 감정에 휩쓸리지 않는 방법을 연마해 갈 수 있다. 홀로책은 스토아의 현인들은 곤

---

53 Seneca, *Epistularum Moralium*, LXX, 4-5. "Non enim vivere bonum est, sed bene vivere. Itaque sapiens vivet quantum debet, non quantum potest."

54 ibid., p.7. "in eo qui scit mori nil posse fortunam"

55 ibid., p.12. "Praeterea quemadmodum non utique melior est longior vita, sic peior est utique mors longior. ⋯ Vitam et aliis approbare quisque debet, mortem sibi: optima est quae placet."

경, 역경, 어려움에 처했을 때 악덕으로부터 자신을 지키기 위해 다음 두 가지 방법을 사용한다고 말한다. 첫째, 감정이 마음에 들어오지 못하게 하고 이성과도 섞이지 못하게 한다. 둘째, 자신에게 생긴 일이 좋은 것인지 나쁜 것인지 판단하지 않는다. 이렇게 불행에 굴복하지 않기 위해서는 불행을 재난으로 보지 말고 단지 불편한 것 정도로 보아야 한다는 것이다.[56]

항덕과 행복

스토아철학이 철학실천에 기여할 수 있는 두 번째 것은 항덕 constantia을 통한 진정한 자유와 행복의 실현에 있다. 이는 주로 자신과 자신의 인생, 행복을 바라보는 관점과 관련된다. 스토아철학의 덕virtus은 그리스어의 탁월성arēte을 번역한 것이지만, 플라톤이나 아리스토텔레스가 사용하는 의미보다는 좁은 의미로 사용된 것으로 보인다. 덕virtus은 남성vir에서 나온 말로, 원래 진정한 남자의 자질, 용맹함, 흔들리지 않는 강인함을 의미했다.[57] 이 점은 헬레니즘 시대의 철학이 추구하는 일차적 목표가 아타락시아ataraxia나 아파테이아 apatheia와 같은 마음의 안정이었다는 점과, 로마제국이 전쟁을 통해 주위 많은 족속을 정복한 대제국이었다는 사실을 감안하면 그리 놀랄 일은 아니다. 따라서 스토아철학의 덕은 일차적으로 우리가 생각

---

56 Holowchak, op. cit., p. 124.

57 Cicero, *Tusculanae Disputationes*, II, xviii.; P. G. W. Glare(ed.), *Oxford Latin Dictionary*, Oxford: Clarendon Press, 1985, p. 2073. 번역어가 가진 이러한 남성 중심적인 생각 때문에 학자들 간에는 aretē를 virtue 대신 '탁월성'으로 번역하는 경향이 늘어 가고 있는 것으로 보인다. 이 글에서는 라틴어가 가졌던 차별적 전통에서 벗어나 덕의 의미를 모든 인간에게 공통된 고통과 유혹에 면역력을 가진 강인함 정도로 해석하겠다.

하는 의미의 도덕적 덕이 아니라 심리적 덕을 의미했다는 점을 알수 있다.[58] 스토아의 덕은 마음의 평안을 유지하는 것을 의미했고, 스토아의 현인은 이러한 상태를 유지하면서 사는 사람들이었다.

세네카는 스토아철학자 중에서도 특히 마음의 평안으로서의 항상심, 항덕을 강조했던 사람이다. 그는 슬픔과 분노를 다스리고 마음의 안정을 유지하는 법, 행복한 삶을 사는 법 등 다양한 주제에 대해 에세이를 썼는데, 그중에서도《현자의 항덕에 관하여De Constantia Sapientis》는 억울한 일을 당했을 때 항상심을 유지하는 법에 대해 말하고 있다. 그는 불의iniuria와 모욕contumelia을 구분하여, 불의는 객관적으로 남에게 악을 가하는 것이지만 모욕은 상대의 의도나 객관적 행위와 관계없이 내가 느끼는 것일 뿐이라고 말한다. 따라서 모욕은 허약한 영혼을 가진 민감한 사람들에게만 생기는 것이고, 악덕은 덕보다 강하지 않으므로 현자는 해를 입을 수 없으며, 불의가 정의를 이길 수 없기 때문에 현자는 불의로부터 자유롭다고 말한다.[59] 그리고 역경逆境은 침착하게 받아들이되 이에 굴복하지 말고, 순경順境은 절도 있게 받아들이되 이에 의지하지 말라고 말하면서, 진정한 자유는 참지 못하는 것이 아니라 불의를 넘어선 곳에 자신의 마음을 올려놓고 자신을 즐거움의 유일한 원천으로 만들면서 외적인 것으로부터 자신을 떼어 놓는 것이라고 말한다.[60]

이렇게 덕과 행복을 주관적인 개념으로 상정하면서도 객관적 행복 개념이 가지는 비현실성에서 자유로운 것이 스토아윤리의 장점

---

58 D. Robertson, op. cit., p. 83.

59 Seneca, *De Constantia Sapientis*, V.

60 ibid., VI & XIX.

이다. 요즘 말로 풀이하면, 진정한 자존감을 가지는 것이 상처받지 않고 마음의 안정을 유지하면서 행복한 삶을 영위할 수 있는 비결이라는 것이다. 또한 속세를 떠나 은둔자가 될 필요 없이 속세 속에서도 초연한 마음을 가지고 사는 것이 스토아 현인의 전형적인 모습이다.[61] 철학실천에서는 스토아철학의 항덕 개념을 논증 분석과 논박, 해독 추론과 같은 과정 없이 이용하여 내담자가 가진 슬픔, 상실감, 배신감, 두려움을 없애는 데 도움을 줄 수 있다. 모든 모욕과 불의를 넘어선 높은 곳에 자신을 위치시키고 어떤 것도 공격할 수 없는 난공불락의 상태가 주는 자유와 행복을 지향하는 과정에서 각종 부정적 감정을 제거할 수 있는 것이다.[62] 이렇게 현실적 이익에 집착하지 않고 자신을 자존감을 가진 사람으로 만들기 위해서는 스토아적 전통을 따라 '(이 상황에서) 현자라면 어떻게 했을까?'라는 질문을 던지는 방법과 '항상 현자가 지켜보고 있다'는 생각으로 다시 한 번 돌아보고 조심하는 방법을 사용할 수 있다.[63]

철학실천은 스토아철학을 이용하여 합리성에 근거한 감정과 욕구를 추구할 수 있다. 스토아가 모든 감정과 욕망을 부정적으로 보고 있다는 견해는 사실이 아니다. 현대인에게 스토아라는 말이 금욕주의를 의미하고, 이 말은 고통뿐 아니라 모든 감정에서 자유로워

---

61 바로 이러한 스토아철학의 현실 참여의 의무 때문에 세네카는 《은둔에 관하여De Otio》에서 현실 정치에서 은퇴하여 쉬고 있는 자신의 처지를 변호하는 일까지 하고 있다.

62 물론 이러한 수양의 과정이 모두에게 다 실현될 수는 없을 것이다. 다만 사회 현실에 적극적으로 뛰어들어 개입하면서도 현실의 문제들이 주는 각종 부정적 영향에서 자유로울 것을 강조한다는 점에서, 그리고 특정 종교의 가르침에서 자유롭다는 점에서 스토아철학은 널리 적용될 수 있는 여지가 있다고 볼 수 있다.

63 D. Robertson, op. cit., pp. 139-141.

야 한다는 뜻으로 오해되어 왔다. 그래서 합리정서행동치료를 창시한 엘리스Albert Ellis도 말년에는 자신의 합리정서행동치료가 스토아보다는 오히려 에피쿠로스에 더 가깝다고까지 주장했다.[64] 아파테이아는 어떤 감정도 없는 상태가 아니라 비이성적이고 과도한 감정이 없는 상태를 의미한다.[65] 그들은 좋은 기분eparsis을 비이성적이고 탐닉적인 쾌락hēdonē과 이성적인 즐거움khara으로, 걱정ekklisis을 과도한 공포phobos와 경계심eulabeia으로, 욕구orexis를 탐욕epithymia과 바람boulēsis으로 구분했다.[66] 심지어 에픽테토스는 동상처럼 아무런 감정이 없는 것이 아니라 본성적이고 주어진 관계를 유지해야 한다고 말했다.[67] 이성과 감정이 같이 간다는 스토아의 테제를, 모든 감정이 이성을 포함하고 있고 이성의 작용이 생기기 전에 본능적으로 일어나는 충동도 부정하는 것으로 받아들여서는 곤란하다. 스토아철학의 감정에서 첫 번째 움직임은 감정의 준비나 위협에 대한 감정같이 비자발적인 것이고, 두 번째 움직임은 의지와 같이 생겨나는 자발적인 것이다.[68]

다른 철학적 요소들과의 합작
스토아철학이 철학실천에 기여할 수 있는 셋째 방법은 다른 철학

---

64 ibid., p. 92에서 재인용.

65 ibid., p. 84.; A. Long, *Epictetus: A Stoic and Socratic Guide to Life*, Oxford: Oxford University Press, 2002, p. 244.

66 Donald Robertson, op. cit., pp. 86~87.

67 Epictetus, *Discourses*, III, ii, 4

68 D. Robertson, op. cit., p. 100에서 재인용. 이 점은 엘리스도 잘 이해하고 있었고 그의 초기 작품에서도 명확하게 밝히고 있다. A. Ellis, *Reason and Emotion in Psychotherapy*, op. cit., p. 49; Donald Robertson, op. cit., p. 103에서 재인용.

적 요소들과 결합하여 다양한 기법을 만들어 내는 데 있다. 스토아철학 외에 다른 철학이나 철학실천에서 사용하거나 사용할 수 있는 방법을 스토아철학의 개념이나 관점과 결합시켜 새로운 철학실천의 방법론이나 기법을 만들어 낼 수 있다. 필자는 세네카의 《분노에 대하여》에 나오는 분노 개념과 치료법, 그리고 존 듀이John Dewey의 반성적 문제 해결 과정에 근거하여 분노치료 기법을 개발한 바 있다. 각종 상담과 교육에 응용된 문제 해결형 모델들을 비교하고 그 원형으로서 존 듀이의 반성적 사고의 다섯 단계를 분석하였으며, 이를 스토아의 분노치료와 결합하여 다섯 단계의 기법을 제안했다. 듀이의 사고 과정은 문제의 발견, 문제의 명확화, 해결 발상, 가설 설정, 가설 검증이라는 객관적 문제 해결을 위한 다섯 단계로 구성되어 있다. 반면 필자의 분노 해결 철학상담 기법은 발견, 규명, 이해, 채택, 확정의 과정을 거쳐 외적인 행위나 상황을 바꾸는 것이 아니라, 그 사태에 대한 내담자 자신의 이해의 틀과 그로 인한 정서적 반응을 바꾸는 데 주목한다.[69]

스토아철학이 사용한 끊임없는 반박과 성찰이라는 철학함의 태도나 방법을 비판적 구성주의나 탐구공동체와 같은 현대적 철학방법론과 결합하면 집단철학상담 내지 철학교육에 적용할 수 있는 모델을 만들 수 있다. 임병갑은 철학교육에 사용되어 온 비판적 구성주의와 탐구공동체 모델을 집단철학상담에 적용해 비판 활동과 구성

---

69 이진남, 〈철학실천 그리고 문제해결의 과정과 기법들〉, 33~61쪽. 이 다섯 단계에 대한 간략한 설명은 다음과 같다. ① 발견: 분노의 발견 ② 규명: 분노의 증상, 원인과 정체 규명 ③ 이해: 분노를 일으킨 사태에 대한 여러 이해 모델 제시 ④ 채택: 행위와 그 결과에 대한 추론에 바탕한 바람직한 이해 모델 채택 ⑤ 확정: 실행 시 예상되는 문제점을 보완할 방안을 모색함으로써 모델 확정

활동이 순환적 되먹임을 함으로써 철학적 치료 효과를 낼 수 있다고 주장하면서, 수많은 사례를 반복적으로 논박함으로써 암묵적 전제가 수정되는 비판적 구성주의 집단철학 상담 모델을 제시한다.[70] 이 모델은 문제를 발견하고 해결하는 것을 수업과 같은 일상적 · 집단적 과정에서 할 수 있다는 점과 내담자들의 적극적이고 자발적 참여를 통해 이루어진다는 점에서, 비규정성과 내담자 자율성의 극대화라는 철학상담의 특징을 잘 살릴 수 있다는 장점이 있다.

　이외에도 활용할 수 있는 스토아적 자원은 많다.[71] 인지행동치료에서도 이미 사용해 온 스토아 치료법을 철학실천에도 활용할 수 있다. 덕을 기르고 나쁜 감정을 제거하는 스토아의 인지적 치료법에는 논박도 있지만 철학적 명언을 암기하고 매일 명상하며 일기를 쓰는 방법도 있다.[72] 이 방법은 존 셀러가 일상에 철학적 가르침을 체화시

70　임병갑, 〈학교폭력 문제에 적용한 집단 철학상담 사례연구〉, 《인문과학논집》 제24집, 강남대학교 인문과학연구소, 2012, 263~292쪽. 이 모델은 문제의식 공유, 문제에 대한 소감 말하기, 큰 질문 정하기, 집단토론과 철학적 대화, 글쓰기의 다섯 단계로 이루어진다. 임병갑은 합리정서행동치료가 철학상담과 철학치료의 한 모형이라고 주장했지만, 그 논박의 원형으로서의 스토아철학에 대한 언급은 없다. 또한 그는 합리정서행동치료와 논리기반치료가 상담과 치료 과정에서 순환적 되먹임을 중시한다고 주장한다(같은 글, 269쪽, 272쪽). 이는 그가 해 온 철학교육과 그가 제시한 집단철학상담 모델에서는 당연한 일일 수 있다. 그러나 합리정서행동치료와 논리기반치료의 각 단계에서는 다른 전제들과 직렬, 병렬적으로 연결된 망을 점검하는 일은 거의 일어나지 않는다.

71　장영란과 같이 홀로책은 스토아 치료제를 인식론적 치료제와 윤리적 치료제로 나누고 각각 그 다양한 기법들을 다음과 같이 정리한다. ① 인식론적 치료제: 인상 검토하기, 적합한 맥락에서 바라보기, 무관심한 것에 대한 가치 평가 금지, 자연(본성) 따르기, 가지고 있는 것만 바라기, 바른 자기판단, 침묵 연습 ② 윤리적 치료제: 사용/비사용(습관화), 강한 인상에서 벗어나기, 진정성 있게 살기, 미래 준비하기, 생각 거르기, 참기, 매일을 마지막 날이라 여기기, 일기 쓰기 M. A. Holowchak, op. cit., pp. 212-221.

72　ibid., p. 212.

키는 것이라고 했던 스토아의 영혼 훈련과 연결된다.[73] 또한 스토아 철학자들이 잠자리에서 행하던 돌아보기 명상retrospective meditation을 실행할 수도 있다. 오늘 잘못한 것How slip?, 잘한 것What deed?, 못 한 것What duty left undone?에 대해 스스로 물어보고 대답하면서 오늘 하루를 반성하고 내일을 준비할 수 있다. 특히 계속 잘못하는 것과 두려운 것에 대해 대책을 세우고 각오를 새롭게 할 수 있다.[74] 또한 '나쁜 것 미리 생각하기premeditatio malorum'와 같은 스토아 치료법으로 최악의 경우, 불운, 나쁜 일을 미리 예상하고 이에 대한 대비책을 세우며 설사 그 나쁜 일이 진정 발생하더라도 마음의 각오를 하는 기법을 도입할 수도 있다.[75] 이렇게 우울증에 빠지지 않으면서도 옹골찬 자신을 준비하는 방법은 줄리 노럼Julie Norem이 말한 일종의 방어적 비관주의defensive pessimism와도 통하는 바가 있다.[76]

철학실천은 합리정서행동치료와 같은 심리상담과는 달리 개인을 넘어서 사회와 그 구성원에 대한 진단과 처방을 제공할 수 있다. 철학은 인생관, 가치관, 세계관과 관련해서 근본적인 질문을 던지

---

[73] D. Robertson, op. cit., p. 194.

[74] ibid., pp. 202-206.

[75] P. Hadot, *What is Ancient Philosophy*, trans. by M. Chase, Cambridge: Cambridge University Press, 2002, p. 137. 물론 이 방법들은 이미 인지행동치료와 합리정서행동치료에서 노출기법exposure approach, 인지리허설cognitive rehearsal 등의 이름으로 사용되고 있다.

[76] J. K. Norem, *The Positive Power of Negative Thinking: Using Defensive Pessimism to Harness Anxiety and Perform at Your Peak*, Cambridge/MA: Basic Books, 2001.; 줄리 K. 노럼, 《걱정 많은 사람들이 잘되는 이유》, 임소연 옮김, 한국경제신문, 2015. 이 책에서 줄리 노럼은 긍정심리학 등 긍정의 논리에 맞서 부정적인 생각이 미래에 닥칠 수 있는 위험과 실패에 대비해 준비를 철저하게 하는 긍정적인 효과가 있다는 역설적 주장을 하고 있다.

고 분석할 수 있기 때문에, 철학함doing philosophy으로서의 철학실천은 한 인간뿐 아니라 사회 혹은 인류 전체에 대한 발언권을 가질 수 있다. 스토아철학의 방법을 이용해서 이러한 작업을 수행하는 것도 가능하다. 예컨대 홀로책은 스토아철학의 관점에서 9/11 사태로 충격과 고통을 받은 미국인들에 대하여 자신들이 공격받지 않을 것이라는 믿음, 자신들이 받은 그 공격이 부당하다는 믿음, 그들만이 그러한 슬픔에 빠져 있다는 믿음, 이 세 가지 바보스러운 생각 때문에 큰 고통을 받는 것이라고 진단했다.[77] 또한 노성숙은 5·18과 세월호 희생자 가족들의 치유와 관련해서 공동체적 차원에서 접근하는 철학실천의 가능성을 타진하고 있다.[78] 이처럼 스토아철학을 이용한 철학실천은 상담사와 내담자가 대면하는 상담실에서 벗어나 시대를 진단하고 사회에 대해 처방할 수 있다.

나오는 말

이 글에서 필자는 스토아철학을 철학실천에 어떻게 적용시킬 수 있는가의 문제에 대한 준비 작업을 시도했다. 이를 위해 기존의 철학실천과 심리상담계에서 스토아철학 활용의 문제점을 분석하였다. 그리고 스토아철학의 핵심 사상을 우주의 이법과 개인 행위 간의 일치, 자족성과 책임의 강조, 이성과 감정의 연관성, 덕과 행복의 일치,

---

[77] M. A. Holowchak, op. cit., pp. 2-3.

[78] 노성숙, 〈가해하는 공동체? 치유하는 공동체?: 개인의 고통에 대한 성찰과 치유를 모색하는 철학상담〉, 《철학연구》 제108집, 철학연구회, 2015, 31~70쪽.: 노성숙, 〈5·18 트라우마와 치유: 개인과 사회공동체의 변증법에 대한 비판적 성찰〉, 《신학전망》 제194집, 광주가톨릭대학교 신학연구소, 2016, 207~254쪽.

강인한 삶을 위한 철학실천으로 정리했다. 또한 스토아철학을 철학실천 분야에 제대로 활용하기 위해 철학상담에 적용할 수 있는 스토아철학의 요소들을 제시했다. 그것은 운명을 받아들이고 포기할 수 있는 결단의 철학, 항덕과 행복 개념, 여타 다른 철학적 요소들과의 합작을 통한 새로운 기법 개발이다.

스토아철학은 오랜 동안 진화를 거치면서 인간의 마음을 치료하는 치료제 역할을 제공해 온 철학으로, 다양한 방법과 임상 경험을 가지고 인류에 기여해 왔다. 인지주의 심리치료는 스토아학파의 철학을 도입하기는 했지만 정서적 기법, 행동 기법과 같이 합리적 상담 기법을 도입하는 과정에서 스토아철학을 하나의 기술로만 받아들이는 한계를 드러내고 있다. 따라서 여기서 도입된 스토아철학은 자신의 존재와 세계에 대해 근원적 문제를 던지고 푸는 철학실천의 단계에 이르지 못하고, 단지 부정적 정서를 긍정적 정서로 바꾸는 기술의 하나로 쓰일 뿐이다. 이제 철학실천 영역에서 스토아철학을 제대로 이해하고 이를 가공하여 현대인에게 제공하려는 새로운 시도를 할 때다. 이 글은 이러한 시도의 첫 걸음을 떼는 것에 불과하다. 앞으로 정교한 이론과 임상 경험을 바탕으로 스토아철학에 기반한 철학실천 방법론 개발을 위한 다양한 후속 작업이 이루어지기를 기대해 본다.

참고문헌

김대군, 〈분노조절에 대한 윤리상담적 접근: 세네카의 분노론을 중심으로〉, 《윤리 교육연구》 제34집, 한국윤리교육학회, 2014, 61~82쪽.

김선희, 〈논리기반치료와 합리적 정서행동치료의 절충적 정체성에 대한 철학치 료석 분석〉, 《철학연구》 제102집, 철학연구회, 2013, 331~363쪽.

김재홍, 〈상식의 철학자 에픽테토스와 스토아 윤리학〉, 《서양고진학연구》 제17 권, 한국서양고전학회, 2001, 97~132쪽.

노럼, 줄리 K., 《걱정 많은 사람들이 잘 되는 이유》, 임소연 옮김, 한국경제신문, 2015.

노성숙, 〈가해하는 공동체? 치유하는 공동체?: 개인의 고통에 대한 성찰과 치유 를 모색하는 철학상담〉, 《철학연구》 제108집, 철학연구회, 2015, 31~70쪽.

_____, 〈5·18 트라우마와 치유: 개인과 사회공동체의 변증법에 대한 비 판적 성찰〉, 《신학전망》 제194집, 광주가톨릭대학교 신학연구소, 2016, 207~254쪽.

서영식, 〈노예철학자 에픽테토스의 명예관〉, 《철학논총》 제68집, 새한철학회, 2012, 323~342쪽.

에픽테토스, 《왕보다 더 자유로운 삶: 에픽테토스의 〈엥케이리디온〉, 〈대화록〉 연 구》, 김재홍 옮김, 서광사, 2013.

이상인, 〈스토아의 자유 정초〉, 《범한철학》 제36집, 범한철학회, 2005, 37~69쪽.

이진남, 〈지성과의 화해: 아리스토텔레스와 아퀴나스의 욕구 개념〉, 《범한철학》 제54집, 범한철학회, 2009, 169~194쪽.

_____, 〈철학실천 그리고 문제해결의 과정과 기법들〉, 《가톨릭철학》 제25호, 한국가톨릭철학회, 2015, 33~61쪽.

이창대, 〈스토아윤리학에서 적합한 행위와 옳은 행위〉, 《철학》 제74집, 한국철학 회, 2003, 79~103쪽.

이창우, 〈행복, 욕구 그리고 자아: 헬레니즘 철학의 이해〉, 《철학연구》 제62집, 철 학연구회, 2003, 57~74쪽.

_____, 〈스토아철학에 있어서 자기지각과 자기애〉, 《철학사상》 제17집, 서울

대학교 철학사상연구소, 2003, 215~243쪽.

_____, 〈관조와 복된 삶: 고대 스토아 윤리학의 신학적 기초〉, 《서양고전학연구》 제26권, 한국서양고전학회, 2006, 193~218쪽.

_____, 〈우리에게 달려 있는 것: 에픽테토스의 메시지와 소크라테스〉, 《서양고전학연구》 제31집, 한국서양고전학회, 2008, 33~56쪽.

_____, 〈스토아적 감정 이론: 추론적 구조, 동의 그리고 책임〉, 《인간 · 환경 · 미래》 제8호, 인제대학교 인간환경미래연구원, 2012, 91~120쪽.

임병갑, 〈학교폭력 문제에 적용한 집단 철학상담 사례연구〉, 《인문과학논집》 제24집, 강남대학교 인문과학연구소, 2012, 263~292쪽.

장영란, 〈스토아학파의 영혼의 인식론적 훈련과 철학적 치유〉, 《해석학연구》 제30집, 한국해석학회, 2012, 31~57쪽.

_____, 〈스토아학파의 영혼의 윤리적 훈련과 치유〉, 《해석학연구》 제36집, 한국해석학회, 2015, 185~214쪽.

전헌상, 〈아리스토텔레스와 에픽테토스 윤리학에서의 프로하이레시스: ‘우리에게 달려있는 것’과의 연관성을 중심으로〉, 《서양고전학연구》 제43집, 한국서양고전학회, 2011, 123~148쪽.

키케로, 툴리우스 마르쿠스, 《키케로의 최고선악론》, 김창성 옮김, 서광사, 2009.

Boëthius, *De Consolatione Philosophiae*.

Cicero, *De Finibus Bonorum et Malorum*.

_____, *Tusculanae Disputationes*.

Epictetus, *Encheiridion*.

_____, *The Discourses as Reported by Arrian, The Manual, and Fragments*, vol. 2, trans. by W. A. Oldfather, Cambridge: Harvard University Press, 1956.

P. G. W. Glare (ed.), *Oxford Latin Dictionary*, Oxford: Clarendon Press, 1985.

Hadot, P. *Philosophy as a Way of Life: Spiritual Exercises from Socrates to Foucault*, trans. by Michael Chase, Cambridge: Blackwell, 1995.

_____, *The Inner Citadel: The Meditations of Marcus Aurelius*, trans. by Michael Chase, Cambridge: Harvard University Press, 1998.

_____, *What is Ancient Philosophy*, trans. by M. Chase, Cambridge:

Cambridge University Press, 2002, p.137.

Holowchak, M. A. *The Stoics: A Guide for the Perplexed*, London: Continuum, 2008.

Irwin, T. H., "Stoic Naturalism and Its Critics," in *The Cambridge Companion to the Stoics*, ed. by Brad Inwood, New York: Cambridge University Press, 2005, pp.345-364.

Long, A., *Epictetus: A Stoic and Socratic Guide to Life*, Oxford: Oxford University Press, 2002.

Norem, J. K., *The Positive Power of Negative Thinking: Using Defensive Pessimism to Harness Anxiety and Perform at Your Peak*, Cambridge/MA: Basic Books, 2001.

Nussbaum, M. C., *The Therapy of Desire: Theory and Practice in Hellenistic Ethics*, Princeton: Princeton University Press, 1994.

Robertson, D., *The Philosophy of Cognitive-Behavioral Therapy: Stoic Philosophy as Rational and Cognitive Therapy*, London: Karnac, 2010.

Schofield, M., "Stoic Ethics," in *The Cambridge Companion to the Stoics*, ed. by Brad Inwood, New York: Cambridge University Press, 2005, pp. 233-256.

Seneca, *De Constantia Sapientis*.

_____, *De Otio*.

_____, *De Vita Beata*.

_____, *Senecae Epistularum Moralium*.

Still, A. & Dryden, W., *The Historical and Philosophical Context of Rational Psychotherapy: The Legacy of Epictetus*, London: Karnac, 2012.

에피쿠로스 철학과 철학상담

허서연

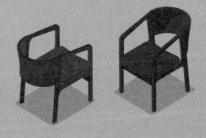

이 글은 2019년 10월 부산대학교 인문학연구소 《코기토》 제89호에 게재된 논문
〈흄의 에피쿠로스주의자와 실제의 에피쿠로스: 『도덕, 정치 및 문예 에세이』 XV를
중심으로〉를 개작한 것이다.

현대인의 행복과 에피쿠로스 철학

오늘날 행복은 주관적인 감정의 만족으로 여겨지는 경향이 있는 듯하다. 한편에서는 우리 마음에 만족감을 주는 재산·명예·인기·사랑 등을 쟁취하기 위한 방법이 활발히 공유되고, 다른 한편에서는 그러한 외적 조건의 충족 없이도 마음의 평화를 유지하는 길을 제시하는 안내서들이 쏟아진다. 물론 철학사에서 행복이 주관적인 만족의 상태만을 의미하지 않았음은 주지의 사실이다. 철학사에서 고통과 대비되는 의미의 감정적 만족을 지칭하는 용어는 '행복eudaimonia'이 아니라 '쾌락hēdonē'이었다. 그런데 바로 이 쾌락을 행복과 동일시한 철학자가 있었다. '쾌락주의자'라는 명칭으로 널리 알려진 에피쿠로스Epicouros이다. 그렇다면 에피쿠로스는 현대인이 생각하는 행복의 의미에 가장 근접한 철학자라고 할 수 있을 것이다. 쾌락과 행복에 관한 에피쿠로스의 사유와 실천을 천착하는 일은 그 자체로 현대인을 위한 좋은 철학실천이 될 수 있으며, 철학상담을 위해 의미 있는 자료가 되리라는 것이 필자의 생각이다.

주관적이고 감정적인 만족을 얻기 위한 현대인의 시도가 두 갈래로 이루어지는 것과 마찬가지로, 에피쿠로스에 대한 해석도 전통적으로 두 가지가 있었다. 하나는 에피쿠로스가 통속적인 의미에서의 쾌락, 말하자면 재산과 명예까지는 아니더라도 감각적이고 외적인 자극이 주는 쾌락을 추구했다는 해석이고, 다른 하나는 내적인 쾌락, 즉 고통 없는 마음의 평온을 추구했다는 해석이다. 이미 많은 연구자들의 정교한 노력을 통해 에피쿠로스의 철학이 후자를 의미한다는 사실은 오늘날 잘 알려져 있는 듯하다. 그렇지만 전자의 해석도 키케로Marcus Tullius Cicero, 밀John Stuart Mill, 흄David Hume 등 영향력 있는 철학자들의 텍스트에 등장하며, 영어로 '미식가'를 뜻하는 표현이 'epicurean'일 정도로 뿌리 깊은 자취를 가지고 있음은 부인할 수 없다.[1] 중요한 점은 이 두 가지 해석이 쾌락과 행복에 관한 현대인의 의식을 대변하는 두 가지 경향이라는 사실이다. 이 글은 그래서 에피쿠로스에 대한 전통적이고 통속적인 오해와 실제 에피쿠로스의 철학을 비교 분석하는 것을 목적으로 삼는다.

에피쿠로스에 대한 통속적인 이해를 대표하는 텍스트로 필자가 선택한 것은 데이비드 흄의 《도덕, 정치 및 문예 에세이》 XV이다. 짧은 분량에 운치 있는 필치로 에피쿠로스에 대한 일반적인 오해의 핵심을 담아내고 있을 뿐만 아니라, 치밀한 논증보다 대중에게 다가서기 쉬운 편안한 방식으로 철학하기를 실천하고 있기 때문이다. 《도덕, 정치 및 문예 에세이》에는 XV에서 XVIII에 걸쳐 행복에 관해 서로 다른 견해를 가진 네 명의 화자가 이야기하는 네 편의 에세이가 실려 있다. 각각 '에피쿠로스주의자', '스토아주의자', '플라톤주의자', '회의주의자'의 이름을 단 이들은 서로의 견해를 비판하며 각자 행복에 관한 자신의 의견을 펼쳐 나간다. 흄이 실제로 에피쿠로

---

1 예를 들어 존 스튜어트 밀은 쾌락주의가 "너무나 방탕하고 향락적인 색깔" 때문에 비난받는다고 말하며 "그 옛날 에피쿠로스학파 사람들이 돼지에 비유되면서 심한 야유를 받았"음을 이야기한다(존 스튜어트 밀, 《공리주의》, 서병훈 옮김, 책세상, 2018, 26~28쪽 참조). 롱도 에피쿠로스주의의 반대자들이 "에피쿠로스주의의 창시자를 난봉꾼이며 쾌락에 탐닉하는 사람이라고 헐뜯"는다고 말한다(앤소니 A. 롱, 《헬레니즘 철학》, 이경직 옮김, 서광사, 2000, 57쪽). 또한 이진남은 '에피쿠로스주의자'를 가리키는 영어 'epicurean'이 '미식가'를 의미하기도 한다는 사실을 지적한다. 그는 에피쿠로스학파를 스토아학파와 짝지어 생각하게 하는 철학사의 대비적 서술이 에피쿠로스주의를 금욕주의와 대비되는 쾌락주의로 오해하도록 유도한 경향이 있었다고 말한다. (이진남, 〈에피쿠로스의 욕망과 쾌락: 인간 중심의 윤리〉, 《인문사회과학연구》 제13권 제1호, 부경대학교 인문사회과학연구소, 2012, 185쪽 참조)

스의 철학을 잘못 이해했는지, 아니면 네 명의 화자들 사이의 변증
법적 대화를 위해 에피쿠로스를 패러디했을 뿐인지는 분명치 않다.[2]
중요한 것은 이 텍스트에 나타나는 '에피쿠로스주의자'가 행복에 관
한 중요한 하나의 견해를 대변하고 있다는 사실이다.

　에피쿠로스는 방대한 저작을 남겼으나 우리에게 전해진 것은《메
노이케우스에게 보내는 편지》,《헤로도토스에게 보내는 편지》,《퓌
토클레스에게 보내는 편지》, 이 세 통의 편지뿐이다. 여기에 제자들
이 외웠을 것으로 추정되는 40개의《중요한 가르침들》과 19세기 바
티칸 도서관에서 발견되었고 14세기에 필사되었으리라 추정되는
《바티칸의 금언들》의 81개 단장이 더해진다. 에피쿠로스의 철학은
규준론to kanonikon, 자연학to physikon, 윤리학to ethikon으로 구분된다.[3]
우리의 주제가 행복과 쾌락인 만큼, 이 글에서는 규준론과 자연학은
필요한 부분만 간단히 살펴보고 에피쿠로스의 윤리학을 중심으로
논의를 전개한다. 진리의 기준을 다루는 규준론은 세 통의 편지를
필사해 전한 디오게네스 라에르티오스Diogenēs Laertios의 설명과 상술
한 에피쿠로스의 저작들에 의거한다. 자연학은 에피쿠로스의 사상
을 충실하고 상세하게 노래한 루크레티우스Lucretius Carus의 시와《헤
로도토스에게 보내는 편지》를 중심으로 한다. 윤리학의 핵심 주장들

2　이에 관해서는 필자의 논문 〈흄의 에피쿠로스주의자와 실제의 에피쿠로스: 『도덕,
　　정치 및 문예 에세이』 XV를 중심으로〉,《코기토》제89호, 부산대학교 인문학연구소,
　　2019, 325쪽·343쪽 참조. 또한 John Immerwahr, "Hume's Essays on Happiness" in
　　Humes Studies, Vol. XV No. 2, The Hume Society, 1989, p. 310f.; 오은영, 〈아리스토
　　텔레스와 흄의 행복개념 비교〉,《철학논집》제42집, 서강대학교 철학연구소, 2015,
　　153쪽을 참조할 것.

3　Diogenes Laertius, *Leben und Meinungen Berühmter Philosophen*, übers. und hrsg. von
　　Otto Apelt, Leipzig: Felix Meiner, 1921, X, 29-30 참조.

은《메노이케우스에게 보내는 편지》에 거의 담겨 있다.

이하에서는 먼저 흄이 에피쿠로스주의자의 입을 통해 이야기하고 있는 내용을 소개하고, 실제 에피쿠로스의 철학을 흄이 이야기한 내용과 상관 있는 부분을 중심으로 살펴본다. 이를 기반으로 해서 마지막으로 에피쿠로스의 철학에 입각해 흄이 말하는 에피쿠로스주의자의 모습을 평가함으로써 둘 사이의 차이점을 명료히 할 것이다. 논의는 철학상담에 필요한 실질적인 자료를 제공하려는 의도로 가능한 한 원전에 충실하게 진행한다. 상담에 필요한 내용을 독자가 직접 추출하고 심화하기에 용이하도록 가능한 한 많은 주요 구절을 원전에서 직접 인용하여 제시할 것이다. 흄이 기술하는 에피쿠로스주의자의 모습은 실제의 에피쿠로스에 대한 가장 흔한 오해인 동시에 무한 자극이 제공되는 시대를 살아가는 현대인이 유혹받기 쉬운 쾌락적 삶의 한 형태이다. 이와 함께 쾌락에 대한 철학적 성찰을 끝까지 밀고 나갔을 때의 쾌락주의가 어떤 모습인지를 보여 주는 실제의 에피쿠로스 사상을 논의하는 것은, 철학을 통해 영혼의 건강을 추구하고자 하는 현대의 철학상담을 위해 함축하는 바가 적지 않을 것이다.

에피쿠로스 철학에 대한 통속적 오해: 흄이 기술한 에피쿠로스주의자

흄이 생각하기에 에피쿠로스주의자의 가장 큰 특징은 행복의 성취에서 인간의 자연적 본성을 강조한다는 점이다. 흄은 에피쿠로스주의자의 입을 통해 "최상의 기술art과 노력industry일지라도 그 아름다움이나 가치에 있어 자연nature의 산물 가운데 가장 미천한 것에도 결코 미칠 수 없다"[4]고 말하며 자연을 인위적인 노력에 대비시킨다. 그에 따르면 행복은 인위적인 사변이나 어떤 노력에 의해 성취될 수 있는 것이 아니다. "기술은 단지 보조자이며, 대가(자연)의 손에 의해 만들어진 작품들에 미량의 장식을 가하기 위해 쓰일 뿐이다."[5] 행복은 마치 우리 몸에 피가 돌고 우리가 숨을 쉬는 것과 같은, 자연적 본성에 따르는 수월함과 편안함이다. 말하자면 우리는 우리의 자연적 본성에 충실할 때 가장 행복할 수 있으며, 인위적인 노력은 이 수월함에 긴장을 가하고, 우리의 근원적 틀과 구조를 바꾸려 함으로써 오히려 그것을 망칠 뿐이다.

여기서 행복을 창조하려는 인위적인 노력에 해당하는 것은 주로 자유학예liberal art와 스토아학파의 시도이다. 자유학예는 에피쿠로스 시대의 전통교육을 말한다.[6] 에피쿠로스는 전통교육이 우리 삶을 더 행복하고 낫게 만드는 데 아무 소용이 없다고 비판한다. 그리고 스토아학파는 우리의 행복이 외부 대상에 의해서 결정되지 않고 그에 대한 우리의 생각에 의해서 결정된다고 주장하며, 우리의 생각을 인위적인 훈련을 통해 바꿈으로써 행복에 도달하고자 한다.[7] 흄의 에

---

4 David Hume, *Essays Moral, Political and Literary*, ed. by Eugene. F. Miller, Indianapolis: Liberty Classics, 1987, p. 138. 이 글에서 흄의 에세이 인용은 강원대학교 최희봉 선생님의 번역에 의거함을 밝힌다. 미발표 번역 원고를 보여 주신 최희봉 선생님께 감사드린다.

5 David Hume, *Essays Moral, Political and Literary*, p. 138.

6 에피쿠로스 시대의 전통교육paideia은 중세시대에 '자유학예'라고 부르는 것과 이미 비슷했다. 자유학예는 문법 · 수사학 · 변증법의 삼학trivium, 기하학 · 산술 · 천문학 · 음악이론의 사학quadrivium으로 구성되어 있다(장 살렘, 《고대 원자론: 쾌락의 원리로서의 유물론》, 양창렬 옮김, 난장, 2009, 125쪽 참조).

7 예를 들어 에픽테토스는 다음과 같이 말한다. "사태들pragmata 자체가 인간들을 심란하게 하는 것이 아니라, 그 사태들에 관한 믿음들dogmata이 그들을 심란하게 한

피쿠로스주의자는 이에 대해 다음과 같이 말한다.

그런 모든 헛된 요구를 쫓아 버려라. 우리 스스로 우리 안에 행복을 만들라는, 우리 자신의 사고로 즐거움을 누리라는, 덕을 행하려는 마음으로 만족해하라는, 외부 대상들로부터의 모든 보조와 보충을 얕잡아 보라는, 그런 요구를 쫓아 버려라. 이런 것들은 자연의 소리가 아니라 자만의 소리이기 때문이다. … 외적인 몰두와 즐거움을 빼앗길 때 당신의 마음은 이런 무기력 또는 우울증에 빠져들 수밖에 없다.[8]

그렇다면 흄이 생각하는 에피쿠로스주의자의 행복은 무엇일까? 우리 안에 스스로 행복을 만드는 것도, 사고의 즐거움을 누리거나 덕을 행하려는 마음으로 만족해하는 것도 아니고 "외부 대상들로부터의 보조와 보충"을 중시한다면, 그가 생각하는 행복은 외적인 자극에 수동적으로 반응하는 쾌락일 뿐일까?

실제로 흄의 에피쿠로스주의자는 우선 감각의 쾌락을 말한다. "황금의 잔에 담긴 물방울이 튀는 과실주", "장미꽃의 침대" 등과 같이 "모든 감각과 모든 기관이 기쁨 속으로 녹아드는"[9] 쾌락들이다. 하지만 이러한 쾌락은 곧 권태를 불러온다. 그러면 다음으로 덕virtue의 도움을 받아 우정의 쾌락을 즐긴다. 친구들과 함께 "호화로운 만찬"

다."(Epiktet, *Handbücherlein der Moral*, Griechsch/Deutsch, übers. und hrsg. von Kurt Steinmann, Stuttgart: Reclam, 2004, p. 10); "어떤 것들은 우리가 통제할 수 있고 어떤 것들은 통제할 수 없다. 우리가 통제할 수 있는 것들은 우리의 개념, 행위의 동기, 욕구와 기피 등; 우리가 통제할 수 없는 것들은 우리의 신체, 재산, 명성과 지위 등이다."(Epiktet, *Handbücherlein der Moral*, p. 4)

8 David Hume, *Essays Moral, Political and Literary*, p. 140.

9 David Hume, *Essays Moral, Political and Literary*, p. 141.

을 계속하면 "너무 큰 즐거움으로 인해 나의 감각들이 거의 질려 버렸던 그 향연"[10]이 다시 쾌락을 제공한다. 친구들이 물러가야 하는 밤이 되면 사랑의 쾌락이 있다. "서로의 기쁨과 환희 말고는 다른 아무런 생각의 여지도 남기지 않는"[11] 황홀경이다. 이와 같이 감각물과 친구들, 애인 등 외적 대상의 도움을 받는 쾌락의 향유를 방해하는 것들은 허락되지 않는다. 영광을 얻기 위해 모험과 위험을 무릅쓰라는 권고도 유혹일 뿐이며, 지적인 토론이나 사회적이고 정치적인 활동도 허영일 뿐이다. 하나의 자극에 권태를 느끼면 더 큰 자극으로 젊음의 향유를 계속해 나간다.

이와 같은 에피쿠로스주의자의 쾌락을 방해하는 것은 오직 우리 삶이 유한하다는 사실뿐이다. 쾌락이 언제까지나 계속될 수 없다는 사실이 우리를 슬프게 하기 때문이다. 그렇지만 우리가 죽고 난 뒤에는 우리의 걱정도 함께 사라질 것이므로 죽음에 대해서 두려워할 필요는 없다. 흄의 에피쿠로스주의자는 오히려 "인생이 덧없다면, 젊음이 잠시뿐이라면, 우리는 현재의 순간을 기꺼이 즐겨야 한다"고 말한다. 그리고 우리의 형이상학적인 관심도 무용하다. "만물의 근원적 원인에 관한 지금 우리의 의문은 슬프게도 결코 풀리지 않을 것이다." 흄이 생각하기에 에피쿠로스주의자에게 철학은 "사랑과 즐거움에 제한 없는 해방을 주고, 그리하여 헛된 미신에 대한 모든 망설임을 제거하기 위해서" 한 번쯤 접해 보는 것으로 충분하다. 그는 "이런 사고에 너무 길게 머묾으로써, 당신의 기쁨을 지나치게 심각

---

10 David Hume, *Essays Moral, Political and Literary*, p. 142.

11 David Hume, *Essays Moral, Political and Literary*, p. 144.

한 것으로 만들지 말라"[12]고 충고한다.

요컨대 흄이 말하는 에피쿠로스주의자의 행복은 본성에 충실한 쾌락이다. 그런데 본성에 충실하다고 할 때, 그것은 특별히 본능적 욕망에 충실하다는 뜻이다. 그는 행복을 위해 마음을 단련하지 않는다. 그렇다고 외적 자극을 더 잘 조달하기 위해서 고통을 감수하며 노력하지도 않는다. 애써 무언가를 얻기 위한 인위적인 모든 노력은 배제하고 편안하게 외적 자극이 제공해 주는 수동적 쾌락에 만족할 뿐이다. 이 쾌락주의자에게는 자유가 없다. 그리고 과거나 미래에 대한 시간 계획도 없다. 영원에 대한 숙고도 없다. 찰나적 쾌락만이 있을 뿐이다. 그렇다면 그에게는 그 쾌락을 주는 자극들을 어떻게 마련할 것인가 하는 문제가 대두될 수 있다. 그래서 흄은 스토아주의자의 입을 통해서 에피쿠로스주의자를 다음과 같이 비판한다. "감사라는 그릇된 허울 아래 나태함이 너희를 설득하여 너희로 하여금 그녀의 선물에 만족하도록 만들지는 말라. 생풀을 먹고, 노천에서 자고, 황야의 굶주린 동물들로부터 몽둥이로 너희를 보호하던 때로 되돌아가고 싶은가?"[13]

실제 에피쿠로스의 철학: 철학적 반성을 통한 행복의 적극적 성취

이제 흄이 기술한 에피쿠로스주의자를 염두에 두면서 실제 에피쿠로스의 철학을 알아보자. 에피쿠로스 철학의 규준론, 자연학, 윤리

---

12 David Hume, *Essays Moral, Political and Literary*, p. 145.

13 David Hume, *Essays Moral, Political and Literary*, p. 147.

학은 오늘날 철학의 세 분과인 인식론, 형이상학, 윤리학으로 바꾸어 생각하면 좋을 듯싶다. 앞서 언급했듯이 우리는 규준론과 자연학에 관해서는 필요한 부분만 간단히 짚고, 에피쿠로스의 윤리학을 중심으로 살펴본다.

규준론

디오게네스 라에르티오스에 의하면 에피쿠로스는 우리에게 전하지 않는 저서《규준》에서 진리의 기준이 '감각aisthēsis'과 '선개념 prolēpsis'과 '감정pathos'이라고 말했다고 한다. 그리고 여기에 에피쿠로스주의자들이 추가했다고도 하고 에피쿠로스 자신이 다른 저서들에서 직접 언급했다고도 하는 '사유가 영상을 포착함으로써 갖는 이해phantastikai epibolai tēs dianoias'를 합하여 진리의 기준은 모두 네 가지가 된다.[14] 이 가운데 '선개념'과 '사유가 영상을 포착함으로써 갖는 이해'는 우리의 논의와 직접적인 관련이 없으므로 여기서는 '감각'과 '감정'만을 살펴보기로 한다.

에피쿠로스에 따르면 '감각'은 외부 사물에서 원자가 유출되어 우리의 감각기관으로 들어와 상을 만드는 것이다.[15] 그는 "우리가 외부

---

14 Diogenes Laertius, *Leben und Meinungen Berühmter Philosophen*, X, 31 참조.

15 에피쿠로스,《헤로도토스에게 보내는 편지》, 46~48 참조. 이하 에피쿠로스의 저서에서 인용할 경우에는 저자 이름 없이 책 제목과 쪽수나 번호만 표기함. 쪽수는 원전의 쪽수이며(Cyril Bailey, ed., *Epicurus: The Extant Remains*, Oxford: Clarendon Press, 1926, 참조), 번역은 다음의 책들을 참조하였다.: 에피쿠로스,《쾌락》, 오유석 옮김, 문학과지성사, 1998.; Epikur, *Briefe. Sprüche. Wegfragmente*, Griechsch/Deutsch, übers. und hrsg. von Hans-Wolfgang Krautz, Stuttgart: Reclam 2000.; Epikur, *Philosophie der Freude: Briefe. Hauptlehrsätze. Spruchsammlung. Fragmente*, übers. von Paul M. Laskowsky, Berlin: Insel, 2013.

사물의 형태를 … 지각하는 것은 그러한 사물로부터 어떤 것이 우리 속으로 들어올 때"[16]라고 말한다. 이 '감각'은 우리에게 참된 인식을 보증하는 최종적인 토대로서 "우리는 감각에 의지해서 모든 탐구를 진행해야 한다."[17] 우리의 모든 생각이나 추론, 유추 등은 이 감각에 의존한다. 주목할 점은 에피쿠로스의 감각이 절대적인 수동성을 갖는다는 사실이다.[18] 우리가 인식한 감각적 상들은 모양이든 성질이든 바로 외부 대상들의 모양과 성질이다. 감각적 상은 외부 대상에서 흘러나온 입자들이 우리의 인식기관 안에 축적되어 생기기 때문이다. 말하자면 감각은 오류 불가능하며,[19] 수동적으로 외부 세계를 받아들일 뿐이다.

그런데 우리가 외부 사물들을 감각할 때에는 반드시 '감정'이 동반된다. 에피쿠로스는 쾌락과 고통이라는 두 가지 감정만을 인정하는데, 쾌락은 본성에 적합한oikeion 것이고 고통은 본성에 적합하지 않은 것allotrion이다.[20] 이는 우리가 그렇게 느끼는 것만이 아니라 그 원인이 되는 사물 자체에 속하는 본성이다. 즉, 사물이 그 자체로 유쾌하거나 고통스러운 것이며, 그 사물이 우리에게 상을 일으키기 때

---

16 《헤로도토스에게 보내는 편지》, 49.

17 《헤로도토스에게 보내는 편지》, 38.

18 Hossenfelder는 에피쿠로스의 감각에 대한 논변들(Diogenes Laertius, *Leben und Meinungen Berühmter Philosophen*, X, 31~32 참조) 중 두 가지가 감각의 "절대적 수동성"을 증명한다고 생각한다. 하나는 감각에 이성이 없다는 점이고, 다른 하나는 감각을 논박할 수 있는 것이 아무것도 없다는 점이다(Malte Hossenfelder, *Epikur*, München: Beck, 2006, p. 112f 참조).

19 《헤로도토스에게 보내는 편지》, 50~51 참조.

20 Diogenes Laertius, *Leben und Meinungen Berühmter Philosophen*, X, 34 참조.

문에 우리는 그 사물의 본성을 지각하는 것이다.[21] 이를테면 에피쿠로스에서는 우리의 감정도 외부 대상들에 의해 수동적으로 유발되는 것에 불과하다. 에피쿠로스에서는 쾌락과 고통에 의해 "선택과 피함이 결정"된다는 점에서 감정이 모든 행위의 기준이 된다.[22] 그렇다면 그는 우리의 행복을 위해 우리에게 어떤 자유나 의지도 허락되지 않는다고 생각하는 것일까?

자연학

에피쿠로스에서 자유의 문제를 해명하기 위해서 중요한 것은 원자의 운동이다. 루크레티우스는 에피쿠로스의 사상을 전파하면서 원자들은 자체로 있는 한 무게로 인해 텅 빈 허공에서 아래로 움직인다고 이야기한다.[23] 만약 모든 원자가 같은 속도로 수직 낙하운동을 한다면 서로 부딪히거나 영향을 주고받는 일은 없을 것이다. 그런데 이 낙하운동에서 원자들은 "아주 불특정한 시간, 불특정한 장소에서 자기 자리로부터 조금, 단지 움직임이 조금 바뀌었다고 말할 수 있을 정도로, 비껴났다."[24] 루크레티우스는 이 '비껴남parenklisis'에서 운명을 거스를 자유의지libera voluntas가 생겨났다고 말한다.[25] 운명이란 모든 원자들의 운동이 인과적으로 결정되어 있음을 의미하며,

21 Sextus Empiricus, *Against Logicians*, ed. and trans. by Robert G. Bury, Cambridge/MA: Harvard University Press, 1935, I, pp. 203~205 참조.

22 Diogenes Laertius, *Leben und Meinungen Berühmter Philosophen*, X, 34 참조.

23 루크레티우스, 《사물의 본성에 관하여》, 강대진 옮김, 아카넷, 2011, I, 362.; II, 201~202.; VI, 335~336 참조.

24 루크레티우스, 《사물의 본성에 관하여》, II, 218~220.

25 루크레티우스, 《사물의 본성에 관하여》, II, 254~258 참조.

자유의지는 우리의 결정이 원자들의 비껴남인 한 우리도 원자들처럼 인과법칙에서 비껴날 수 있음을 말한다.[26] 물론 이와 같은 루크레티우스의 논변에 논란이 없는 것은 아니다.[27] 그렇지만 우리는 이를 통해 에피쿠로스의 사상에서 '자유'를 생각해 볼 여지를 갖게 된다.

에피쿠로스의 자연학에서 또 주목할 것은 영혼의 물질성이다. 에피쿠로스에 따르면 "영혼은 미세한 입자들로 구성된 물체soma"[28]이다. 그의 생각에 비물질적인 것은 다른 것들과 영향을 주고받지 않는 독립적인 것이어야 하는데, 그러한 것은 허공뿐이다. 영혼은 다른 것들과 영향을 주고받으므로 물질적인 것임에 틀림없다. 이를테면 영혼은 감각의 원인이 되는데, 몸은 영혼을 통해서만 감각 능력을 가지지만, 몸이 분해되면 영혼도 감각 능력을 상실한다.[29] 루크레티우스에 따르면 영혼은 이성적인 부분인 아니무스animus와 비이성적인 부분인 아니마anima로 나뉘며, 이들은 각각 가슴과 신체의 곳곳에 자리 잡는다.[30] 우리가 생각하고 감정을 경험할 수 있는 것은 아니무스 때문인데, 아니무스가 뇌와 같다면 아니마는 신체 곳곳에서 신경의 역할을 한다.[31] 흥미로운 것은 이와 같은 설명이 오늘날 정신을 물질로 환원하는 환원주의자들의 설명과 비슷하다는 사실이다. 여기서 우리의 초점은 영혼이 물질인 만큼 죽으면 몸과 함께 사라진

---

26 Tim O'Keefe, *Epicureanism*, Durham: British Library, 2010, p. 75 참조.

27 앤소니 A. 롱, 《헬레니즘 철학》, 121~128쪽.; 오지은, 〈원자 이탈과 에피쿠로스의 자유〉, 《철학》 제97집, 한국철학회, 2008, 67~92쪽 참조.

28 《헤로도토스에게 보내는 편지》, 63.

29 《헤로도토스에게 보내는 편지》, 64~68 참조.

30 루크레티우스, 《사물의 본성에 관하여》, III, 136 이하 참조.

31 앤소니 A. 롱, 《헬레니즘 철학》, 114쪽 참조.

다는 점이다.

에피쿠로스의 신들이 인간사를 결정하지 않는다는 사실도 우리의 논의에서 중요하다. 에피쿠로스는 신에 관해 "축복을 받았으며 불멸하는 본성은 그 스스로 어떤 고통도 모르며, 다른 것들에게 고통을 주지도 않는다. … 분노나 호의는 단지 약한 것들에게만 존재하기 때문이다"[32]라고 말한다. 만약 신들이 인간에게 무언가를 베푼다면 그것은 계약에 의한 것이고, 신들도 인간에게 무언가를 필요로 하는 약한 존재라는 뜻이다. 하지만 신들은 고통과 욕망이 전혀 없이 완전한 상태에 있다. 따라서 그들은 인간사에 개입하지 않는다. 인간에 대해 걱정하고 싶어 하지 않을 만큼 자족적이기 때문이다. 그렇다고 에피쿠로스가 신들을 경배하지 않는 것은 아니다. 그가 신들을 경배하는 이유는 신들에게 은총을 구하거나 신들을 두려워해서가 아니고, 바로 신들이 인간에게 필요한 행복의 모델을 제공하기 때문이다.[33] 에피쿠로스는 신들을 자발적이고 이성적으로 경배하면서 신과 같은 행복에 도달하고자 한다.

윤리학

그렇다면 '자유'나 '영혼', '신' 같은 형이상학적 주제들은 에피쿠로스의 윤리학에서 어떻게 구현되고 있을까? 일단 자유에 관한 우리의 논의가 루크레티우스에 의존했던 만큼 에피쿠로스에서 자유에 관한 직접적인 설명은 찾아보기 힘들다. 그러므로 여기서는 쾌락과

---

32 《중요한 가르침들》, I.

33 장 살렘, 《고대 원자론: 쾌락의 원리로서의 유물론》, 116쪽.; 앤소니 A. 롱, 《헬레니즘 철학》, 108쪽 참조.

고통에 중요한 역할을 하는 '욕망epithymia'을 실마리로 삼아 논의하기로 하자. 그리고 차츰 영혼의 건강을 위한 그의 처방을 알아보면서 자연학에서 이어지는 에피쿠로스 윤리학의 전체적인 윤곽을 드러내기로 하자.

에피쿠로스는 욕망을 자연적인가 필연적인가에 따라 다음과 같이 세 가지로 구분한다. "욕망들 중 ① 어떤 것은 자연적이고 필연적이며, ② 다른 것은 자연적이기는 하지만 필연적이지는 않고, ③ 또 다른 것은 자연적이지도 필연적이지도 않고 다만 헛된 의견에서 생겨난다."[34] 이 가운데 ①의 자연적이고 필연적인 욕망에는 (1) 행복을 위한 것, (2) 신체적 고통의 부재를 위한 것, (3) 생명 자체를 위한 것이 속한다.[35] 행복을 위한 것은 가령 철학과 우정에 대한 욕망 등이다. 신체적 고통의 부재를 위한 것은 체온 보호를 위한 옷 같은 것에 대한 욕망이며, 생명 자체를 위한 것은 배고픔이나 목마름 등이다.[36] ②의 자연적이기는 하지만 필연적이지 않은 욕망으로는 사랑의 정념이나 성적 욕망이 대표적이다.[37] 마지막으로 ③ 자연적이지도 필연적이지도 않은 욕망에는 야망이나 지배욕, 명예욕, 부에 대한 욕망, 영광에 대한 욕망, 불사에 대한 욕망 등이 속한다.[38]

그런데 에피쿠로스에 따르면, 욕망은 결핍으로 인한 고통이 해소되고 나면 충족시켜도 더 이상 쾌락이 늘어나지 않고 계속해서 형태

---

34 《중요한 가르침들》, XXIX. 번호는 필자가 붙였음.

35 《메노이케우스에게 보내는 편지》, 127b 참조.

36 장 살렘, 《고대 원자론: 쾌락의 원리로서의 유물론》, 129~130쪽 참조.

37 루크레티우스, 《사물의 본성에 관하여》 IV, 1058~1287 참조.

38 장 살렘, 《고대 원자론: 쾌락의 원리로서의 유물론》, 130쪽 참조.

만 바뀌게 된다. 그래서 우리의 지성이 정확한 계산을 하지 않는다면 육체는 쾌락의 한계가 무한한 줄 알고 무한히 욕망을 충족시키려는 헛된 시도를 하게 된다.[39] 가령 자연적이고 필연적인 욕망의 충족을 무한히 늘리려는 시도는 과도하게 고급스럽거나 불필요하게 많은 음식을 탐하게 한다. 자연적이지만 필연적이지 않은 욕망의 충족을 무한히 늘리려는 헛된 시도는 지나치게 사랑의 정념에 빠져들게 하거나 성에 중독적으로 탐닉하게 한다. 그리고 본질적으로 헛된 의견에 기초한 욕망들, 즉 명예욕이나 야망 등을 채우려는 시도는 애초에 영원히 충족될 수 없다. 에피쿠로스는 "위胃가 채워지지 않는 것이 아니라 위가 무한한 용량을 가진다는 잘못된 의견doxa pseudes이 채워지지 않는 것"[40]이라고 말한다. 이러한 시도를 통해서는 쾌락이 아니라 무한한 욕망을 좇는 공허감만 늘어날 뿐이다.

에피쿠로스는 동적인 쾌락hēdonē kinētikē과 정적인 쾌락hēdonē katastēmatikē을 구별한다. 동적인 쾌락이 욕망을 충족시킬 때의 즐거움chara과 환희euphrosyne라면, 정적인 쾌락은 '마음의 동요가 없는 상태ataraxia'와 '몸의 고통이 없는 상태aponia'를 말한다.[41] 그는 동적인 쾌락이 고통을 멈추지 못한다고 생각한다. 정적인 쾌락만이 우리를 구원할 수 있다. 욕망은 기본적으로 결핍감이므로, 욕망을 충족시키기 위해 외적인 자극을 끊임없이 좇는 것은 동적인 쾌락을 발생시킬 수는 있으나 결핍감이라는 또 다른 고통을 무한히 낳을 뿐이다. 반면

---

[39] 《중요한 가르침들》, XVIII~XX; 마르쿠스 툴리우스 키케로, 《키케로의 최고선악론》, 김창성 옮김, 서광사, 1999, 제1권, XIII, 43 참조.

[40] 《바티칸의 금언들》, LIX.

[41] 《선택과 피함에 관하여》, I 참조.

육체의 궁극 목적과 한계를 이성적으로 계산해서 결핍감을 느끼지 못하는 상태에 이르게 되면, 비로소 삶은 자족적이고 완전한 상태가 되며 정적인 쾌락을 얻게 된다. "인생의 한계를 배운 사람은 결핍으로 인한 고통을 제거하고, 삶 전체를 완전하게 만드는 것이 쉬운 일임을 안다. 그래서 경쟁을 포함하는 행동을 필요로 하지 않는다."[42]

분명 에피쿠로스는 무절제한 쾌락을 권장하지 않았다. 그렇다고 금식이나 금욕을 권장한 것도 아니다. 그는 "검소함에도 한계가 있다. 이것을 무시하는 사람은 과도함 때문에 실수를 저지르는 사람과 같은 일을 당한다"[43]라고 말한다. 그가 권장하는 것은, 우리의 생존에 필수적인 최소치라고 보아야 할 것이다. 그런데 그 절제된 최소의 욕구 충족이 에피쿠로스에서 그 자체로 추구되어야 할 것이기 때문은 아니다. 만약 우리가 무한한 욕구를 충족시킴으로써 끝없는 쾌락을 누릴 수 있다면 에피쿠로스는 그렇게 할 것을 권했을 것이다. 그렇지만 그는 어떤 쾌락들은 고통을 결과로 가져온다는 사실을 안다.[44] 또한 그는 "가장 적은 양을 필요로 하는 사람이 사치에서 가장 큰 기쁨을 느낀다"[45]고 말한다. 에피쿠로스에서 쾌락은 항상 신중한 계산과 평가를 필요로 한다. 이성적인 절제, 철학적인 반성을 통한 최소한의 욕망의 충족이 최대의 쾌락을 누리기 위한 조건이다.

에피쿠로스에 따르면 철학은 "추론과 토론을 통해 행복한 삶을 얻

---

42 《중요한 가르침들》, XXI.

43 《바티칸의 금언들》, LXIII.

44 《중요한 가르침들》, VIII 참조.

45 《메노이케우스에게 보내는 편지》, 130.

어 내는 활동"[46]이다. 그는 철학의 중요성을 우리의 삶이 유한하다는 데에서 찾는다.[47] 우리에게 주어진 짧은 시간을 낭비하지 않고 행복하게 사는 방법을 철학이 제공하기 때문이다. 에피쿠로스에서 행복은 쾌락이며, 쾌락은 최고선ariston이다. 그러므로 우리는 만사 제치고 행복을 가져다주는 것부터 숙고해야 한다. 그는 우리 삶을 더 행복하고 낫게 만드는 데 아무런 효과도 없는 학문들[48]을 연구함으로써 시간을 낭비할 필요는 없다고 생각한다. 주목할 것은 에피쿠로스가 철학을 강조할 때, 그것은 쾌락과 고통에 수동적으로 끌려 다니지 않고 우리가 주도적으로 능동적인 선택을 하기 위해서라는 사실이다. 다시 말해 에피쿠로스의 윤리학에서는 선택과 피함의 '자유'가 중요하다. 최상의 선택을 위해서 에피쿠로스는 "우리는 철학을 하는 체하면 안 되며, 실제로 철학을 해야 한다"고 말한다. 왜냐하면 "우리가 필요한 것은 건강한 것처럼 보이는 게 아니라, 진짜 건강한 것이기 때문이다."[49]

에피쿠로스에서 철학과 영혼의 정념과의 관계는 의학과 신체의 관계와 같다. 말하자면 철학은 영혼의 치료제이다.[50] 《메노이케우스에게 보내는 편지》에는 영혼의 건강을 위한 처방이 집약되어 있는데, 장 살렘Jean Salem은 그 원리를 다음과 같이 요약한다.: ① 신들을 두려워할 것 없다(《메노이케우스에게 보내는 편지》, §123~124). ② 죽

---

46 Sextus Empiricus, *Against Ethicists*, ed. and trans. by Robert G. Bury, Cambridge/MA: Harvard University Press, 1936, VI, 169.

47 《바티칸의 금언들》, X, XIV 참조.

48 이러한 학문들은 에피쿠로스 시대의 전통교육paideia을 말한다. 각주 6) 참조.

49 《바티칸의 금언들》, LIV.

50 장 살렘, 《고대 원자론: 쾌락의 원리로서의 유물론》, 121~123쪽 참조.

음을 두려워할 필요 없다(§124~127). ③우리는 고통을 참을 수 있다(§127~130). ④우리는 행복에 이를 수 있다(§130~132).[51] 이 가운데 ①과 ②는 우리의 자연학 논의에서 이어진다. '신'들은 인간사에 관여하지 않는다. 신들은 불멸하며 축복받은 존재이기 때문에 근심, 걱정, 분노 등은 신들에게 어울리지 않는다. 그러므로 우리는 신들을 두려워할 필요가 없다. 또한 '영혼'은 물질이기 때문에 죽으면 육체와 함께 사라진다. 죽은 뒤에 우리는 아무것도 감각할 수 없으므로 죽음을 두려워한다는 것은 대상 없는 공포이다. ③과 ④는 동적인 쾌락과 정적인 쾌락에 관한 우리 논의의 요약이다. 자연학의 주제 중에서는 앞서 지적했듯이 '자유'에 연관된다.

결국 에피쿠로스는 사회적이고 정치적인 삶을 떠나 수도적인 공동생활을 선택한다. 그에게 정치적인 야망이라든지 지배욕, 명예욕, 영광에 대한 욕망 등은 자연적이지도 필연적이지도 않고 다만 헛된 의견에서 생겨나는 욕망이기 때문이다. 불필요한 사회적 접촉으로 인해 생겨나는 충돌과 갈등도 에피쿠로스에게는 피해야 할 대상이다. 그런데 이러한 공동체에서 우정이 소중하게 여겨졌다는 사실[52]은 주목할 만하다. 우정은 자연적이고 필연적인 욕망에 해당하며, 그중에서도 행복을 위해 필요한 것이다. 우정은 자신의 안전을 위한 계산의 결과로 필요하지만, 한편 우정은 진심을 필요로 하기에 에피쿠로

---

51 장 살렘, 《고대 원자론: 쾌락의 원리로서의 유물론》, 124쪽 참조. 장 살렘에 의하면 이와 같은 《메노이케우스에게 보내는 편지》의 구성은 에피쿠로스의 네 가지 기본 학설에 따른 것으로서, 에피쿠로스주의자들이 밀랍, 기름, 송진, 수지로 이루어진 약물 치료에서 유추하여 '네 가지 처방tetrapharmakon'이라 불렸던 것이라 한다(장 살렘, 《고대 원자론: 쾌락의 원리로서의 유물론》, 123~124쪽 참조).

52 《바티칸의 금언들》, LXXVIII 참조.

스주의자들은 친구를 위해서라면 위험을 무릅쓰거나 심지어는 죽을 수도 있었다.[53] 그렇게 에피쿠로스는 소수의 우정에 적합한 사람들과만 최소한의 인간관계를 유지해 가면서 철학적인 토론을 하고 행복을 위한 자신의 사상을 실천하는 삶의 방식을 꾸려 나갔다.

흄이 기술한 에피쿠로스주의자와 실제의 에피쿠로스 비교

이상의 논의를 바탕으로 이제 우리는 흄이 기술한 에피쿠로스주의자와 실제의 에피쿠로스 철학을 비교, 분석할 수 있게 되었다. 앞선 논의를 기억해 보자면, 일단 흄이 이야기하는 에피쿠로스주의자의 행복은 자연적인 본성에 충실한 쾌락이다. 그리고 그러한 자연적인 쾌락은 인위적인 노력을 거부하고 외적인 자극에 수동적으로 의존하는 모습을 보인다는 것이 필자의 평가였다. 흄의 쾌락주의자가 추구하는 것은 감각의 쾌락, 우정의 쾌락, 사랑의 쾌락으로 정리할 수 있다. 영광의 유혹에도, 철학적인 호기심에도, 죽음의 두려움에도 굴하지 말고 오직 '현재를 즐겨라'라는 모토가 이 에피쿠로스주의자를 대변한다. 실제 에피쿠로스에 대한 논의가 필자의 의도에 의해 이미 일정한 방향성을 갖고 진행되었기 때문에, 흄의 에피쿠로스주의자와 실제 에피쿠로스 사이의 뚜렷한 차이점은 벌써 윤곽이 드러난 듯하다. 하지만 흄의 에피쿠로스주의자에 대한 기술이 실제 에피

---

53 《바티칸의 금언들》, XXIII, 28; 마르쿠스 툴리우스 키케로, 《키케로의 최고선악론》, 제2권, XXVI, 82쪽; Diogenes Laertius, *Leben und Meinungen Berühmter Philosophen*, X, 121 참조.

쿠로스의 철학에 근거한 부분도 많아서 첨예한 정리와 평가가 필요하다.

먼저 양자의 수동성과 능동성에 대한 평가이다. 일단 외부 물체에서 원자가 유출될 때 인식이 일어나고 거기에 쾌락과 고통의 감정이 동반된다는 에피쿠로스의 주장을 생각하면, 에피쿠로스주의자의 쾌락이 외부 대상에 의존한다는 흄의 이야기는 실제 에피쿠로스의 견해에 부합하는 듯하다. 그렇지만 실제의 에피쿠로스는 '자연적이고 필연적인 욕망'에 대해 체온 보호를 위한 옷 같은 인공물을 '신체적 고통의 부재를 위한 것'으로 인정한 데에서도 보이듯이, 인위적인 노력을 모두 거부하여 원시시대로 돌아가고자 했다고는 할 수 없다. 그뿐 아니라 실제 에피쿠로스의 철학은 자연학의 원자론에서도 우리가 '자유'를 가지고 있음을 암시했던 만큼, 모든 것을 자연에 맡겨 수동적으로 외적인 자극에 반응하는 모습만을 보인 것은 아니다. 물론 에피쿠로스의 자유가 흄의 에피쿠로스주의자가 비판하는 "스스로 우리 안에 행복을 만들"[54]어 내는 자유라고는 할 수 없다. 그것은 차라리 어떤 자극에 반응할지 선택하는 자유일 것이다. 그렇지만 에피쿠로스의 쾌락이 전적으로 자연에 맡겨진 쾌락이 아니라 오히려 고도로 계산된 능동적인 쾌락이라는 사실은 분명하다.

다음으로 흄이 기술한 에피쿠로스주의자는 실제 에피쿠로스에 비해 방탕한 쾌락을 추구하는 인물이라는 점이 지적되어야 한다. 물론 에피쿠로스가 도덕이나 의무를 추구하지 않았으며, 쾌락을 최고선으로 간주했다는 것은 주지의 사실이다. 그러나 그는 무절제한 욕

---

[54] David Hume, *Essays Moral, Political and Literary*, p.140. 이 글 앞부분에서 명시했듯이 이는 자유학예나 스토아학파의 시도이다.

망의 추구가 고통스러운 결과를 가져온다고 여겼기에 자연적이고 필수적인 욕망만을 충족시키기를 원했다. 실제의 에피쿠로스가 흄의 에피쿠로스주의자와 마찬가지로 우정을 중시하기는 했지만, 흄의 묘사에서처럼 권태를 일으킨 자극에 활력을 주어 더 많은 자극을 즐기기 위해서는 아니다. 그것은 우정이 우리의 생존을 위한 최소치의 필요조건이기 때문이다. 명예나 영광의 유혹을 피하라는 권고도 양자에서 비슷한 듯하지만, 흄의 에피쿠로스주의는 젊음을 더 즐기기 위함이고, 실제의 에피쿠로스는 명예욕이나 영광에 대한 욕망 등이 자연적이지도 필수적이지도 않은 헛된 욕망이기 때문이다. 에피쿠로스는 더 많은 사랑과 우정이 아니라 최소한의 인간관계를 유지하며 마음의 평온을 가질 것을 권했다. 에피쿠로스의 용어대로 하면 흄의 에피쿠로스주의자는 동적인 쾌락을, 실제의 에피쿠로스는 정적인 쾌락을 추구한 셈이다.

그리고 흄의 에피쿠로스주의자와 달리 실제의 에피쿠로스가 학문적인 토론이나 철학적인 탐구를 기피하지 않았다는 사실도 두드러진다. 죽음에 대한 두려움이 우리의 사멸과 함께 사라지기에 불필요하다는 주장은 양자가 일치하지만, 에피쿠로스에서는 그 때문에 철학이 소용없어지는 것이 아니라 오히려 한층 더 시급하고 중요해진다. 그에게 철학은 우리가 어떻게 행복할 수 있을지를 알려주는 학문이기 때문이다. 또한 그는 "천체 현상에 대한 의심과 죽음에 대한 의심이 우리를 뒤흔들고 … 고통과 욕망의 한계를 이해하지 못한다는 사실이 우리를 뒤흔든다"[55]고 말한다. 자연학은 우리의 마음에서 괴로

---

55 《중요한 가르침들》, XI.

움과 두려움을 없애 주는 치료제이다.[56] 죽음에 대한 철학적 성찰 없이는 마음의 평안을 얻을 수 없으며, 신에 대한 올바른 인식은 우리가 행복을 추구하는 것을 돕는다. 일견 자연현상에 대한 설명이 어느 정도를 넘어서 호사가들의 일처럼 되면 안 된다는 에피쿠로스의 경계[57]가 철학적 사고에 너무 길게 머무르지 말라는 흄의 에피쿠로스주의자의 주장을 뒷받침하는 듯하지만, 기본적으로 에피쿠로스에서는 우리가 철학자가 되면 모든 돌발 사태에 대비할 수 있게 된다.

마지막으로 "현재의 순간을 기꺼이 즐겨야 한다"[58]는 흄이 기술한 에피쿠로스주의자의 제안도 실제 에피쿠로스가 주장한 바와는 거리가 멀다. 상술했듯이 죽은 후에는 우리도 사라질 것이기 때문에 죽음에 대해 두려워할 필요가 없다는 주장은 양자에서 동일하지만, 그에 대한 흄의 에피쿠로스주의자의 결론은 사멸하는 인생의 덧없음에 미래를 생각하지 않고 잠시뿐인 젊음을 향유하라는 것이었다. 반대로 실제의 에피쿠로스가 제안하는 것은 오늘부터 인생을 즐기라는 것이 아니라, 오히려 과거와 미래에 대한 철학적 통찰에 관심을 쏟으라는 것이었다. 그는 "젊은이건 늙은이건 철학을 해야 한다. 그가 나이를 먹음에 따라 지나간 일들에 감사하면서 축복 속에서 젊게 되도록, 또한 그가 미래의 일에 대해 두려움을 가지지 않음으로 인해, 비록 나이가 젊지만 노련하게 되도록…"[59]이라고 말한다. 결론적으로 에피쿠로스가 추구한 것은 순간의 향락이 아니라 죽음과 시간

---

56 《헤로도토스에게 보내는 편지》, 81~82참조.
57 《바티칸의 금언들》, XLV 참조.
58 David Hume, *Essays Moral, Political and Literary*, p. 145.
59 《메노이케우스에게 보내는 편지》, 122.

에 대한 철학적 성찰을 통해 진정으로 괴로움에서 벗어나는 것이며, 어떠한 쾌락이 가장 선택할 만한지를 잘 이해하여 현명한 절제를 통해 정적인 쾌락에 이르는 것이다.

에피쿠로스 철학의 철학상담적 가능성

흄이 기술한 에피쿠로스주의자와 실제의 에피쿠로스는 어쩌면 오늘날에는 관념 속에서만 등장할 수 있는, 이상화된 쾌락주의의 극단적인 두 모습일지도 모른다. 흄이 기술한 에피쿠로스주의자가 쾌락을 위해서 외적인 자극을 끊임없이 추구했다면, 실제의 에피쿠로스는 고통 없이 고요한 상태를 위해서 최소한의 자극으로 만족하고자 했다. 흄의 에피쿠로스주의자가 골치 아픈 철학을 내팽개치려고 했다면, 실제의 에피쿠로스는 진정한 행복을 위해 진지한 철학적 사고를 촉구했다. 이 글은 에피쿠로스의 철학을 철학상담에 적용하는 어떤 고정된 형태를 제공하기보다 상담사와 내담자들이 철학상담에 주체적으로 활용할 수 있는 철학적 자료를 제공하는 데 더 역점을 두었다. 실제 우리의 철학적 성찰은 행복에 관한 철학사의 논의가 다양했던 만큼이나 에피쿠로스의 결론과는 다른 행복의 모습을 향하게 될지도 모른다. 그렇지만 그러한 사유의 여정에서 우리가 살펴본 두 가지 쾌락주의는 우리 자신의 모습을 더욱 투명하게 볼 수 있게 하고 더 나은 삶을 가꾸어 가도록 하는 데 의미 있는 역할을 할 것이다.

만약 우리가 욕망에 솔직하지도 못한 채, 다가올 언젠가의 환상에 사로잡혀서 일상을 허덕대고 있다면 흄의 에피쿠로스주의자가 말하는 내용에 귀 기울여 볼 만하다. 때로 우리는 내 것이 아닌 타자의 욕망을 떠안고 있을지도 모른다. 하지만 더 높은 삶의 목표를 외면하고 현실에 안주하거나 때로 다양한 중독적 행동 양식에 의해 순간순간의 쾌락에 매몰된다면, 그리고 그 때문에 권태감과 허무감에 시달린다면, 흄의 에피쿠로스주의자를 비판하는 스토아주의자의 목소리나 욕망에 대한 에피쿠로스의 성찰이 도움이 될 것이다. 또는 더 높은 목표를 향해 매진한다고 해도 그것이 과도한 욕망의 충족을 위한 것이라면, 그리하여 그 때문에 피로감과 허탈감에 시달린다면, 그 역시 에피쿠로스의 철학에 입각해서 생각해 볼 만하다. 현대사회는 무반성적인 욕망의 추구가 권장되는 사회이다.[60] 그리고 현대는 흄의 에피쿠로스주의자가 좇는 외적 자극이 무한히 제공되는 시대이다. 만일 우리가 철학적 성찰을 하지 않는다면 실제의 에피쿠로스가 말했던 대로 욕망의 충족을 무한히 확장하면서 공허감을 경험할 수도 있다. 그런 의미에서 에피쿠로스의 철학은 현대인의 영혼의 건강과 행복을 위해 오늘날에도 여전히 유의미하며, 쾌락에 대한 깊은 성찰을 요구하는 철학상담에도 활용될 여지가 많으리라 생각된다.

---

60 이에 관해서는 필자의 다른 논문, 〈긍정주의와 듀이의 반성적 사고〉, 《코기토》 87, 부산대학교 인문학연구소, 2019, 417~443쪽 참조.

참고문헌

롱, 앤소니 A.,《헬레니즘 철학》, 이경직 옮김, 서광사, 2000.

루크레티우스,《사물의 본성에 관하여》, 강대진 옮김, 아카넷, 2011.

밀, 존 스튜어트,《공리주의》, 서병훈 옮김, 책세상, 2010.

살렘, 장,《고대원자론: 쾌락의 원리로서의 유물론》, 양창렬 옮김, 난장, 2009.

에피쿠로스,《쾌락》, 오유석 옮김, 문학과지성사, 1998.

오은영, 〈아리스토텔레스와 흄의 행복개념 비교〉,《철학논집》제42집, 서강대학교 철학연구소, 2015, 137~175쪽.

오지은, 〈원자 이탈과 에피쿠로스의 자유〉,《철학》제97집, 한국철학회, 2008, 67~92쪽.

이진남, 〈에피쿠로스의 욕망과 쾌락: 인간 중심의 윤리〉,《인문사회과학연구》제13권 제1호, 부경대학교 인문사회과학연구소, 2012, 183~211쪽.

키케로, 마르쿠스 툴리우스,《키케로의 최고선악론》, 김창성 옮김, 서광사, 1999.

허서연, 〈긍정주의와 듀이의 반성적 사고〉,《코기토》제87호, 부산대학교 인문학연구소, 2019, 417~443쪽.

허서연, 〈흄의 에피쿠로스주의자와 실제의 에피쿠로스: 『도덕, 정치 및 문예 에세이』 XV를 중심으로〉,《코기토》제89호, 부산대학교 인문학연구소, 2019, 323~348쪽.

Diogenes Laertius, *Leben und Meinungen Berühmter Philosophen*, Band II, übersetzt und erläutert von Apelt, Otto, Leipzig: Felix Meiner, 1921.

Epiktet, *Handbücherlein der Moral*, Griechsch/Deutsch, übersetzt und herausgegeben von Steinmann, Kurt, Stuttgart: Reclam 2004.

Epikur, *Briefe. Sprüche. Wegfragmente*, Griechsch/Deutsch, übersetzt und herausgegeben von Hans-Wolfgang Krautz, Stuttgart: Reclam 2000.

Epikur, *Philosophie der Freude: Briefe. Hauptlehrsätze. Spruchsammlung. Fragmente*, übertragen und mit einem Nachwort versehen von Laskowsky, Paul M., Berlin: Insel, 2013.

Epicurus, *Epicurus: The Extant Remains,* text with short critical apparatus, translation and notes by Bailey, Cyril, Oxford: Clarendon Press, 1926.

Hossenfelder, Malte, *Epikur,* München: C. H. Beck, 2006.

Hume, David, *Essays Moral, Political and Literary,* edited by Miller, Eugene F., Indianapolis: Liberty Classics, 1987.

Immerwahr, John, "Hume's Essays on Happiness", *Hume Studies,* Vol. XV No. 2, The Hume Society, 1989, pp. 307-324.

O'Keefe, Tim, *Epicureanism,* Durham: British Library, 2010.

Sextus Empiricus, *Against Ethicists,* text with an english translation by Bury, Robert G., Cambridge/MA: Harvard University Press, 1936.

Sextus Empiricus, *Against Logicians,* text with an english translation by Bury, Robert G., Cambridge/MA: Harvard University Press, 1935.

8

흄과 철학상담

최희봉

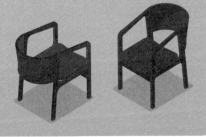

이 글은 《인문과학논집》(vol. 24, 2012, 강남대학교 인문과학연구소)에 게재된 〈철학 상담과 흄의 철학〉의 내용을 수정, 보완한 것이다.

"철학이라는 이름의 약국"

필자가 소장하고 있는 책《놀라움의 미학: 철학이라는 이름의 약국》[1] 표지에 다음과 같은 글이 있는데, 현재의 주제와 딱 맞아떨어지는 내용이기에 이를 인용하면서 글을 시작하고자 한다.

한번쯤 이런 상상을 해 본 적은 없는가? 마음에 병이 들고 정신이 고통스러울 때, 거기에 딱 맞는 약이 있었으면 좋겠다는 생각을? 그래서 저자는 이 책을 썼다. 딱딱하고 어렵게만 여겨졌던 대 사상가들의 철학 이론이 사실은 삶과 밀접하게 닿아 있는 진솔한 얘기들이었다는 것을 세상 사람들에게 알려 주고 싶었기 때문이다. '나는 왜 살까'라는 고민은 아리스토텔레스로 치료하고, '사랑의 고통'은 플라톤과 소크라테스로 이겨 낸다. 중요한 것과 중요하지 않은 것을 구분하는 법, 행복하게 살기 위해 나만의 인생철학을 찾는 법도 이 신통방통한 약국이 있기에 가능하다. 철학은 학문이 아니다. 철학은 아프고 힘든 삶의 순간마다 즉효를 내는 정신건강 약국이다.

현재 미국철학실천사협회APPA의 회장을 맡고 있는 루 메리노프 Lou Marinoff도 이와 비슷하게 철학을 약에 비유한다. 그의 주저의 제목《프로작이 아니라 플라톤이다: 철학을 일상의 문제들에 적용하기》에서 볼 수 있듯이 그는 마음의 문제를 철학으로 해결할 것을 권

---

1 카이 호프만,《놀라움의 미학: 철학이라는 이름의 약국》, 박규호 옮김, 청년정신, 2004.

.

하고 있다.[2]

당신의 문제를 철학적으로 깊이 파다 보면 당신은 열린 마음으로,
안정되고 지속적인 방식으로, 현재 또는 미래에 마주치는 모든 문제들
을 감당할 수 있게 될 것이다. 당신이 진정한 마음의 평화를 얻는 것은
약물이 아니라 성찰을 통해서다. 프로작prozac이 아니라 플라톤을 통해
서다. 이것은 명료하고 날카로운 사고를 요구하지만, 그렇다고 당신 능
력의 한계 너머에 있는 것은 아니다.

이상의 두 책은 철학을 약국 또는 약에 비유하는 제목만으로도 철
학상담의 핵심을 단번에 알려 준다. 이렇게 보면 우리는 철학상담사
를 약사에, 내담자를 몸이 아파 약국을 찾은 환자에 비유할 수 있다.
약사가 환자의 증상에 맞는 적절한 약을 찾아 주듯이 철학상담사가
하는 일도 이와 유사하다는 것이다. 이 비유가 말해 주는 것은 많지
만, 이 중 중요한 하나는 약국에 약이 준비되어 있어야 하듯이, 철학
상담에는 상담을 위한 철학이 마련되어 있어야 한다는 것이다. 철학
상담사philosophical counselors 또는 철학실천사philosophical practitioners는
철학에 대한 전문 연구가가 아니며, 또한 그래야 할 필요도 없다. 그
렇기에 추상적이고 학문적인 철학의 원재료를 그대로 활용하기에는
무리가 따를 것이다. 따라서 철학상담사들을 위해 철학의 원재료를
가공하는 작업이 필요하다. 여기에 덧붙여 철학이라는 알약을 활용

---

2 Lou Marinoff, *Plato not prozac!: applying philosophy to every problems*, Harper Colins
   Publishers, 1999, p. 6. 국내에서는 다음의 제목으로 출간되었다. 《철학으로 마음의 병
   을 치료한다》, 이종인 옮김, 해냄, 2000. 22쪽. 인용문은 필자가 직접 번역한 것이다.

할 수 있는 매뉴얼, 즉 사용설명서가 있어야 할 것이다. 약이 어떤 질환에 적용되는지에 대해 상세한 설명이 있다면 상담사들이 훨씬 편할 것이기 때문이다. 이러한 필요를 충족시키기 위한 연구의 일환으로 시도된 것이 이 글이다.

이러한 연구를 위해 필자가 택한 대상은 근대 영국의 철학자 데이비드 흄David Hume의 철학이다. 영미와 유럽권에서 칸트Immanuel Kant에 비견되는 비중을 지닌 흄의 철학은 아카데믹하고 전문적인 내용뿐만 아니라, 현대인이 건강한 삶을 영위하는 데 필요한 값진 지혜도 풍부하게 포함하고 있다고 필자는 믿는다. 이 연구에서 주목하는 것은 흄의 주저인《인성론》1권과《인간오성론》에서 제시된 '인식론적 회의주의'와 '자연주의', 그리고 '온건한 회의주의'이다.[3] 이 글에서 이 세 가지 논제의 철학적 맥락을 제공하고, 이것들의 상담적 함의 또는 활용가치를 살펴보겠다.

철학상담의 사례

흄의 철학을 상담에 응용하기 위한 작업에 들어가기 전에 간략하고 쉬운 철학상담의 사례를 살펴보고자 한다. 가상적이고 매우 짧은 사례지만 이를 통해 '철학으로 상담한다'는 것이 무엇인지에 대한

---

3 David Hume(edited by L. A. Selby-Bigge, 2nd ed. revised by P. H. Nidditch), *A Treatise of Human Nature*. Oxford: Clarendon Press, 1978.; *An Enquiry concerning Human Understanding and concerning the Principles of Morals*, edited by L. A. Selby-Bigge. 3rd edition revised by P. H. Nidditch, Oxford: Clarendon Press, 1975. 이하에서《인성론》은 본문 괄호 안에 'T'로 표시한 후 페이지 수를 적고,《인간오성론》은 'E'와 페이지 수를 적어서 표시함.

분명한 그림을 얻을 수 있으며, 나아가 이러한 철학상담 분야 또는 직종이 활성화되고 발전하기 위해서 필자가 이 글에서 수행하는 작업, 즉 기존의 철학사상을 알기 쉽게 정리하고 이것의 상담적 요소들을 추출해 내는 작업이 왜 중요한지도 쉽게 이해할 수 있기 때문이다.

사례1: 너무 잘난 체한다고 비난하는 남자 친구[4]

김지영은 대학교 3학년에 재학중인 평범한 여학생이다. 최근 그녀는 3년째 사귀고 있는 남자 친구와의 관계로 인해 혼란과 고민에 빠졌다. 남자 친구가 그녀에게 '너는 매사에 너무 잘난 체를 많이 해. 그것은 인간관계에 좋지 않으니 고쳐야 해'라는 지적을 자주 했는데, 지영은 처음에는 이를 인정하지 않았으나 나중에는 자신도 혼란스러워지고 급기야 자신이 정말 잘난 체하는 문제 있는 여자라고 여기게 되어 심각한 고민에 빠진 것이다. 지영에게 주로 어떤 경우에 '잘난 체한다'는 지적을 받는지 묻자, 그녀가 제시한 대표적인 사례는 다음과 같다. 지영은 지난 학기에 평소 듣고 싶던 강의를 신청하여 수업을 열심히 듣고 발표도 잘해서 교수님에게 칭찬을 들었으며 성적도 A+를 받았다. 학기가 끝나고 성적을 확인한 후 스스로 기뻐서 남자 친구에게 이야기했더니, 남자 친구는 정색을 하면서 '너무 잘난 체하지 마라', '그런 태도는 사회생활에 안 좋다'는 등의 지적을 했다고 한다.

---

4 이 사례는 가상적이지만 어느 정도 실제 사례에 근거하고 있다. 피터 라베가 실제 수행한 상담 사례에서 아이디어를 얻어 필자가 한국적 상황으로 각색하여 짧은 형태로 재구성한 것이다. 피터 라베, 《철학상담의 이론과 실제》, 김수배 옮김, 시그마프레스, 2010, 359~357쪽 참조.

이 문제에 대한 필자의 진단은 이렇다. '잘난 체하다'라는 말은 모호한vague 말이다. 이 말을 어떤 사태에 적용해야 할지에 대한 기준이 불분명하다는 것이다. 이것이 지영에게 혼란과 고민을 야기시켰다. 남자 친구는 '자신에 대해 자랑스러워하는(자부심을 느끼는)' 행위에 '잘난 체한다(거만하다, 우쭐댄다)'는 용어를 적용시켰다. 그렇기에 문제는 지영에게 있는 것이 아니라 그 남자 친구에게 있다. 그 남자는 여자 친구를 자신의 통제 하에 두기 위해 여자 친구의 자랑스러운 행위를 인정하지 않고 이를 '잘난 체'하는 행위로 왜곡한 것이다.

일상의 언어에는 모호한 말들이 많기 때문에 문제가 발생할 경우 일차적으로 언어의 의미에 대한 분명한precise 이해가 필요하다. 언어의 의미에 주의를 기울여 보면, 지영의 경우는 '자랑스럽게 여기다' '자부심을 표현하다'는 표현이 더 적절하기에 그녀가 자책을 느낄 필요는 없다. 또한 남녀관계든 또는 그 어떤 관계든 사람 간의 관계에는 언제나 권력관계가 존재하는데, 지영의 경우는 남자 친구가 관계에서 우위를 점하기 위해 교묘한 언어적 조종을 한 것이다. 마지막으로 '잘난 체', '겸손', '자부심' 등의 말은 상황이나 관계에 의존한다. 그러나 궁극적으로 중요한 것은 본인이 자기 자신을 어떻게 생각하고, 자신의 인생을 어떻게 만들어 가느냐이다.

결국, 지영이 자신의 문제를 해결하려면 일상적 언어의 모호성, 권력에의 지향성, 삶의 의미 및 실존적 특성에 대해 고찰해 볼 일이다. 이런 문제는 정신과 의사나 심리치료사, 종교상담가, 점쟁이 등이 해결해 줄 문제가 아니다. 철학을 알고 실천하면 스스로 해결할 수 있는 언어적, 인간학적, 세계관적 문제다.

사례2: 학교 생활이 무의미하게 느껴질 때

대학 1학년생인 김광태는 요즘 혼란에 빠져 있다. 무엇보다 지금 다니는 학교가 마음에 안 든다. 이 대학에 진학하기 위해 전략적으로 택한 학과도 썩 마음이 닿질 않는다. 그도 그럴 것이 학교와 학과를 자신이 선택한 것도 아니다. 엄마와 고3 담임선생님이 합작으로 점지(?) 또는 간택(?)해 준 것이다. 당시에는 일단 입학해서 마음을 맞추면 되겠거니 했는데, 지금은 그게 아니다. 학교, 학과 모두에 대해 확신이 안 선다.

그러다 보니 수업도 건성으로 듣고 학교 생활도 재미가 없다. 점차 자신의 삶 자체가 무의미하고 가치 없게 느껴진다. 다른 친구들은 학생회, 고교 동문회, 동아리, 종교 모임 등에 어울리며 재미있고 바쁘게 생활하는데, 광태는 그런 모임이 무의미하고 재미도 없어 보인다. 그러다 보니 불안하고 우울하다. 혼자 동떨어져 있는 느낌이고 이방인이 된 것 같다. 이런 자신의 모습이 싫고 하루하루가 힘들고 고통스럽다.

필자가 보기에 김광태는 누구나 한 번쯤 겪는, 그리고 마땅히 겪어야 할 방황의 시기에 있으며, 이는 인생의 전 과정을 볼 때 정상적인 단계이다. 그의 느낌, 학교 생활의 불확신에서 촉발된 삶 전반이 무의미/무가치하다는 느낌은 사실 맞는 느낌이다. 우리의 삶이라는 것이 본래 무의미하고 무가치하다. 그 자체가 안정되거나 고정되어 있는 것이 아니며, 그렇기에 힘들고 고통스럽고 외롭고 생경한 것이다. 사람들은 삶의 이런 본모습에 역겨움을 느끼고 외면하여 삶에 헛모습을 입히고, 본모습을 잊고자 온갖 노력을 다한다. 친구들과 어울려 술 마시며 웃고 떠들면서, 또는 컴퓨터 게임에 빠져들고 TV 드라마에 열중함으로써 무언가 자기 삶이 의미 있다고 생각한다.

감광태는 현재 자기 삶의 본모습을 보고 있다. 삶의 본질에 가까워진 것이다. 나는 누구인가? 양파의 껍질을 벗기듯 나의 외피를 벗겨 보라. 대한민국 국민으로서의 나, 유명한 또는 별 볼일 없는 아무개의 딸·아들로서의 나, 이런저런 대학의 대학생, 이런저런 학과의 학과생, 이런 모습은 나의 본래 모습이 아니다. 양파의 껍질을 마지막까지 벗기면 아무것도 남지 않듯이, 외부로부터 규정되고 피동적으로 선택된 나의 모습을 하나하나 제거하다 보면 나의 본모습은 정녕 '없음無'이다.

이제 필자는 김광태에게 이렇게 권하고 싶다. 이러한 사실을 깨닫고 인정하라고. 남들처럼 외면하거나 회피하지 말고 마음속 깊이 받아들이라고. 이것이 방황 극복을 위한 첫 단계이다. 그렇다면 다음 단계는 무엇인가? 결단과 선택이다. 자신이 진정 하고 싶은 일이 무엇인지를, 즉 자신을 어떤 모습으로 만들 것인지를 스스로 결단하고 선택하는 것이다. 이 학교, 이 학과가 아니다 싶으면 단호히 떠나야 한다. 자신이 확신을 가지고 추구해야 할 삶이 다른 쪽에 있으면 과감히 그쪽을 선택하라. 그런데 그쪽도 별로라면 현재의 자기 삶을 선택할 수도 있다. 이 학교, 이 학과에서의 삶을 새로이 선택할 수 있다. 과거의 실수들은 잊어버려라. 새롭게 선택한 나의 삶은 이제 의미가 있고 가치가 있다. 내가 선택한 것이기 때문이다. 그리고 그런 삶은 소홀히 할 수 없다. 내가 책임져야 할 삶이기 때문이다. 이렇게 결단하고 선택한 나는 적극적이고 주체적으로 살아가야 할 것이다. 내가 새롭게 선택한 친구들, 모임들도 진정 의미 있고 가치 있는 내 삶의 일부로 여겨질 것이다. 우리에게 이런 내용의 충고를 하는 철학이 실존철학이다. 김광태에게 하이데거Martin Heidegger나 사르트르 Jean Paul Sartre 같은 실존사상가의 글을 읽어 볼 것을 권한다.

이상의 두 사례는 필자가 의도적으로 간략하고 짧게 꾸민 것이다. 실제 상담은 상담사와 내담자가 수차례의 상담 회기를 통하여 내담자의 문제를 탐색하고 진단하고 해결하는 오랜 과정을 거친다. 예를 들어 캐나다에서 철학상담을 시행하고 있는 피터 라베Peter Rabe가 소개한 대표적인 상담의 경우, 1주 또는 2주에 한 번씩 모두 12회기의 상담을 진행했다.[5]

위의 사례에서 보듯이, 철학상담의 본질은 상담에서 철학적 자원을 활용하는 데 있다. 실제 상담에서 상담사는 일단 내담자의 문제를 파악하고 나면, 그 문제를 해결하기 위해 철학적 주제를 가지고 대화 또는 토론을 시도한다. 이를 진행하기 위해 철학상담사는 대화와 토론을 이끌 능력뿐만 아니라 철학에 관한 상당한 수준의 지식을 갖추어야 한다. 앞의 사례에서 상담사는 논리학 또는 비판적 사고에 능숙해야 하며, 하이데거나 사르트르의 사상을 깊게 이해하고 있어야 한다. 그러나 현실적으로 상담사가 철학의 모든 분야에 통달하는 것은 불가능하다. 여기에 철학상담사를 위한 2차적인 자료가 필요한 이유가 있으며, 이 글에서 시도하는 것이 바로 이런 작업이다. 앞서 인용한 책《놀라움의 미학: 철학이라는 이름의 약국》에서는 주로 그리스 고전철학자인 소크라테스와 플라톤, 아리스토텔레스의 철학을 상담적으로 해석하고 있다. 또한 알렉스 하워드Alex Howard는《상담과 심리치료를 위한 철학》에서 32명의 고전철학자와 최근의 포스트모더니즘을 상담과 관련하여 정리 및 소개하고 있다.[6]

---

5 피터 라베,《철학상담의 이론과 실제》, 369~405쪽, '제7장 사례 연구 2: 단계 통과하기' 참조.

6 Alex Howard, *Philosophy for Counselling and Psychotherapy: Pythagoras to Postmodernism*, Palgrave, 2000.

비판적 사고와 실존주의, 삶의 의미에 관한 연구 등은 비교적 많이 이루어져 있고 또 알려져 있어서 이에 대한 활용은 상대적으로 쉽다. 비판적 사고는 오늘날 많은 대학의 교양학부(기초교육원, 교양교육원, 기초교양 학부 등)에서 널리 가르치는 분야이며, 특히 법학적성시험LEET이나 의학교육입문검사MEET, 대기업이나 공무원 시험을 위해서도 많이 가르치고 있다. 실존주의, 의미치료 등도 일찌감치 상담 분야에 도입되어 활용되고 있다.[7] 이에 비해 이 글에서 다루는 흄의 철학은 거의 응용되고 있지 못하기에, 부족하나마 필자가 응용을 위한 연구를 시도하게 되었다.

흄의 세 가지 논제

이제 흄의 철학에 주목해 보자. 흄은 '인간 본성 탐구로서의 인간학' 확립을 자신의 과제로 삼았다. 즉, 어떻게 그리고 왜 이런저런 종류의 사고, 지각, 믿음, 느낌 등이 우리의 마음에 발생하는지에 대한 설명을 제공하는 것이 흄의 과제이다. 흄의 과제가 인간 마음의 다양한 작용에 관한 탐구인 것을 보면, 이런 탐구가 인간의 마음의 병이나 고통을 진단하고 치유하고자 하는 철학상담 분야에 중요한 기여를 하리라 예상하기는 어렵지 않을 것이다.

흄은《인성론》에서 우리 정신활동의 바탕이 되는 앞의 세 가지 관념, 즉 인과관계의 필연성, 외부 세계(물리적 대상)의 존재, 자아의

---

7 참고로 그 대표적인 연구의 예를 들면 다음과 같다. 김선희, 〈톨스토이의 참회록에 나타난 의미의 위기에 대한 철학상담〉,《철학 실천과 상담》1, 한국철학상담치료학회, 2010, 86~97쪽.

존재에 대한 관념을 대상으로 자신의 '관념 이론'에 입각한 탐구를 진행한다. 이러한 탐구의 과정에서 흄은 다양한 종류와 단계의 사고를 전개하며, 이에 대한 해석은 흄 학자들 사이에서 오늘날까지도 논의의 대상이 되고 있다. 이 글에서는 흄 철학의 해석을 둘러싼 철학적 논의에 가담하기보다는, 전문적인 흄 연구자들 사이에서 이미 어느 정도 확립된 흄의 주요 논제를 추출하여 이를 철학상담에 활용할 길을 찾고자 한다. 그럼에 있어 필자가 주목하는 논제는 다음의 세 가지이다. 인식론적 회의주의epistemological scepticism, 자연주의 naturalism, 그리고 온건한 회의주의moderate scepticism가 그것이다.

인식론적 회의주의

흄은 기본적으로 데카르트가 제시한 근대 인식론의 과제, 즉 '확실성의 추구'라는 과제의 틀 안에서 출발한다. 지식은 마지막까지 정당화되어야 한다는 것이다. 이러한 확실한 지식은 흄에 있어서 논리학이나 수학에서의 지식처럼 우리 지각들 사이의 관계에 한정된다. 그러나 이러한 지식은 세계에 관한 지식은 아니다. 흄이 더 관심을 가진 것은 바로 세계에 관한 사실적인 지식이다. 즉, 세계를 이루고 있는 사물들의 존재, 이것들의 인과적 운동, 그리고 이러한 세계의 일부이면서 독립해서 존재하는 자아에 대한 지식이다.

흄에 따르면, 이러한 사실적인 지식들은 감각 경험에 근거해야 한다. 즉, 이러한 관념들은 인상에서 찾아질 수 있어야 한다. 이러한 관념들의 인상을 추적하는 일이 바로 흄의 인간학의 출발점이 된다. 우리들의 정신활동의 바탕이 되는 앞의 세 가지 관념에 대한 탐구는 먼저 회의주의를 그 안에 포함한다. 즉, 흄은 이러한 관념들에 정확하게 상응하는 감각인상을 찾을 수 없음을 지적한다.

먼저 흄의 인과성 분석에 따르면, 인과의 관념은 '시간 공간적 근접성'과 '결과에 대한 원인의 시간적 우선성' 그리고 원인과 결과의 '필연적 결합necessary connection'의 관념으로 이루어져 있다. 이 가운데 본질적인 것은 필연적 결합의 관념이다. 따라서 흄은 필연적 결합이라는 관념의 근원이 무엇인지를 탐구하는 쪽으로 초점을 맞춘다. 흄의 지각 이론에 따르면 이 관념은 이것에 직접 대응되는 인상이 있어야 한다. 그러나 흄은 이것을 찾지 못한다.

다음으로 물리적 대상이 존재한다는 관념에 관하여, 흄은 인과성에 관한 관념을 다룰 때와 유사한 방식으로 탐구한다. 흄은 외부 대상이 존재한다는 관념을 당연한 사실로 인정하고, 이러한 관념이 어떻게 생겨났는지 묻는다. 흄에 따르면, 이런 관념은 물리적 대상의 '지속적 존재'에 대한 관념과, '판명한 존재'에 대한 관념으로 이루어져 있다. 그러나 흄은 이 '지속·판명한 존재'에 대한 관념이 직접적인 인상에 기초하지도 않고, 이성적 추론에 의해 도출되지도 않음을 관찰한다.

마지막으로 흄은 '자아'의 관념을 다룬다. 일반적으로 우리는 자아가 일생을 통하여 하나의 동일한 존재로서 지속적으로 존재한다고 생각한다. 흄은 이 관념의 근원에 대해서도 마찬가지로 회의적인 결론에 도달한다. 우리는 자아의 관념에 상응하는 인상을 찾을 수 없다는 것이다. "만일 어떤 인상이 자아의 관념을 일으킨다면, 그 인상은 우리 삶의 전 과정을 통해서 불변하는 동일한 것으로 유지되어야 할 것이다. 왜냐하면 자아란 그런 식으로 존재한다고 상정되기 때문이다. 그런데 그런 항상적이고 불변하는 인상이란 없다"(T 251). 우리가 경험하는 것은 일단의 인상들뿐이지, 이것들의 기반이 된다고 여겨지는 자아나 주체가 아니다. 우리는 자아를 직접 경험하지 못한다. "여러 다른 지각들의 덩어리 또는 집단, 이것들 각자는 아주 빠른 속도로 끊임없이 흐르고 운동하면서 서로를 뒤따른다"(T 252). 이것이 흄이 자아의 관념에서 관찰한 전부이다.

자연주의

그러나 흄의 탐구는 이러한 회의주의로 끝나지 않는다. 흄이 한 걸음 더 나아가기 위해 주목한 것은 앞의 세 관념이 이것들에 상응하는 인상들을 가지고 있지 않을지라도, 사람들은 어쨌든 세 관념을 확고하게 유지한다는 사실이다. 사람들은 원인과 결과의 필연적 결합을 확고하게 믿는다. 예를 들어, '내일 태양이 떠오를 것이다' 또는 '모든 사람은 반드시 죽는다'는 사실을 그저 그럴 법한 일인 듯이 말한다면, 이는 "터무니없는 소리처럼 들릴 것이다"(T 124). 외부의 물리적 세계가 존재한다는 믿음도, 지속적인 통일체로서 자아의 관념도 역시 사람들의 마음속에 확고하게 자리 잡고 있다.

그렇다면 이러한 확고한 관념은 어디서 왔는가? 궁극적으로 우리 마음의 자연적 경향성에서 왔다고 흄은 결론짓는다. 흄에게 자연적 경향성이란 '상상력', '본능'과 바꾸어 쓸 수 있는 개념으로서 우리 마음의 작용을 설명하는 근본 원리에 해당한다고 볼 수 있다. 사물이 인과적으로 움직인다고 하는 우리의 신념, 물리적 대상들로 이루어진 외부 세계가 존재한다는 신념, 그리고 자기동일성을 지닌 자아가 존재한다는 신념도 결국은 이러한 인간의 본능적 경향성으로 인해서 생겼다는 것이 근대 인식론의 주요 주제에 대한 그의 인간학적 탐구의 최종 결론이다. 인과의 관념에 관하여, 원인과 결과의 '항시적 동반constant conjunction', 즉 두 가지 대상 사이의 지속적인 동반을 반복적으로 관찰함으로써 사람들은 필연적 결합의 관념을 가지게 된다는 것이다. 또한 물리적 대상의 존재에 대한 관념에 관하여, 흄은 이런 관념을 일으키는 인상들 사이에 관찰되는 '항상성'과 '정합성'이라는 성질에 주목한다. 이러한 성질을 보이는 일련의 인상들에 대해 마음은 '지속·판명한 존재'의 관념으로 전이한다는 것이다. 마지막으로, 자아의 관념을 일으키는 인상들은 '유사성'과 '인과성'의 성질을 보인다. 이러한 두 가지 성질로부터 우리의 마음은 자연스럽게 '동일성'의 관념 쪽으로 이전해 간다는 것이 흄의 설명이다.

이렇게 인과성, 외부 세계, 자아에 대한 관념의 근원을 찾는 흄의 작업은 인간 마음의 특정한 자연적 경향성을 확인하는 데서 끝난다. 흄에 있어서 이것이 우리의 지식에 관해서 말할 수 있는 전부이다. 흄의 이러한 탐구는 비단 인식론적 주제에 한정되지 않는다. 도덕과 종교에 관해서도 흄은 마찬가지 방식으로 탐구한다. 이러한 탐구가 바로 흄이 주창한 '인간학'의 내용이며, 이런 점에서 흄은 무엇보다도 인간 본성human nature을 탐구한 철학자라고 할 수 있다. 그러므로 흄은 주로 경험론자나 회의론자로 이름나 있지만, 오늘날 흄 연구자들은 추가적으로 흄을 '자연주의자'라고 부른다.

온건한 회의주의

흄 철학에서 중요한 또 하나의 논제가 '온건한 회의주의'이다. 흄은 몇몇 근본 신념들의 근원을 검토함으로써, 그 신념들은 이성 또는 감각 경험에서 유래하지 않고 우리의 자연적 본능에서 유래한다는 결론에 도달한다. 즉, 지식의 정당화 문제에 있어서, 흄은 먼저 근본 신념들이 이성적으로 결코 정당화되지 못한다는 일차적인 결론을 맺는다(인식론적 회의주의). 그런데 흄은 이로부터 고전적 회의주의자들이 하듯이 우리가 그런 신념들을 포기해야 한다는 쪽으로 진행하지 않고, 오히려 그런 신념들에 관한 '흔들릴 수 없는 확신'을 강조하는 쪽으로 진행한다(자연주의). 이제《인성론》1권의 '결론' 절에서 흄은 이 두 가지 논제 사이, 즉 철학적·인식론적 반성의 결과와 (철학자를 포함한) 일상적 인간들이 유지하는 확고한 신념들 사이의 피할 수 없는 갈등에 직면한다. 전자는 문제의 신념들이 갖는 인식론적 지위에 관해 회의적·부정적인 반면, 후자는 반회의주의적·긍정적이기 때문이다. 이런 갈등과 대립은 결국 철학적 반성과 자연적 경향성 사이의 상충의 결과이다. 나아가 흄은 이 양자 가운데 어느 것도 선택할 수 없다. 왜냐하면 두 가지 다 용납할 수 없는 결론을 낳기 때문이다. 이렇게 흄은 빠져나올 수 없는 딜레마에 처한다.[8]

이런 상충과 딜레마 속에서 흄이 마지막으로 채택한 입장이 바로 온건한 회의주의이다. 이것은 인간 이성의 한계, 또는 우리의 인식적 한계에 대한 인정을 그 특징으로 갖는다. 이러한 특징을 포저린 Robert J. Fogelin은 다음과 같이 압축적으로 적절하게 표현한다. "일상생활과 과학의 추구 양자에서 우리는 우리의 탐구를 우리의 제한된 직능들faculties에 적합한 문제에 한정시켜야 한다. 그리고 이 완화된 탐구에서 우리는 항상 우리의 신념을 경험 위에 확립된 개연성들에 맞추어야 한다."[9] 그에 따르면, 온건한 회의주의는 두 가지 방식으로 제한된다. "승인의 정도에 관한 제한"과 "탐구의 범위에 관한 제한"이 그것이다.[10]

---

8   David Hume, *A Treatise of Human Nature*. op. cit. Vol.1, pp. 263-274.

9   Robert J. Fogelin, "The Tendency of Hume's Skepticism", *The Sceptical Tradition*, ed. Myles Burnyeat, Berkeley: U of California P, 1983, pp. 408-410; p. 399.

10 Ibid., p. 411, note 6.

신념들을 승인함에 있어 이런 회의주의는 우리로 하여금 그러한 신념들이 다만 오류 가능하며 개연적이라고 생각하게 만들기에, 인간 본성에 관한 우리의 탐구를 포기할 이유가 없고 이것이 몇몇 적절한 지식을 낳을 수 있다고 기대할 수도 있다. "진정한 회의주의자는 자신의 철학적 회의에 있어서 자신의 철학적 확신에 있어서와 마찬가지로 겸허할 것이다. 그리고 이것들 중 어느 하나로 인해 제공되는 순수한 만족을 결코 거부하지 않을 것이다"(T 273). 같은 맥락에서 흄은《인간오성론》에서 이렇게 말한다. "일반적으로 모든 종류의 조사와 결정에서 올바른 추론자에게 영원히 동반되어야 할 어느 정도의 의심과 주의, 겸손함이 있다"(E 132).

두 번째 방식의 제한과 관련하여, 온건한 회의주의는 우리로 하여금 우리 탐구의 범위를 제한하도록 만든다. 즉, 그것은 "우리의 탐구를 인간 오성의 좁은 능력에 걸맞은 주제들로 한정할"(E 162)[11] 것을 요구한다. 흄에게 있어 우리의 능력에 적합한 주제는 상식과 경험에 의해 검사될 수 있는 주제들이다(T 272, E 162). 이런 설명이 주어질 때, 많은 것들이 우리 능력 밖에 있는 것으로서 거절될 수 있겠는데, 전형적으로 몇몇 형이상학적 주제가 거기에 포함될 것이다.[12] 그렇다

---

11 흄은 또한 "인간 오성의 허약함"(E 161), "(우리) 직능들의 불완전함…, 그것들의 짧은 능력, 및 그것들의 부정확한 작용"(E 162)을 지적하기도 한다.

12 오성의 한계에 관한 또 다른 표현이 지각에 관해 논의하는《인성론》의 앞부분에서 발견된다. "그것(지각)들의 궁극적 원인은 내가 보기에 인간 이성으로는 전혀 설명될 수 없으며, 그것들이 대상으로부터 직접 생겨나는지, 아니면 마음의 창조적 힘에 의해 만들어지는지, 아니면 우리 존재의 창조자로부터 유래하는지 확신 있게 가리는 것은 영원히 불가능할 것이다. 그러한 물음은 어쨌든 우리의 현재 취지에 맞는 것이 아니다. 우리는 아마도 우리 지각의 정합성으로부터, 그것들이 참인지 거짓인지, 그것들이 자연을 제대로 표상하는지 안 하는지, 또는 단지 감각의 단순한 착각들인지 아닌지를 추론해 낼 수 있을 것이다"(T 84).

면 우리의 근본 신념들, 즉 인과적 필연성에 대한, 물리적 대상들에 대한, 그리고 자아에 대한 신념들의 진리에 관해서는 어떠한가? 흄의 온건한 태도를 고려할 때, 그는 이런 주제들을 우리 능력의 범위 안에 있는 것으로 간주하는 것 같지 않다. 그것들은 엄밀하게 말해 경험적이지 않기 때문이다. 그럼에도 불구하고 그것들은 형이상학적 주제라 하여 거부되지도 않는다. 그것들은 상식과 경험밖에 있다기보다는 이것을 위해 요청되는 것들로 실명되기 때문이다.

온건한 회의주의에 관한 흄의 설명 전반에 걸쳐서 우리는 이성에 관한 그의 자연주의적 견해를 볼 수 있다. 앞서 살펴본 온건한 회의주의의 한 가지 주요 함축은 이성/철학적 회의의 지위가 흄에 의해 격하된다는 사실에 있다. 즉, 이성은 전통적으로 여겨지듯이 다른 직능들을 통제하는 독립된 직능이라기보다는, 오히려 인간의 자연적 경향성 가운데 하나로 간주된다. 이러한 자연주의적 견해는 이성에 대한 합리주의적 견해와 대조된다. 전자는 이성을 우리의 동물적 본능의 작용 아래에 있는 자연적 기능들 가운데 하나로 보며, 따라서 그것에 감각 · 느낌 · 정념과 같은 다른 직능과 동일한 지위를 부여하는 데 반하여, 후자는 이성을 우리의 자연적 직능들에 대립시키며 나아가 그것들을 통제하는 특별한 권위를 부여한다. 이러한 일반적 입장은 더욱더 구체적 문제에, 즉 흄 인식론에서 근본 신념의 정당화 문제에도 적용될 수 있다. 이성의 한계에 대한 흄의 견해는, 이성은 우리 근본 신념의 참 또는 거짓을 궁극적으로 정당화할 수 없다는 것이다. 이와 유사한 맥락에서 필자는 이렇듯 이성의 한계를 겨냥한 제한된 성격의 회의주의는, 정당화는 어느 한 지점에서 끝난다는 비트겐슈타인Ludwig Wittgenstein의 견해와 함께한다고 생각한다. 양자는 공통되게 합리적 정당화가 그 자신의 한계를 가지고 있으며,

근본 신념들(흄의 자연적 신념들 및 비트겐슈타인의 무어식의 명제들)은 바로 이런 한계 너머에 있는 것들이라고 말한다.

이런 온건한 회의주의는 우리 본성의 두 가지 주요 경향성 사이의 갈등의 인과적 결과에 지나지 않는다. 이런 점에서 필자는 흄의 설명이 가지는 인과적 특성을 다음과 같이 지적하는 포저린에 동의한다. "여기서 흄의 회의주의와 자연주의가 만난다. 왜냐하면 온건한 회의주의의 상태는 두 개의 인과적 요인들의 결과로서 도달되기 때문이다. 즉, 극단적 피론적 회의는, 믿으려 하는 우리의 자연적(동물적) 경향성에 의해 완화된다."[13]

흄의 설명이 지닌 인과적 성격에 대해 필자가 지적하고자 하는 요점은, 이성과 자연 사이의 근본적 긴장은 결국 이론적으로는 해소되지 못한 채로 남아 있다는 것이다. 흄에게는 이론적인 해결은 없고, 오직 심리학적이고 실천적 해결만이 있다. 즉, 흄은 우리가 원한다면 우리는 철학할 수 있다는 것이다. 단, 겸손한 마음으로 우리의 인식적 한계를 깨닫고, 상식과 경험의 범위 안에서 그렇게 하려면 할 수 있다는 것이다. 근본 신념들의 인식적 지위에 관한 흄의 견해는 결국 무엇인가? 이성은 근본 신념들에 대한 궁극적 정당화를 요구한다. 반면에 자연은 우리로 하여금 확고한 확신을 유지하도록 한다. 다른 말로 하면, 극단적 회의주의자로서 흄은 그것들을 믿을 권리를 부정하는 반면에, 자연주의자로서 흄은 그것들을 피할-수-없기에unavoidable 받아들여야 한다고 본다.

---

13 Fogelin, Ibid., p. 399.

상담에의 응용

먼저 흄의 인식론적 회의주의 논제를 살펴보자. 흄은 우리의 근본 신념들을 합리적으로 또는 철학적으로 정당화할 수 있는 가능성을 부정한다. 앞서 살펴보았듯이 인과적 필연성, 물리적 대상, 자기동일적 자아의 존재에 대한 우리의 신념은 감각 경험에 의해서도 이성에 의해서도 궁극적으로 정당화되지 못한다는 것이 흄의 결론이다. 이런 회의주의는 이것이 지식의 문제, 정당화 문제와 관련된 회의론이라는 점에서 인식론적 또는 정당화적 회의주의라고 불린다. 이런 회의적 주장에 있어서 흄은 과격하고 극단적인 태도를 취한다. 또한 이런 입장은 결국 인간의 이성 능력에 대한 강력한 회의주의이다. 우리의 이성은 지식의 정당화에 있어서 결정적인 역할을 하고 있지 못하기 때문이다.

흄이 인과관계에 있어서 필연성 개념을 부정할 때, 이것은 현대적 관점에서 귀납적 지식에 대한 회의주의와 다름이 없다. 논리와 수학적 지식을 제외한 자연세계에 관한 사실적 지식은 개별적 사례 관찰들을 일반화한 결과, 즉 귀납적 일반화의 결과이며 이렇게 얻어진 지식은 100퍼센트 참(필연적 참)의 지위를 얻지 못한다. 이것이 흄의 인식론적 회의주의가 함축하는 강력한 논지이며, 이에 대해서는 오늘날 거의 모든 철학자 및 과학자들도 동의한다. '내일은 해가 뜰 것이다'라는 우리의 강력한 확신은 100퍼센트 검증된 지식은 아니다. 오랜 세월 동안 인류가 관찰해 온 사실들을 귀납적으로 일반화한 결론일 뿐이다. 이런 확신은 우리 태양계 행성들의 운행이 언제나 한결같으리라는 믿음을 전제하고 있는데, 이 믿음도 마찬가지로 귀납의 결과이며 우리의 습관적 믿음에 불과하다는 것이 흄의 지적이다.

오늘 밤 자정에 지구상의 어느 천문학자도 탐지하지 못한 거대한 운석이 지구에 충돌하여 '내일은 해가 뜨지 않을' 경우가 발생하지 않으리라고 누구도 장담할 수 없다. 결국 사실의 문제에 관한 한 우리는 개연적인 지식만으로 살아가야 한다는 것이다.

흄의 이러한 지적은 우리가 일상적 삶에서 잊어서는 안 될 매우 중요한 지혜의 근원이다. 우리는 우리가 확신하는 것을 지나치게 믿는 습성이 있다. 그렇지만 이것이 언제든 거짓이 될 수 있다는 것을 잊어서는 안 된다. 자연세계 및 인간사에 관한 한 절대적으로 참인 지식은 없다. 그러므로 어떤 문제, 어떤 상황이든 절대적 해결책은 없으며, 또한 해결책이 없는 절대적 문제나 상황도 존재하지 않는다. 특히 이런 지나친 확신이 이성에 의해 정당화된 것이라고 믿을 때, 우리의 삶뿐만 아니라 타인의 삶도 불행에 빠지기 쉽다. 이러한 잘못된 생각은 윤리적·정치적 절대주의와 종교적 근본주의로 치달을 수 있기 때문이다.

다음으로 흄의 자연주의 논제에 대해 그 상담적 함의를 살펴보자. 흄에 따르면, 우리는 몇몇 근본적인 신념이 이성적으로 정당화되지 않는다고 해서 그것들을 거부할 수 없다. 이것들은 우리의 자연적 성향에 의해 우리에게 주어진, 우리 삶의 바탕이 되는 기초적인 믿음이다. 그렇기에 이런 신념들에 대해 흄 연구자들이 붙인 명칭이 '자연적 신념natural beliefs'이다. 이것들은 이성적으로 정당화된다고 해서 수용되거나, 정당화되지 않는다고 해서 거부될 수 있는 성격의 것들이 아니다. 이것들은 우리 삶의 전제이다. 우리의 뇌는 오랜 진화의 과정을 통해 자연스럽게 연역적으로, 그리고 귀납적으로 추리하도록 발달했다. 이런 작용은 생물학적인 것이며, 이와 마찬가지로 우리의 뇌는 자연스럽게 인과관계의 필연성을 믿고, 외적 사물의 존재를 믿고, 자아의 존재를 믿는다.

이와 관련하여 영화 〈크라잉 게임The Crying Game〉에 나오는 '개구리와 전갈'의 이야기를 음미해 보자.[14] 전갈 한 마리가 큰 연못을 건너야 하는데 헤엄을 치지 못하기에 머뭇거리고 있었다. 전갈은 마침 눈에 띈 개구리에게 자신을 등에 태워 연못을 건너 달라고 부탁했다. 개구리는 전갈이 자기를 독침으로 쏠까 봐 두려워 부탁을 거절했다. 전갈은 자기가 개구리를 쏘면 자신도 결국 빠져 죽을 텐데 그럴 리가 있겠냐고 설득하면서 재차 간곡히 부탁했다. 개구리가 생각해 보니 과연 전갈이 그런 자기파멸적인 일을 할 리가 없었다. 개구리는 전갈의 말을 믿고 전달을 등에 태워 연못 건너편으로 헤엄쳤다. 그런데 이들이 연못 가운데에 도달했을 때 바람이 세게 불면서 물살이 일었다. 몸을 뒤엎으며 요동치는 물살에 전갈은 두렵고 당황하고 화가 솟아 주체하지 못하다가 개구리를 독침으로 쏘고 말았다. 독이 퍼져 물에 가라앉으며 개구리가 전갈을 책망했다. "내가 죽으면 너도 빠져 죽는데 어찌 그런 짓을 할 수가 있지?" 그러자 전갈이 말했다. "나도 어쩔 수 없어. 그게 내 본성인 것을."

전갈과 개구리가 아무리 이성적으로 사고하여 행위를 결정했다 해도 자연적 천성nature은 도무지 이성으로만은 설명이 되지 않는다. 우리에게는 생물학적으로 주어진 것도 있고, 후천적 환경에 의해 조건화된 것들도 있다. 인간의 삶은 이런저런 것들에 의해 제약되어 있으며 이를 깨닫는 것은 삶에서 매우 중요하다. 우리의 행복과 불행은 기본적으로 우리에게 주어진 여러 제약과 한계에 대한 깨달음에 의존한다는, 낯설지 않은 지혜를 흄의 철학에서 재확인할 수 있다.

---

14 〈Crying Game〉, Directed by Neil Jordan, United Kingdom, 1992.

마지막으로, 세 번째 논제인 온건한 회의주의의 상담적 함의를 음미해 보자. 이 논제는 사실 앞서 살펴본 두 가지 논제의 종합으로서 채택된 것이다. 인간의 지식 상황에 대한, 그리고 이성 능력에 대한 파괴력 있는 회의주의에 대해, 흄은 인간의 자연적 성향이 그 치유책을 제공한다고 생각한다. 이런 상황에서 인간은 자신의 한계를 깨닫고 그 한계 안에서 삶을 지속하는 것이 최선의 삶이라고 흄은 제안하고 있다. 이런 삶이 흄이 말하는 온건한 회의주의자의 삶이다. 이런 사람은 지적 겸손함의 덕을 갖추고 있으며, 잘못된 이성(거짓 이성)과 좋은 이성(참된 이성)을 구분할 수 있다. 즉, 독단적 이성을 버리고 자기비판적, 자기반성적 이성을 채택한 사람이다. 인간의 자연적 본성에는 이성뿐만 아니라 다양한 여러 의식 작용, 상상력·감성·의지·욕망 등의 작용이 있다. 인간의 인지 작용은 이것들의 종합이지 이성만으로 이루어지는 것이 아니다. 특히 온건한 회의주의자에게 이성은 감성을 배격하지 않는, 감정에 기초한 이성이며 인간애 또는 사랑의 정서를 바탕으로 한 합리적 사고의 담지자이다. 이런 이성을 갖춘 사람은 건강한 정서에 기반을 둔 이성적 탐구자이며, 병든 사회에 맞설 수 있는 건강한 정신의 소유자가 될 것이다.

결론

이상에서 필자는 철학상담을 기본적으로 동서고금의 철학적 자산을 활용하여 일상인들이 살아가면서 부딪히는 어려움과 고통을 덜어 주는 실천 분야로 규정하고, 이 분야의 발전과 활성화에 기여하기 위한 과제를 설정했다. 철학상담사들이 상담에 쉽게 활용할 수 있도록 어렵고 추상적인 철학 이론들을 정제하고 다듬어 그것의 일상적 함의를 드러내 보여 주는 과제가 그것이다. 이런 과제의 필요성을 보여 주고자 우선 간략한 상담 사례를 소개했다. 이 사례를 통해 본래는 순수 이론적이고 학문적인 철학이, 즉 비판적 사고론이나 실존주의 등이 일상의 문제들을 푸는 데 구체적으로 어떻게 활용되는지를 보여 주었고, 이러한 활용을 위해 이론과 실천의 중간 단계에서 이론을 가공하는 작업의 필요성을 부각시키고자 했다. 이어서 흄의 철학을 다듬고 정제하는 작업을 진행하였다. 흄의 여러 저서에 흩어져 있는 다양한 견해를 이리저리 추리고 뭉뚱그리는 작업을 통해 얻어 낸 것이 흄의 세 가지 논제이다. 이런 작업은 흄의 철학을 집중적으로 연구한 철학 전문가가 아니고는 수행할 수 없다. 철학상담사가 할 수 있는 작업이 아닌 것이다. 다음으로 이렇게 가공 처리된 철학적 논제들이 일상적 삶에서 가지는 의미를 탐색하는 작업을 진행하였다. 흄의 인식론적 회의주의는 우리의 일상적 삶에서 지나친 확신이나 절대성에 대한 맹신에 대해 효과적인 해독제 역할을 할 수 있으며, 그의 자연주의 논제는 일상의 삶에서의 문제가 이성 또는 합리적 사고만으로는 궁극적인 해결책을 얻을 수 없다는 고금의 지혜와 맞닿아 있음을 보여 주고자 했다. 마지막으로 필자는 흄의 온건한 회의주의 논제에서 이성과 감성이 조화를 이루는 삶이 건강한 삶의 기초가 될 수 있다는 함의를 이끌어 냈다.

필자는 이런 종류의 연구가 기초 학문과 순수 이론으로서의 철학과 현실적인 실천 활동인 '철학으로 상담하기'가 어떻게 서로 긴밀하게 협조하여 일상의 삶에 유용하게 활용될 수 있는지를 보여 주는 좋은 사례가 되리라 기대한다. 지금까지 철학이 학문 또는 이론으로서의 철학, 즉 상아탑에서의 철학에 안주한 나머지 대중과 일상적 삶에서 격리되어 스스로 고립되어 버렸다는 지적과 자성이 학계 일각에서 적지 않게 일고 있는 현 상황을 고려할 때, 필자의 연구는 대학의 철학 전문가들이 철학상담 활동을 지원할 수 있는 길을 제시한다는 점에서 앞으로 더 확대되고 발전되어야 할 분야라고 생각한다.

마지막으로, 전술한 바와 같은 그 중요성과 가치에도 불구하고 아직은 미흡하고 아쉬운 부분이 있기에 이를 살피면서 글을 마치고자 한다. 먼저 이 연구의 목적이 현장 철학상담사들이 실제 상담에 활용하도록 돕기 위해 철학의 거친 원재료를 상담용으로 정제하는 일이라고 한다면, 현 연구는 아직 초보적인 단계에 머물러 있다고 할 수 있다. 보다 완성된 단계를 위해서는 특정 철학자의 철학을 정리하고 요약한 뒤, 그것이 일상적 삶에 어떤 의미로 해석될 수 있는지에 대한 포괄적 서술에 그칠 것이 아니라 좀 더 구체적인 사항들을 제시해야 할 것이다. 가령 그 철학이 어떤 유형이나 종류의 내담자에게 적용되면 좋은지, 어떤 종류의 문제 또는 증상에 적용되면 좋은지에 대한 구체적이고 세부적인 가이드라인이 주어지면 보다 완성된 연구가 될 것이다. 다음으로 이 연구는《인성론》1권과《인간오성론》에서 제시된 인식론적 논의에 한정되어 있다. 여기서 다룬 논제 이외에《인성론》2권 '정념론'에 등장하는 흄의 중요한 논제로 "이성에 대한 감성의 우위" 논제가 있다. 이것은 흄의 '자연주의' 입장을 더 구체적으로 이해할 수 있는 중요한 소재인데, 이 글에 포함시켜 활용하지 못한 것이 아쉬운 점으로 남는다. 이에 대해서는 다음에 추가적인 기회를 살피기로 한다.

참고문헌

김선희, 〈톨스토이의 참회록에 나타난 의미의 위기에 대한 철학상담〉, 《철학 실천과 상담》, 한국철학상담치료학회, 제1집, 2010, 197~220쪽.

라베, 피터, 《철학상담의 이론과 실제》, 김수배 옮김, 시그마프레스, 2010, 1~475쪽.

호프만, 카이, 《놀라움의 미학: 철학이라는 이름의 약국》, 박규호 옮김, 청년정신, 2004, 1~294쪽.

Crying Game, Directed by Neil Jordan, United Kingdom, 1992.

Fogelin, Robert J., "The Tendency of Hume's Skepticism", *The Sceptical Tradition*, ed. Myles Burnyeat, Berkeley: U of California P, 1983, pp. 397-412.

Hume, David, *A Treatise of Human Nature*. edited by L. A. Selby-Bigge, 2nd ed. revised by P. H. Nidditch, Oxford: Clarendon Press, 1978, pp. 1-743.

_____, *An Enquiry concerning Human Understanding and concerning the Principles of Morals*, edited by L. A. Selby-Bigge. 3rd edition revised by P. H. Nidditch. Oxford: Clarendon Press, 1975, pp. 1-417

Howard, Alex. *Philosophy for Counselling and Psychotherapy: Pythagoras to Postmodernism*, Palgrave, 2000, pp.1-380.

Marinoff, Lou, *Plato not prozac!: applying philosophy to every problems*, Harper Colins Publishers, 1999, pp. 1-308.

9

철학상담의 대상으로서
청소년 자살에 대한 실존철학적 접근

박정선 · 김선희

이 글은 박정선과 김선희의 공저 논문 〈키에르케고어의 욕망의 삼 단계 분석: 청소년 자살의 심미적 토대 연구〉(대한철학회, 《철학연구》 145권, 2018)를 수정한 것이다.

키르케고르의 청춘에 대한 기억을 통한 청소년기 자살에 대한 실존철학적 성찰

청소년기는 과도기로서 건강한 정체성 형성을 위해서 가정이나 사회의 지원이 필수적인 시기이다. 그러나 우리 사회가 청소년들에게 제공하는 청소년 복지의 결실은 그다지 낙관적이지 않다. 통계청이 발표한 '2016년 사망 원인 통계'에 따르면 10대부터 30대까지의 사망 원인 1위가 자살이다. 연령대별 사망 원인 구성비에서 자살이 차지하는 비중은 10대 30퍼센트, 20대 43.8퍼센트, 30대 35.8퍼센트에 달한다. 2017년 청소년 통계 주요 결과에 따르면 우리나라 청소년의 사망 원인 1위는 9년째 자살이다. 이미 1992년에 발표된 한 연구에서, 당시 청소년 사망 원인의 세 번째를 차지하고 있던 자살의 증가 추세를 지적하였다. 당시 연구는 경찰청 통계를 토대로 청소년 자살이 1987년 201명에서 1990년 252명으로 증가하는 상황을 주목하며, 청소년 자살의 사회문제화를 제기하고 있다.[1]

그렇다면 청소년 자살에 영향을 미치는 요인은 무엇인가? 위 연구는 청소년의 자살을 성적 부진, 입시 중압감, 진로 문제의 갈등, 교사나 부모의 사소한 꾸중 등과 같은 '외적인 스트레스'와 더불어 이에 대한 반응에서 드러나지 않는 '내적 요인'의 결정적 역할을 지적하고 있다. 내적·외적 요인에 대한 다각적인 분석의 결과로는 정신질환, 발달과 성격적 특성, 가족 환경적 요소, 생물학적 요인이라는 네 가지 원인이 제시되고 있다. 또한 최근 연구에서 자살을 유발

---

1 한기석·정영조, 〈청소년 자살의 원인과 치료적 개입〉, 《인제의학》 제13권 제2호, 인제대학교, 1992, 151~153쪽 참조.

하는 여러 요인으로 가족 요인, 성격 및 심리적 요인, 정신질환 요인, 자살 촉발 요인과 더불어 학교 요인, 보호 요인 등이 추가로 제시되고 있다. 이와 같은 연구 결과는 청소년의 자살 원인이 단일 요인으로 규정되기 어렵다는 점과 더불어, 성인과 달리 과도기 청소년이 수반하게 되는 감정조절능력이나 문제해결능력의 취약성을 지적하고 있다.[2]

청소년 자살 요인 중 정신질환에 대한 세부적인 분석을 위하여 '심리학적 부검 연구psychological autopsy study'[3]를 따라가 보면, 청소년 자살자의 80~95퍼센트가 속해 있는 것으로 보고된 주요 정신질환으로 정동장애, 행동장애, 인격장애 등이 제시되고 있다.[4] 정신질환에 대한 청소년의 노출에서 주목되는 것은 청소년기의 발달과 성격적 특성의 연관성이다. 즉, 생물학적 · 심리적 · 사회적 측면에서 청소년기가 지니는 소아와 성인 사이의 '과도기적 특성'이 주목된다. 청소년기는 소아 단계의 의존적 존재에서 성인 단계의 독립된 개체로 이행하는

---

2 오아름, 〈청소년 자살예방 사업의 추진실적과 향후 과제〉, 《Weekly Issue》 제36호, 한국건강증진개발원, 2017, 3쪽.; 이홍식 외, 《자살의 이해와 예방》, 학지사, 2012, 359~379쪽 참조.

3 '심리학적 부검 연구'는 자살의 동기나 원인을 파악하기 위하여 자살로 죽은 사람의 외적 정보를 파악하는 심리학적 개념이다. 최광현, 〈심리부검Psychological Autopsy 의 필요성에 관한 제언〉, 《주간국방논단》 제11193호, 2008, 8~9쪽.

4 청소년 자살과 정신질환의 연관성은 다음 연구를 참조하였다. Rich C. L., Young D., Fowler R. C., "San Diego suicide study, I: young versus old subjects", *Arch Gen Psychiatry* 43, 1986.; Yoshida, K., Mochizuki, Y., Fukuyama, Y., "Clustering of suicides under 20-seasonal trends and the influenced of newspaper reports", *Nippon-Koshu-Eisei-Zasshi* 38, 1991. 청소년 자살과 세 가지 중요 정신질환의 관계는 다음의 연구를 근거로 제시하였다. Pfeffer, C. R., "The textbook of child and adolescent psychiatry", 1st, *Suicide and Suicidality*. 1991.; 한기석 · 정영조, 〈청소년 자살의 원인과 치료적 개입〉, 152쪽.

시기이다. 능동적으로 자신의 정체성identity을 확립해 가는 과정에 있는 청소년에게 자신이 누구이고 어디로 가야 하는지를 몰라 방황하게 되는 주체성 위기identity crisis[5] 경험은 매우 정상적인 과정이다. 따라서 과도기로서 청소년기가 단지 취약기가 아니라 자신의 정체성을 형성해 가는 성장기임을 좀 더 환기할 필요가 있다.

정체성 혼란과 더불어 감정이나 충동 조절에 취약한 과도기 청소년들에게 필요한 것은 약물치료나 심리치료뿐만 아니라, 청소년들이 자신의 정체성을 건강하게 형성해 갈 수 있는 가족이나 사회의 지원과 더불어 청소년의 정체성에 대한 철학적 연구가 요구된다. 나아가 정체성이나 감정과 충동을 건강하게 형성하고 조절하는 것을 돕는 철학상담치료적 연구가 필요할 것이다.[6] 과도기에 처해 있는 청소년의 독특한 정체성 혼란, 그리고 자신의 감정과 충동에 대한 취약한 대처 능력[7]을 지원하기 위하여, 인간의 정체성을 규정된 것이 아닌 미규정적인 것으로 진단하는 동시에 다양한 실존적 정체성 사이에서 갈등하는 인간에 대한 면밀한 분석을 제공하고 있는 키르

---

5 한기석 · 정영조, 〈청소년 자살의 원인과 치료적 개입〉, 152쪽 참조.
6 분노 문제를 다룸에 있어서 인지치료의 근본적인 한계인 정서가 지니는 부정적 특징에 대한 조명을 통해 정서를 주로 병리적 대상으로 한정하는 것을 비판하는 동시에, 이에 대한 대안적 치료로서 제시한 분노 조절에 관한 연구로는 이진남 · 김선희 · 이기원, 《분노조절을 위한 철학치유 프로그램 개발》, 경제 · 인문사회연구회, 2015이 있으며, 또한 자살에 관한 철학상담치료적 관점으로는 김선희 · 김성진 · 박병준 · 이영의 · 정세근, 《죽음 그리고 자살》, 학이시습, 2015이 있다.
7 청소년이 자살 생각을 실제 행동으로 옮기는 데 자살 생각과 충동성의 상호작용 효과가 유의미한 것으로 나타났으므로, 청소년들이 충동적으로 자살 시도를 하기 전에 자신이 하는 행동의 결과에 대해 숙지할 수 있도록 충동을 조절하는 능력을 가르치는 것이 자살 예방에 필요하다는 연구는 다음과 같다. 신민섭 · 박광배 · 오경자, 〈우울증과 충동성이 청소년들 자살 행위에 미치는 영향〉, 《한국심리학회지:임상》 제10권 제1호, 한국심리학회, 1991.

케고르Søren Kierkegaard의 사상을 주목해 볼 필요가 있다. 인간의 욕망이나 감각이 정체성과 지니는 상관적 관계에 대한 키르케고르의 철학적 주목은, 전통 형이상학 기반의 철학에서는 쉽게 발견할 수 없는 그만의 독자적인 영역이라고 할 수 있다.

본 연구는 청소년 자살의 실존적 원인에 속하는 자아정체성 혼란, 감정이나 충동 조절 능력의 취약에 대한 이유를 실존철학적으로 성찰해 보고자 한다. 이를 위하여 키르케고르의 '심미적 실존'을 주목하고자 한다. 일반적으로 많이 알려진 실존의 3단계, 즉 '심미적 실존', '윤리적 실존', '종교적 실존'의 관계에 대한 연구가 아니라 이들 중에서 지금까지 그다지 주목되지 않았던 심미적 실존을 중심으로 인간의 실존적 정체성을 살펴보고자 한다.[8] 20대 후반의 키르케고르가 자신의 청춘을 기억하며 기술한 심미적 저술인《이것이냐/저것이냐 제1부Entweder-Oder Teil I》를 분석하고자 한다. 특히 이 저서의 2장을 구성하고 있는 〈에로스적인 것의 직접적 단계, 혹은 음악적이며 에로스적인 것〉에서 제시되는 욕망Begierde의 3단계, 즉 '꿈꾸고 있는träumend' 욕망, '찾고 있는suchend' 욕망, '욕망하고 있는begehrend' 욕망을 면밀히 분석하고자 한다. 이로써 키르케고르의 사상에서 욕망의 탄생 과정을 드러내는 동시에 욕망의 탄생 과정과 자아정체성의 혼란이나 감정·충동 조절의 취약성과의 연관성을 실존철학적으로 짚어 보려 한다.

---

8 심미적 저서와 윤리적 저서의 상관성과 관련하여 편집자는 이 두 저서가 서로 독립적임을 명시함으로써 심미적 저서가 윤리적 저서의 전 단계이거나 윤리적 저서가 심미적 저서의 다음 단계가 아님을 명시한다. Kierkegaard, S., *Entweder-Oder Teil I.*, DTV. 2005, pp. 24-25 참조.

청소년의 정체성과 실존철학의 상관성

주지하다시피 철학은 오랫동안 인간과 세계에 대한 근원적인 물음을 탐구해 왔다. '너 자신을 알라'는 슬로건으로 잘 알려진 소크라테스에 의한 '자기인식'의 중요성에 대한 환기, 그리고 이에 대한 반향으로 서양철학은 '나는 누구인가?', '왜 사는가?', '어떻게 살 것인가?' 등과 같은 삶의 근본 물음에 대한 답변을 심화해 왔다. 특히 실존철학은 존재의 이유나 의미 그리고 방법과 더불어 이에 수반되는 인간의 정서와 감정에 대해 체계적이고 심층적인 연구를 해 왔다. 실존철학적 통찰을 바탕으로 인간의 정체성의 병리적 분석과 더불어 치료법을 제안한 빅터 프랭클Victor Frankl의 로고테라피Logotherapy는 실존으로서 인간의 정체성을 성인뿐만 아니라 청소년을 대상으로 집중적으로 연구한 바 있다.[9] 정체성에 대한 진단적이며 치료적인 연구를 지속해 온 로고테라피는 삶을 포기하거나 중독과 같은 병리적 삶에 노출된 청소년들의 삶의 증상을 '실존적 공허existential vacuum'[10]로 보았다. 나아가 그는 실존적 공허의 이유를 추구해야 할 삶의 의미의 상실로 보았다.[11] 그러나 우리는 추구하고 있는 삶의 의미가 지니는 역설적 현상 또한 주목하지 않을 수 없다. 마땅히 해야만 하는 저 의미의 타자성이나 익명성, 즉 마땅히 해야만 하는 것을

---

9 빅터 프랭클은 빈에서 1928년부터 1938년까지 청소년을 대상으로 하는 '청소년상담소The Youth Advertisement Centers'를 운영한 바 있다.

10 빅터 프랭클은 심리학 내에서 사용되는 '내적인 공허함inner void'을 자신의 독자적인 개념인 '실존적 공허existential vacuum'로 정의했고, 이러한 상태와 기존의 '나락의 체험abyss-experience'과의 유사성을 제시하고 있다. 빅터 프랭클, 《삶의 의미를 찾아서》, 이시형 옮김, 청아출판사, 2005, 133~134쪽 참조.

11 빅터 프랭클, 《삶의 의미를 찾아서》, 134쪽.

결정하는 주체가 청소년 자신이 아니라 부모나 사회에 의해서 일방적으로 강제될 때, 역설적이게도 청소년들은 실존적 공허와 더불어 무망감無妄感[12] 등에 노출될 수밖에 없을 것이다.

그렇다면 진정 스스로의 선택에 의해 청소년들이 마땅히 하고 싶은 것은 어떻게 형성될까? 주어진, 강요된 삶의 의미를 좇아가는[13] 청소년들이 부닥치게 될 실존적 공허나 무망감 같은 삶에 대한 부정적 현상들의 원인을 보다 심도 있게 성찰하기 위해서는 세밀한 철학적 접근이 또한 필요할 것이다. '과도기'로서 청소년기의 특징이라고

---

12 무망감이란 "미래에 대한 부정적인 생각, 즉 자신이나 어느 누구도 불행이나 고통을 변화시키기 위하여 아무것도 할 수 없고 아무것도 이루어지지 않을 것이라는 신념"이라고 한다. 미국 청소년 대상 연구 결과에 따르면, 자녀 양육에 수반되는 권위적 양육과 지나친 통제, 과잉보호와 우울이 상관적 관계를 지니며, 또한 남학생과 여학생 모두 약물 남용, 슬픔, 무망과의 연관성이 나타났으며, 학교 성적은 남학생보다 여학생이 더 관련이 있는 것으로 나타났다고 한다. White, J., *The troubled adolescent*, New York: Pergamon Press, 1989.; Brent, D. A., Kalas R., Edelbrock C, et al, "Psychopathology and its relationship to suicidal ideation in childhood and adolescent", *Journal of the American Academy of Child Psychiatry* 25, 1986.; McPherson, Mary E., *Parenting Behavior, Adolescent Depression, Alcohol use, Tobacco use, and Academic Performance: A Path Model*, Master of Science in Human Development in virginia Polytechnic Institute and State University. August, 9, 2004.; 서혜석,《청소년의 자살생각》, 한국학술정보(주), 2007, 40쪽. 참조.

13 한국인이 다른 나라 사람들에 비해 다른 요소들은 현저하게 낮은데 유난히 높은 요소로 충동통제력이 주목되고 있다. 김주환은 충동통제력이 건강한 것이 되기 위해서는 긍정성이나 자율성과 균형을 이루어야 함을 환기시킨다. 건강한 충동통제력이란 "내가 하고 싶어서, 내가 좋아하는 일이니까, 내가 선택한 일이니까, 내가 생각하기에 의미 있는 일이니까 다른 충동을 통제해 가면서 그 일에 집중하는 것"이라고 한다. 이러한 긍정성이나 자율성이 수반되지 않는 충동통제력은 단순한 인내심의 발휘이며, 이는 점차 우리를 약하게 할 수 있음을 지적하고 있다. 나아가 한국 학생들이 높은 학업성취도에 비해 흥미도나 동기 부여가 낮은 것에 주목하여, 학업성취도와 학업흥미도 · 효능감의 관련성이 높은 다른 나라 학생들과 달리 우리나라는 거꾸로 가고 있는 현상도 지적하고 있다. 김주환,《회복탄력성》, 위즈덤하우스, 2011, 121~125쪽 참조.

할 수 있을 미결정적인 사이존재inter-esse[14]로서의 특징을 가장 잘 드러낼 수 있는 실존철학은 키르케고르에 의해 가능하다. 주지하다시피 키르케고르는 실존을 심미적 실존die ästhetische Existenz, 윤리적 실존die ethische Existenz, 종교적 실존die religiöse Existenz[15]으로 세분화함으로써 인간 존재가 인생의 길에서 직면하는 자기정체성의 미결정성과 더불어 사이존재로서 정체성에 수반되는 불안, 절망, 권태와 같은 정서적 차원을 매우 면밀하게 드러낸다.[16] 다양한 실존의 존재 방식에 대한 연구에 있어서 키르케고르의 심층적 논의는 오늘날 청소년들이 가장 노출되어 있으나 무지한 심미적 실존에 대한 탐색의 기회를 제공한다. 이는 오늘날 청소년들의 자기인식과 더불어 청소년들에 대한 사회적 인식의 확장을 위해 필요할 것이다. 우리 사회에서 상대적으로 평가절하되고 있는 심미성, 이에 반해 과대평가되고 있는 윤리성이나 종교성에 대한 철학적 성찰을 위해서 선행되어야 할 것은 바로 심미성에 대한 보다 심도 있는 연구이다.

키르케고르는 '나에게 진리인 진리를 찾는 것'[17]을 중시하였다. 이

---

14 사이존재로서 실존의 고통에 대한 절망과 불안 개념 분석은 다음 연구를 참조. 이광래·김선희·이기원,《마음 철학으로 치료한다》, 지와사랑, 2011, 201~224쪽.

15 아직 성인기가 아닌 과도기 청소년은 키르케고르가 말하는 여러 단계의 실존 중 특히 심미적 실존의 경향이 다른 실존보다 지배적으로 나타난다. 따라서 이 글은 현재 청소년들의 지배적 단계라고도 볼 수 있는 심미적 실존을 집중적으로 논의할 것이다. 하지만 과도기적 실존으로서 심미적 실존의 청소년은 또한 장차 당면할 윤리적 실존, 종교적 실존과 잠재적으로 상관적 관계를 지닌다고 할 수 있다.

16 실존의 다양한 양태로서 내존, 탈존, 간존 등의 분절을 통한 실존 개념의 다층적 특징을 드러낸 연구로는 다음을 참조. 김선희,〈북한이탈주민의 실존적 정체성에 대한 치료적 물음과 답변의 모색〉,《철학실천과 상담》제6집, 한국철학상담치료학회, 2016.

17 Kierkegaard, S., *Kierkegaard's Journals and Notebooks Volume 1: Journals AA–DD*, Princeton University Press Princeton and Oxford, 2007, p. 19.

는 자신의 실존을 실현하기 위해서는 소위 보편적이라고 말하는 세상의 진리가 아닌, 자기 자신의 진리를 탐구하는 일의 중요성을 환기시킨다. 우리 사회의 과도기적 청소년들은 자신의 진리를 찾는 시행착오를 통해서 스스로 성장하는 대신에, 주어진 진리를 암기하며 자신의 선택 없이 강제된 진로를 설정당하는 경향이 강하다. 과도기의 사이존재로서 청소년들에게 필요한 것은 주어진 정답이 아니라 스스로의 답을 찾아가는 시행착오의 시간이다. 그 속에서 자연스럽게 청소년들은 자신의 삶의 목적을 찾고, 그 목적을 실현할 수 있는 삶의 방법을 깨달아 갈 것이다. 건강한 충동 통제력을 지니기 위하여, 그리고 무망감이 아닌 희망을 갖기 위하여, 우리 사회의 청소년들에게는 자신에게 진리인 것을 스스로 찾는 일이 중요하다. 그리고 그것은 아직 결정되지 않은 청소년기의 욕망과 청소년들 자신이 관계 맺는 방식 속에서 구현될 것이다. 이때 필요한 것은 청소년 자신이 자신의 욕망을 건강하게 실현할 수 있도록 가정과 사회가 곁에서 지지해 주는 것이다.

청춘, 꿈, 그리고 '지극히 안이한 낙관론' 대 '고귀한 낙관론'

태양은 밝고 아름답게 나의 방을 비추고 있다. 옆방의 창문은 열려 있다. 길거리는 한결같이 조용하다. 일요일 오후다. 창문 바깥에서는 이웃집 정원에서 종달새가 지저귀고 있는 것이 또렷이 들려온다. 귀여운 아가씨들이 살고 있는 집이다. 멀리 떨어져 있는 길가에서 새우를 팔고 있는 사내의 떠드는 소리가 들려온다. 공기는 따사롭지만 거리 전체가 죽은 듯이 고요하다. 나는 나의 청춘meiner Jugend과 나의 첫사랑meiner ersten Liebe을 생각한다. 그때 나는 아직 그리워했다. 지금 나는 단지 나의 처음의 그리움만을 그리워한다. 청춘이란 무엇일까? 꿈이다. 사랑이란 무엇일까? 꿈의 내용이다.[18]

　20대 말 키르케고르의 작품 속에서 심미적 저자[19]는 이미 지나가 버린 청춘에 대해서 말한다. 청춘 그리고 첫사랑, 그때 있었던 그리움, 그러나 지금은 단지 '그리움에 대한 그리움'만 남아 있는 현실을 묘사하면서 그는 청춘이란 꿈이며, 이 꿈의 내용이 바로 사랑임을 강조한다. 그는 무엇인가를 그리워하는 청춘을 꿈으로 그리고, 그 청춘의 내용을 바로 사랑이라고 한다. 그러나 아쉽게도 저자는 더 이상 청춘이 아닌 지금, 남은 것은 그리움에 대한 그리움, 즉 지금 하는 사랑이 아니라 단지 저 이미 있었던 사랑에 대한 사랑임을 역설하고 있다. 이를 통해 우리는 저자의 현재 그리움이란, 무엇인가를 그리워하는 것이 아니라 저 무엇인가를 그리워하는 것을 그리워하는 모방적 그리움, 즉 내용 없는 공허한 그리움임을 예감할 수 있다. 그리하여 그는 꿈의 내용이 지니게 되는 공허함을 토로한다.

　청춘으로 칭해지는 꿈, 그리고 꿈의 내용인 사랑은 심미적 실존의

18　Kierkegaard, S., *Entweder-Oder Teil* I, 54쪽.

19　《이것이냐/저것이냐 제1부》의 〈서문〉에서 키르케고르는 자신(가명)은 단지 편집인이며, 이 책 원고의 출처가 자신이 우연히 산책 길의 고물상에서 구입한 서재용 책상 서랍에서 발견한 서류 뭉치였음을 밝힌다. 나아가 그는 이 서류 뭉치는 뚜렷이 다른 두 개의 수집물이라는 사실과 더불어 그 내용 또한 판이하다는 사실을 드러낸다. 한쪽은 많은 짧고 심미적인 논문을, 다른 한쪽은 모두 윤리적인 내용을 서간체로 쓴 두 개의 긴 논문과 하나의 짧은 논문을 포함하고 있다고 밝힌다. 그는 전자의 필자를 A, 후자를 B라고 부르기로 한다. 전자는 일종의 심미적 저자로서 《이것이냐/저것이냐》 제1부에 해당하며, 윤리적 저자로서 후자는 《이것이냐/저것이냐》 제2부에 해당된다. 따라서 이 글에서는 저자를 편집인 키르케고르와 구별하여 '심미적 저자'로 부르고자 한다. Kierkegaard, S., *Entweder-Oder Teil* I, pp. 24-25 참조.

내용이 될 것이며, 이는 '욕망'과 동의어이다. 이에 대한 저자의 입장을 밝힐 〈에로스적인 것의 직접적 단계, 혹은 음악적이며 에로스적인 것〉에 대한 논의의 바로 앞 장인 〈디아프살마타Diapsalmata〉의 마무리를 저자는 다음과 같은 매우 의미심장한 이야기로 마무리한다. 그것은 하느님과 천사만 사는 최고의 하늘이라는 제7천국에서 한 가지 소망을 이룰 수 있는 특권이 심미적 저자에게 주어졌을 때, 그가 선택한 소망은 '항상 자신의 곁에 웃는 이die Lacher를 두는 것'이라는 이야기이다.[20] 이와 같은 이야기는 심미적 실존, 즉 청춘의 사랑에 있어서 웃음이 지니는 가치를 환기시키기에 충분하다.

키르케고르는 '그리스 사람들의 행복한 세계관'을 화두로 삼아 〈에로스적인 것의 직접적 단계, 혹은 음악적이며 에로스적인 것〉을 시작한다. 저자는 자신이 '이 세계를 하나의 조화로운 구조를 가진 것이라고 부른 이유'를 '세계란 그 속에서 그리고 그것을 통하여 활동하고 있는 정신에 대하여 하나의 조화를 이루고 있는 전체로서, 하나의 투명하고 우아한 장식으로 자신을 현시하고 있기 때문'임을 명시한다. 나아가 '이 행복한 세계관은 보다 차원이 높은 영역에서, 이상理想의 세계에서, 특히 '악셀Axel과 발부르크Walburg, 호메로스와 트로이 전쟁, 라파엘과 가톨릭교, 모차르트와 돈 조반니'[21] 등에서처럼 짝을 이루는 것의 결합Verknüpfung에 주목한다. 혼자가 아니라 서로 어울리는 것이 하나로 묶여 있는 것 속에서 다시금 놀라운 지도적인 지혜가 나타난다는 사실을 환기시킴으로써 저 결합의 중요성

---

20 Kierkegaard, S., *Entweder-Oder Teil I*, p. 55 참조.
21 Kierkegaard, S., *Entweder-Oder Teil I*, p. 58.

을 강조한다.[22]

키르케고르는 '우연적인 것das Zufällige'이라고 여기는 처량한 방법으로 위로를 얻음으로써 자기 자신을 구원해 보려는 '지극히 안이한 낙관론ein recht bequemer Optimismus'과 거리를 둔다. 그는 오히려 저 결합, 즉 '서로 어울리는 둘이 하나로 묶여 있는 것'을 보면서 환희를 느끼고 성스러운 기쁨을 느끼는 '고귀한 낙관주의자들großmütige Optimaten'을 강조한다. 그리고 그는 이것이야말로 우연적이 아닌 행운적인 것das Glückliche의 결합임을 명시한다.[23] 그는 우연적인 것을 '운명의 미분절된 감탄사'에 비유하는 반면, 행운적인 것을 운명이 아니라 '역사적인 힘들의 신적인 합주'이자 '역사적인 시간의 축제'로 파악한다. 전자가 하나의 역사적 인자를 갖는 데 반해서, 후자는 두 개의 역사적 인자를 전제로 함을 그는 주목한다.[24] 그렇다면 과연 우연이 아니라 행운을 통해서 참으로 고귀한 낙관론자가 되기 위해 필요한 결합은 무엇일까? 그리하여 청춘이라는 꿈속에서 사랑이라는 내용을 보유할 수 있는, 행복한 세계에서 웃는 자로 살 수 있는 길은 무엇일까? 그것은 두 개의 인자를 갖는 것이며, 이들의 결합이다.

심미적 실존은 자기됨의 운동이 윤리적 당위성이 아니라 자연적 필연성에 의해 수행되고, 따라서 삶에서 자기의 의식적인 판단은 지연되는 것으로 평가된다. 자신의 중심을 자신이 아닌 주변의 모든 곳에서 갖게 되고 자기의 존재를 찾는 것은 지연된다는 것이다. 따

---

22 Kierkegaard, S., *Entweder-Oder Teil I*, p. 58 참조.

23 Kierkegaard, S., *Entweder-Oder Teil I*, p. 57 참조.

24 Kierkegaard, S., *Entweder-Oder Teil I*, p. 58 참조.

라서 실존의 자기이해는 지연된다는 입장이다.[25] 이러한 심미적 실존은 청소년 실존의 특징을 잘 드러낸다. 청소년기는 사춘기라는 과정을 통하여 성인으로 성장해 가는 과도기이자 이행기이다. 심미적 시기는 아직 자기가 존재하지 않지만 그럼에도 불구하고 또한 지양적으로 자기 자신을 형성해 가는 이행기이다. 따라서 심미적 실존기를 단지 감정이나 충동조절능력이 취약하기에 감정적인 것에 잘 휘둘리고, 이로 인해 갈등과 문제에 노출되기 쉬울 수밖에 없는 '취약기'로만 볼 것이 아니라, 동시에 이와 같은 취약성을 부단히 감지하고 극복해 가고자 하는 '성장기'로 해석해야 할 것이다.[26] 이에 따라 과도기적 청소년기가 지니고 있는 성숙기적 모습을, 본 연구는 심미적 실존을 지배하는 '욕망'에 대한 분석 속에서 드러내 본다. 또한 아직 반성 활동은 본격적으로 이루어지지 않지만 반성적 활동이 잠복하고 있는 심미적 활동에서 구현되는 욕망의 3단계 속에서, 저 결합을 통한 고귀한 낙관주의자이자 웃는 자를 모색해 본다.

욕망에 대한 분석을 키르케고르는 모차르트의 오페라 세 작품에 대한 분석을 통해서 세 단계로 나누어 전개한다. 그는 첫째 단계를

---

25 키르케고르의 실존철학을 *Kierkegaards existenzdialektische Ethik*에서 피력한 파렌바흐Helmut Fahrenbach의 해석에 동조하여 자기이해, 자기해석, 자기해명, 자기전달을 중심으로 '실존해석학'의 관점에서 접근한 연구로는 다음 논문을 참조. 김용일, 〈키아케고어의 실존해석학〉,《철학연구》제68집, 대한철학회, 1998, 70~71쪽.

26 사회학적인 관점에서도 사춘기는 아동으로부터 성인으로 자립하고자 전환을 시도하는 시기이며, 심리학적으로는 아동기와 성인기 중 어느 쪽에도 완전히 소속되지 않은 주변인적 상황marginal situation에서 새로운 심리 적응을 추구하는 시기라고 할 수 있다. 사춘기의 이러한 과도기적 특성 때문에 이 시기 청소년들이 많은 갈등과 문제 속에서 살게 되는 문제의 시기이기도 하다. 김형경, 〈사춘기학생 문제의 동향과 지도방안에 관한 고찰〉,《학생생활연구》26권, 원광대학교 학생상담센터, 2005, 68쪽 참조.

'꿈꾸고 있는' 욕망, 둘째 단계를 '찾고 있는' 욕망, 셋째 단계를 '욕망하고 있는' 욕망으로 구분한다.[27] 실존과 세계의 최초의 조우와도 같은 심미적 실존과 욕망의 관계 방식에 상응하여 다양한 희로애락이 수반된다. 기쁨, 환희, 향유 등과 같은 긍정적 정서와 더불어 우울, 우수, 권태, 불안, 절망 등과 같은 부정적 정서가 수반되기도 한다. 심미적 실존으로서 욕망의 세 과정에서 수반되는 정신적이며 심미적인 경험에 대한 키르케고르의 분석을 통해 청소년 정체성의 실존적 분석을 탐색해 본다.

욕망의 3단계 분석: 욕망의 탄생

첫째 단계의 욕망으로서 '꿈꾸고 있는' 욕망: 케루비노의 욕망

키르케고르는 욕망의 첫 단계를 '꿈꾸고 있는'[28] 욕망으로 규정한다. 욕망의 첫째 단계는, 욕망되어지지만 그 대상을 알 수 없어 모호할 수밖에 없기에 '꿈꾸고 있는' 욕망이다. 실존과 세계의 접촉 순간에 드러나는 첫째 단계의 욕망이 지니는 모순을 그는 다음과 같이 분석한다.

첫 단계에 깃들인 모순은 욕망이 어떤 대상도 발견하지 못했음에도 불구하고 욕망해 봄 없이 이미 자신의 대상을 소유했다는 것과 그렇다고 욕망할 수 있게 된 것은 아니라는 것이다.[29]

---

[27] Kierkegaard, S., *Entweder-Oder Teil I*, p. 58 참조.

[28] Kierkegaard, S., *Entweder-Oder Teil I*, p. 98 참조.

[29] Kierkegaard, S., *Entweder-Oder Teil I*, p. 103.

도대체 무슨 뜻일까? 저자는 모차르트의 오페라 〈피가로의 결혼〉에서 사춘기 소년 시동 케루비노Cherubino를 통해 이러한 모순적 특징을 세부적으로 드러낸다. 이 모순이 의미하는 바를 그는 우선 '양성과 음성이 같은 꽃 속에 있듯이 자웅동체적으로 머물고 있다'는 표현을 통해서 드러낸다.[30] 여기서 말하는 양성과 음성이란 욕망과 욕망의 대상임을 추측할 수 있다.[31] 따라서 첫째 단계의 욕망은 아직 욕망과 욕망의 대상이 분리되지 못한, 즉 미분화된 상태로서 이에 수반되는 모순이란 다름 아니라 욕망이 대상을 발견하지 못했음에도 이미 대상을 소유하고 있는 것이며, 이 소유가 욕망해 봄도 없이 얻어진 것이라는 점과 동시에, 이로 인하여 그것을 욕망할 수는 없다는 것이다. 이는 욕망과 욕망의 대상과의 관계의 우연성, 즉 행운이 아닌 우연성을 의미한다. 이는 결국 저 '지극히 안이한 낙관론'의 모습을 지니게 될 것이다.

더 나아가 케루비노가 피가로의 어머니인 마르체리나와 사랑에 빠져 있는 것에 대하여 비웃음 당하자 그가 "그녀는 여자다Sie ist ein Frauenzimmer"라고 답변했을 때,[32] 우리는 첫 단계의 욕망이 지니는 모순의 다른 축을 볼 수 있다. '여자를 사랑'한다는 케루비노의 욕망의 대상들은 변별되지 않는다. 따라서 그는 어떤 특정 여성이 아니라 여성 일반을 사랑하게 된다. 이 현상은 이 욕망의 대상이 '자신의' 욕

---

30 Kierkegaard, S., *Entweder-Oder Teil I*, p. 94 참조.

31 이와 같은 현상을 키르케고르는 "욕망은 자기의 대상이 될 것을 이미 소유하고 있지만, 그것을 욕망해 보지 못한 채로 소유하고 있다. 따라서 그것을 소유하지 못하고 있다. 이것은 고통스러운 모순이지만 그래도 그것이 지닌 감미로움 때문에 즐겁고 매혹적인 모순이고, 이 모순이 비애와 우수에 젖어 첫째 단계 전반에 걸쳐서 울려 퍼진다"고 그리고 있다. Kierkegaard, S., *Entweder-Oder Teil I*, p. 94 참조.

32 Kierkegaard, S., *Entweder-Oder Teil I*, p. 94 참조.

망이 아님을, 즉 자신의 비소유를 의미한다. 욕망의 대상이 자신의
개별성에 상응하는 개별적 대상이 아님을 의미한다고 할 수 있다.
키르케고르는 이와 같은 욕망의 무규정성이 욕망의 대상의 무한성
을 수반할 수밖에 없음을 지적한다.[33]

'자신의' 대상을 갖지 않은 채로 '대상을 소유한다'는 의미의 모
순 속에서 우리는 하나의 실존적 역설을 발견한다. 즉, 그러한 대상
의 소유는 소유가 아니라는 사실이다. 나아가 그는 이와 같이 대상
을 '소유하지만 소유하지 못하는' 욕망의 모순을 '고통스러운 모순
schmerzlicher Widerspruch'[34]으로 묘사한다. 그러나 그것은 "그것이 지닌
감미로움 때문에 기만적이면서 매혹적인 모순이고, 이 모순이 비애
와 우울seiner Wehmut und seiner Schwermut에 젖어 첫째 단계 전반에 울
려 퍼진다"[35]고 할 때, 우리는 그 이유가 오히려 욕망이 '소유하지 못
하지만 소유하고 있기' 때문임을 예감할 수 있다. 이 단계는 고통스
러운 모순이기에 '욕망은 정적인 욕망이고, 그리움도 정적인 그리움
이고, 열광도 정적인 열광stille Schwärmerei'의 모습을 드러낸다.[36]

이 첫째 단계 욕망의 모습을 통해, 우리는 또한 청소년기 욕망의
현상의 근원을 가늠할 수 있다. 욕망 분석을 통하여 심미적 실존을
드러내고 있는 키르케고르의 시점은 인간 욕망의 근원적 모습을 탐

---

33 "이 단계에 있어서의 욕망은 욕망으로 규정되어 있지도 않고, 또 이 예감된 욕망이
   자신의 대상에 관한 한 전적으로 무규정 상태에 있기는 하지만, 역시 그것은 무한
   히 깊은 존재의 성격을 갖고 있다. … 그러나 그것이 자신의 대상을 빨아들이지 못
   하고 있는 이유는, 이 대상이 무한해서가 아니라, 이 무한성이 그것의 대상이 될 수
   가 없기 때문이다." Kierkegaard, S., *Entweder-Oder Teil I*, p. 93.

34 Kierkegaard, S., *Entweder-Oder Teil I*, p. 92.

35 Kierkegaard, S., *Entweder-Oder Teil I*, p. 92.

36 Kierkegaard, S., *Entweder-Oder Teil I*, p. 92 참조.

색해 들어가기 때문에 청소년이라는 특정 실존을 이해함에 있어서 또한 타당성을 지닌다. 욕망에 대한 그의 단계적 성찰은 실존과 세계의 조우에 있어서 미분화된 욕망의 분화 단계, 즉 욕망의 탄생 과정을 면밀히 드러낸다.

감각적인 것이 깨어난다. 그럼에도 불구하고 아직은 운동하기 위해서가 아니고 정적인 휴식을 하기 위해서고, 또 아직은 기쁨과 환희를 위해서가 아니고 깊은 우수를 위해서 깨어 있다. 욕망은 아직 깨어나지 않고 있고, 그것은 우울함을 예감케 한다. 욕망 속에는 언제나 욕망된 것이 있고, 욕망된 것은 그 욕망에서부터 솟아올라 갈피를 잡을 수 없는 여명 속에서 자태를 드러낸다.[37]

키르케고르가 욕망이 아니라 감각적인 것이 깨어나는 것으로 묘사하는 욕망의 첫 단계는 욕망과 감각적인 것의 밀접한 관계를 드러낸다. 나아가 아직 감각적인 것이 첫 단계에서 기쁨이나 환희가 아니라 휴식을 취하고 있으며, 깊은 우수와 우울을 예비함을 알 수 있다. 다만 꿈꾸는 순간에 머물러 있는 욕망의 첫 단계에 대한 키르케고르의 분석을 보면서 우리는 성인조차도 여전히 스스로에 대해 무지한 욕망의 미규정적 양태를 직면하게 되며, 이에 수반되는 감정의 동요를 대면하게 된다. 욕망이 근원적인 한, 우리 자신의 욕망에 대한 무지는 우리 자신에 대한 근원적 무지를 수반함으로써 우리의 정체성과 이에 기반을 둔 삶의 의미나 목적 설정에 결정적인 오인을 야기하기 십상일 것이다. 하물며 사춘기 청소년들에게 비애와 우울

---

37 Kierkegaard, S., *Entweder-Oder Teil I*, p. 92.

을 예감하는 꿈꾸는 욕망의 출현은 얼마나 생소하고 두려운 것이며, 욕망과의 관계 방식 또한 얼마나 서툴고 난감할지 짐작할 수 있다.

둘째 단계의 욕망으로서 '찾고 있는' 욕망: 파파게노의 욕망

첫째 단계의 욕망이 '꿈꾸고 있는' 욕망이라면, 둘째 단계의 욕망은 '찾고 있는' 욕망이다.[38] 둘째 단계의 욕망에서 욕망은 아직 욕망하고 있는 것이 아니고 그저 욕망할 수 있는 대상을 '찾고' 있을 뿐이다. 키르케고르는 모차르트의 오페라 〈마적魔笛〉에서 파파게노Papageno를 그 전형으로 제시하고, 파파게노에게 있어서의 욕망을 '발견Entdeckung'으로 특징짓는다. 그 이유는 비록 파파게노가 무엇인가를 발견하려고 꿈틀한다고 할지라도 욕망의 정확한 대상을 발견하지는 못하기 때문이다. 그럼에도 불구하고 욕망이 찾아 헤매는 사이에 욕망의 갖가지 것들das Mannigfaltige을 발견함을 환기시킨다.[39] 그는 첫째 단계에서 둘째 단계로의 이행에서 나타나는 갖가지 것들의 현상을 다음과 같이 묘사하고 있다.

식물의 생명이 대지에 묶여 있듯이, 첫째 단계는 자양분이 풍부한 그리움Sehnsucht 속에 묶여 있다. 욕망이 깨어나고, 대상은 자신의 개시開始 속에서 갖가지 모습으로 떠나간다. 그리움은 대지로부터 빠져나와서 방황의 길을 떠난다. 꽃은 날개를 얻어, 쉬지 않고 지치지 않고 여기저기를 떠돈다. … 욕망은 대상을 향해 방향을 잡고 있고, 또 자기 자신 속에서 운동하고 있다. 심장은 건강하고 즐겁게 고동치고, 대상은

38 Kierkegaard, S., *Entweder-Oder Teil I*, p. 98.

39 Kierkegaard, S., *Entweder-Oder Teil I*, p. 97 참조.

재빨리 사라졌다가는 다시 나타난다. 사라질 때마다 그 직전에 향유의 순간ein Moment des Genießens과 접촉의 찰나ein Augenblick des Berührens 가 있다. 그것은 짧지만 달콤하고, 반딧불이의 불빛처럼 희미하게 빛나고, 나비의 접촉처럼 순간적이고 무해하다.[40]

키르케고르는 첫 단계의 욕망이 아직 그리움 속에 묶여 있던 것에 비해, 둘째 단계에서는 '감각적인 것'이 아니라 '욕망'이 '깨어난다'고 말한다. 이와 동시에 갖가지 모습을 지닌 욕망의 대상 또한 개시된다. 욕망은 그리움에 묶여 있거나 꿈꾸는 대신 쉬지 않고 여기저기를 떠돈다. 첫 단계 욕망의 운동이 휴지기였다면, 둘째 단계의 욕망은 운동을 시작하여 방황의 길을 떠난다는 것이다. 그리고 키르케고르는 건강하고 즐겁게 고동치는 심장과 대상의 이 최초의 조우에서 오는 향유와 접촉의 시간에 주목한다. 접촉의 다른 이름인 향유는 욕망이 지니는 심미적 정체성을 드러낸다. 이와 동시에 이 시간이 매우 순간적임을 환기시킨다. 그리고 그 짧은 시간의 속성이 지니는 달콤함과 더불어 그것의 불투명성과 순간성, 그리고 무해성을 환기시킨다.

키르케고르가 "대상이 있을 때만 욕망이 있고, 또 욕망이 있을 때만 대상이 있다. 욕망과 욕망의 대상은 완전한 쌍둥이고, 둘 중 어느 하나도 상대방보다 한순간의 몇 분의 1이라도 먼저 태어나지 못한다."[41]고 지적할 때, 우리는 욕망과 욕망의 대상이 마치 뫼비우스 띠와 같은 관계를 지님을 알 수 있다. 이는 '고동침das Pulsierende'이자

---

40 Kierkegaard, S., *Entweder-Oder Teil I*, pp. 97–98.

41 Kierkegaard, S., *Entweder-Oder Teil I*, p. 97.

'명랑성Heiterkeit'으로서 '발견의 재미Entdeckungslust'를 지닌 욕망의 탄생이 동시에 그의 대상의 탄생을 예비하는 것이다.[42] 따라서 이들의 상관적 운명을 통해 드러나는 것은, 욕망과 욕망의 대상이 저 미분화로부터 이제 분리된다는 점이다. 우리는 이 쌍둥이의 탄생에 있어서 상관적 운명이 동시에 '분리'를 통해 이들의 추후의 삶의 독립을 수반하는 역설임을 예감할 수 있다.

둘째 단계의 욕망에서 드러나는 접촉의 순간이 지니는 향유성과 더불어 욕망의 주체와 욕망의 대상 간의 분리에 대한 주목은, 청소년의 욕망이나 심미적 실존의 자기인식에 있어서 매우 의미심장한 지점이다. 비록 고동침이자 명랑성으로서 발견의 재미를 지니고 있는 둘째 단계의 욕망이 욕망과 욕망의 대상 사이의 분리지만, 아직은 여전히 '욕망하고 있는' 욕망이 아니라[43] 자신의 욕망을 알지 못함으로 인해 이것저것 갖가지 자신이 접해 보지 못했던 욕망의 대상들을 찾아 헤매는 방랑자와 같다고 할지라도, 이 단계가 지니는 의미는 간과할 수 없다. 왜냐하면 욕망이 운동하는 과정 속에서 욕망은 이제 접촉이 수반하는 향유를 체험하는 동시에 욕망이 활동할 수 있는 대상의 범위를 형성하며, 나아가 이에 상응하여 욕망의 주체 또한 확장되기 때문이다. 만일 이 단계에서 접촉과 방랑의 가능성이 차단된다면, 욕망 주체의 감수성 자체가 한정될 것이며 대상 범위 또한 제한될 수밖에 없을 것이다. 따라서 이 단계의 욕망에게 필요한 것은 욕망이 자신과 세계를 탐색할 수 있는 풍부하고 자유로운 공간일 것이다. 이러한 맥락에서 볼 때, 사회나 양육자에 의한 과도

---

[42] Kierkegaard, S., *Entweder-Oder Teil I*, p. 97 참조.
[43] Kierkegaard, S., *Entweder-Oder Teil I*, p. 98 참조.

기 청소년의 욕망에 대한 과도한 제약은 청소년들의 삶의 의지와 더불어 의미를 근원적으로 제한하고 차단하는 동시에, 그 자리에 타자적이고 익명적인 욕망을 초래하는 역기능을 초래할 수 있을 것이다.

셋째 단계의 욕망으로서 '욕망하고 있는' 욕망: 돈 조반니의 욕망

키르케고르는 발견을 통해 이렇게 깨어나는 욕망이 곧 욕망으로 규정되는 것은 아님을 명시한다. 이를 통해 그는 파파게노의 욕망이 아직은 욕망 속에 있는 고동침이자 욕망이 지닌 명랑성으로서 발견의 재미일 뿐 욕망으로서 규정되지 않음을 주목한다.[44] 그리하여 그는 '꿈꾸고 있는' 욕망에서 '찾고 있는' 욕망으로, 그리고 마지막으로 '욕망하고 있는begehrend' 욕망으로의 이행을 주목한다.[45] 셋째 단계 욕망의 모습은 어떠할까? 키르케고르는 앞선 두 단계를 일면적인 욕망이라고 말한다.[46] 첫째 단계의 욕망은 대상과 분리되지 못하였고, 둘째 단계의 욕망은 대상과는 분리되었지만 대상을 찾아다니는 단계로서 단지 대상의 갖가지 것 속에 있기에 일면적이라는 것이다.

키르케고르는 이 두 단계와 달리 셋째 단계가 이 둘의 통합을 원한다는 점을 주목한다. 욕망은 이제 자신의 절대적인 대상을 이러저러한 갖가지 것들 속에서가 아니라 개별자 속에 가지고, 개별자를 절대적으로 원함으로써 저 통합을 이루고자 한다.[47] 물론 이때 주의해야 할 점은 "욕망이 세 단계 전부에 현존하고 있다는 사실을 기억

---

44 Kierkegaard, S., *Entweder-Oder Teil I*, p. 98 참조.
45 Kierkegaard, S., *Entweder-Oder Teil I*, p. 98 참조.
46 Kierkegaard, S., *Entweder-Oder Teil I*, p. 103 참조.
47 Kierkegaard, S., *Entweder-Oder Teil I*, p. 103 참조.

한다면"이라는 키르케고르의 환기이다.[48] '본래가 전체의 단계인 이 셋째 단계'[49]라는 그의 표현에서 알 수 있듯이, 이 세 단계는 서로 유기적 관계를 지닌다. 첫째 단계 욕망과 둘째 단계 욕망의 운동 없이는 셋째 단계의 욕망도 가능하지 않음을 알 수 있다. 따라서 돈 조반니는 케루비노와 파파게노의 종합이라고 할 수 있다. 그렇다면 첫째 단계에서 원했던, 그러나 이루지 못했던 이상적인 일자와 둘째 단계에서 원했던, 그러나 얻지 못했던 갖가지 것의 밑에 있는 개별자, 이둘이 통합은 무엇을 의미하는가?

그는 셋째 단계의 전형으로 모차르트의 오페라 〈돈 조반니〉의 돈 조반니Don Giovanni를 제시하며, "돈 조반니에게서의 욕망은 절대적으로 욕망으로서 규정되어 있고, 내포적인 의미에서나 외연적인 의미에서나 선행하는 두 단계의 직접적 통일"[50]이라고 한다. 그렇다면 저 욕망의 단계들의 직접적 통합에서 드러나는 욕망은 어떤 모습으로 나타나는가? 그것은 키르케고르가 '감각적 천재성sinnliche Genealität의 이념'[51]으로 표현하고 있는 돈 조반니를 통해서 드러난다. 키르케고르는 그것이 그의 사상에서 지니는 의미를 다음과 같은 비장한 표현을 통해 드러내고 있다.

---

[48] Kierkegaard, S., *Entweder-Oder Teil I*, p. 98 참조.

[49] Kierkegaard, S., *Entweder-Oder Teil I*, pp. 102-103.

[50] Kierkegaard, S., *Entweder-Oder Teil I*, p. 103.

[51] Kierkegaard, S., *Entweder-Oder Teil I*, p. 103. 여기서 키르케고르는 욕망이 이 단계에 있어서는 '절대적으로 건전하고, 승리감에 넘쳐 있고, 의기양양하고, 불가항력적이고, 데모니시'함을 환기시키는 동시에 '개별적이 개인 속에서의 욕망이 아니라, 정신에 의해서 배제되는 것으로서 정신적으로 규정된 원리로서 욕망'임을 강조한다. 나아가 감각적 천재성의 이념을 표현하는 것이 돈 조반니이고, 이 돈 조반니를 표현할 수 있는 것은 오로지 '음악'임을 부각시킨다.

미의 나라의 국경을 지키고 있는 외로운 영들이여, 혼탁한 감격과 맹목적인 집념에 빠진 순간에 내가 〈돈 조반니〉를 지나치게 찬양하지 않고, 그것에 해를 끼치지 않고, 그것을 왜소하게 만들지 않고, 그것을 그것이 지닌 본래적인 위치, 즉 최고의 것 이외의 다른 것으로 만들지 않도록 나를 감시해다오.[52]

셋째 단계는 키르케고르의 심미적 실존의 본령인 욕망론의 정수라고 할 수 있다. 분량 면에서도 전체 분량의 반에 해당하는 지면을 할애하고 있다. 먼저 그는 모차르트의 〈돈 조반니〉의 전형으로서 '돈 조반니'의 이념을 유혹으로 규정된 '감각적 천재성'을 통해 탐색한다.[53] 그는 돈 조반니 속에 깃들인 이념의 시작이 그리스도교 시대나 중세에 속하는 것이라고 확신한다.[54] 그는 돈 조반니라는 이념의 출현을 다음과 같이 환기시킨다. 즉, 오로지 정신으로만 규정된 정신이 현세를 단념하고, 현세적인 것을 자신이 항상 싸움의 상대로 삼고 있던 힘들의 활동 무대로서 남겨 두고 대지를 떠나 버릴 때, 감각적인sinnlich 것이 맹위를 떨치며 나타났다는 것이다. 이러한 변화로 인하여 역설적이게도 감각은 어느 때보다도 강하게 자신이 지닌 풍

---

52 Kierkegaard, S., *Entweder-Oder Teil I*, p. 105.

53 욕망의 셋째 단계는 다시 ① 유혹으로 규정된 감각적 천재성, ② 음악적인 파악과 관련된 돈 조반니에 관한 여러 작품의 고찰, ③ 이 오페라의 내적이며 음악적인 구조로 이루어져 있다. Kierkegaard, S., *Entweder-Oder Teil I*, pp. 106-163 참조.

54 Kierkegaard, S., *Entweder-Oder Teil I*, p. 106 참조. 그는 그리스도교가 이 세계에 초래한 육신과 영혼의 갈등을 중세는 자신의 고찰의 주제로 간주하지 않을 수 없었고, 이런 목적을 위하여 서로 싸우는 힘들을 개별적으로 고찰의 주제로 삼지 않을 수 없기에 돈 조반니는 육신의 성육신, 혹은 육신의 영에 의한 육신의 영화라고 할 수 있다고 본다. Kierkegaard, S., *Entweder-Oder Teil I*, p. 107 참조.

요성에 눈을 떴음을 환기시킨다.[55]

키르케고르는 중세가 어떤 지도에서도 찾아볼 수 없는 어떤 산에 대해 언급하는 것을 지적하면서, 이 산이 바로 비너스가 살던 사랑의 산이며 여기가 바로 감각의 거처라고 한다. 감각은 하나의 왕국이자 국가인데, 이 왕국이 낳은 첫째 자식이 바로 돈 조반니라는 것이다. 그러나 저자는 이 향유를 위한 향유Genießen의 왕국이 아직 죄의 왕국das Reiche der Sünde이라고는 말할 수 없음을 주목한다. 죄의 왕국은 단지 반성이 나타날 때만 나타나며, 반성이 나타나는 순간에 돈 조반니는 피살되고 음악은 침묵함을 환기시킨다.[56] 그렇다면 아직 반성이 없는, 그리하여 아직 죄가 없는 장면을 보자.

심미적 저자는 아직 중세에 속하지 않는 그리스인의 사랑을 헤라클레스의 사랑을 예로 들어 묘사한다. 그는 이 사랑이 영적seelisch이고 감각적이지sinnlich 않은 반면에, 어쩌면 중세에 태어난 돈 조반니의 사랑은 역설적이게도 영적이지 않고 감각적이라고 한다. 영적인 사랑에선 한 여자를 사랑하는 동안 다른 여자를 생각하지 않지만, 감각적인 사랑에선 한 여자를 사랑하는 것이 아니라 모든 여자를 사랑한다는 점에서 다르다고 한다. 영적인 사랑이 일편단심인 데 비해 감각적인 사랑은 그렇지 않다는 것이다. 따라서 돈 조반니는 밑바닥부터 유혹자라고 한다.[57] 감각적인 사랑은 한 여자를 사랑하는 것이 아니라 모든 여자를 사랑하고 모든 여자를 유혹한다. 이 사랑에는 영적인 사랑과 달리 자신의 욕망의 충족과 보상에 대한 의구심이나

---

55 Kierkegaard, S., *Entweder-Oder Teil I*, p. 108 참조.

56 Kierkegaard, S., *Entweder-Oder Teil I*, p. 109 참조.

57 Kierkegaard, S., *Entweder-Oder Teil I*, p. 114 참조.

불안정Unruhe이 수반되지 않는다.[58] 영적인 사랑에는 풍요성과 충만이 있지만 일체가 순간적인 일에 해당하는 감각적인 돈 조반니에게는 여자를 보는 것과 사랑하는 것이 하나이고 순간의 일이며 동일한 것이 무한히 되풀이된다.[59]

이 모든 과정을 관통하는 힘은 바로 돈 조반니 자신이 현실적으로 구현하고 있는 감각의 본질적인 천재성 속에 있다.[60] 그리고 키르케고르는 돈 조반니의 이념의 이성성은 바이런George Gordon Byron처럼 말 또는 이와 다른 발레가 아닌 오직 음악을 통해서 가능하며, 이는 모차르트에 의해 〈돈 조반니〉에서 실현되었음을 시종일관 부각시킨다. 그가 돈 조반니 속에서 본 원시적인 삶, 즉 위력적이고 불가항력적인 데모니시한 것을 볼 때 그것은 그의 이상성이고, 음악은 그를 인격이나 개인으로 제시하지 않기 때문에 아무런 방해도 받지 않고 이 이상성을 즐길 수 있다는 것이다.[61] 이것이 바로 첫째 단계에서 원했던, 그러나 이루지 못했던 이상적인 일자와 둘째 단계에서 원했

---

58 Kierkegaard, S., *Entweder-Oder Teil I*, p. 114 참조.

59 Kierkegaard, S., *Entweder-Oder Teil I*, p. 115 참조.

60 Kierkegaard, S., *Entweder-Oder Teil I*, p. 122 참조.

61 Kierkegaard, S., *Entweder-Oder Teil I*, pp. 128-129 참조. 키르케고르에 따르면, 음악적인 돈 조반니는 욕망의 만족을 향유하는 반면에 반성적인 돈 조반니는 속임수와 계략을 향유한다. 후자에 있어서 직접적인 향유는 지나가 버리고, 보다 큰 향유는 향유를 명상하는 일에서 찾음을 주목함으로써, 모차르트의 〈돈 조반니〉의 돈 조반니 속에 구현된 돈 조반니의 이념의 탁월성을 환기시킨다. Kierkegaard, S., *Entweder-Oder Teil I*, p. 130 참조. 나아가 그는 저 양자와 수단의 관계를 다음과 같이 주목한다. "음악적인 돈 조반니는 절대적으로 상승常勝이고, 따라서 물론 이 승리에 공헌할 수 있는 온갖 수단을 절대적으로 소유하고 있다. 혹은 오히려 그는 그런 수단을 절대적으로 소유하고 있기 때문에, 그런 수단을 사용할 필요가 없다. 돈 조반니가 반성적인 개인이 되는 순간, 수단이라고 불리는 것이 존재한다는 사실이 드러난다." Kierkegaard, S., *Entweder-Oder Teil I*, p. 132 참조.

던, 그러나 얻지 못했던 갖가지 것의 밑에 있는 개별자, 이 둘의 통합을 의미한다.

감각적 천재성으로 묘사되는 돈 조반니에 의해서 실현되는 욕망하는 욕망의 탄생은 그 배후에 마찬가지로 욕망되는 세계의 탄생을 상정할 것이다. 이는 바로 고귀한 낙관론자에게 가능한 행운, 즉 하나의 인자가 아니라 두 개의 인자의 결합을 실현할 것이다. 그리하여 욕망은 혼자가 아니라 서로 어울리는 것이 하나로 묶여 있는 것 속에서 자신을 발견할 것이다. 꿈으로 상징되던 청춘, 곧 청소년이 스스로 꿈을 꾸고 찾고 마침내 욕망의 주체로서 자신의 대상과 결합함으로써, 청춘은 실존적 공허나 무망감에 시달리는 대신에 자신의 욕망의 대상과의 관계 속에서 자연스럽게 자신의 욕망을 조절하는 법을 직접적으로 체득할 기회를 갖게 될 것이다. 그곳에는 웃는 이가 있을 것이다.

심미적 실존과 청소년 자살의 상관성

모차르트의 〈돈 조반니〉에서 돈 조반니는 죽었다. 사람들에 의해서 죽었다. 그런데 키르케고르는 왜 그의 죽음이 아니라 그의 삶을 조명하는가? 오페라에서 감행된 그의 죽음으로 인하여 욕망도 감각도 죽고 감각의 왕국도 사라졌다. 그렇다면 하나의 왕국이자 국가인 감각, 이 왕국이 낳은 첫째 자식인 돈 조반니는 사라졌는가? 주지하다시피 키르케고르는 돈 조반니라는 이념의 출현을 다음과 같이 환기시킨 바 있다. 즉, 오로지 정신으로만 규정된 정신이 현세를 단념하고, 현세적인 것을 자신이 항상 싸움의 상대로 삼고 있던 힘들의 활동 무대로서 남겨 두고 대지를 떠나 버릴 때, 역설적이게도 감각적인 것이 맹위를 떨치며 나타났다는 것이다. 그는 이러한 변화로 인하여 감각은 어느 때보다도 강하게 자신이 지닌 풍요성에 눈을 떴다고 한다. 이는 감각의 배제와 부정이 오히려 역설적으로 감각의 탄생을 고지함을 폭로한다.

　오늘날 청소년들은 너무 이른 윤리적 또는 종교적 실존으로의 이행과 더불어, 이 과정에서 부과되는 과도한 중압감으로 인해 자신에게 부과된 정체성과 자신 스스로 욕망하는 정체성 간의 심각한 괴리를 느끼게 된다. 이 괴리로부터 초래되는 고통은 청소년들을 기형적인 심미적 실존으로 몰고 가는 역설적 현상을 수반하기도 한다.[62] 이로 인한 부작용들 중에서 가장 극단적인 현상으로 청소년 자살을 꼽을 수 있다. 청소년들의 자살 시도는 타인이나 사회를 향해 간절하게 '도움을 청하는 외침cry for help'으로 이해할 수 있다.[63] 청소년들은 욕망함에도 불구하고 사회나 가정에서 그 욕망이 터부시되며, 심미적 상태에 있음에도 불구하고 자신들의 심미성을 인정받지 못하는 경향이 강하다. 따라서 이들은 사회로부터 자신의 존재를 부정당하고 심지어는 자기 스스로 자신의 심미성을 부정하게 되어 버리기도 한다. 만일 청소년들이 삶의 가장 기초적 단계인 심미적인 삶을 부정당한다면, 이들은 우울이나 무망감과 더불어 극단적으로 자살이라는 치명적인 방식으로 자신들의 욕망을 표현할 수밖에 없을 것이다.[64]

62　청소년의 자살 생각에 관한 요인 중 청소년의 개인적 특성과 무망감에 관한 연구는 다음을 참조. 서혜석,《청소년의 자살생각》, 39~47쪽.

63　청소년은 인지적으로 미성숙하고 발달단계상 불안정한 시기이므로 자신이 처한 상황을 해결하기 위하여 자살을 선택할 수 있다는 연구로는 다음을 참조. 오아름, 〈청소년 자살예방 사업의 추진실적과 향후 과제〉, 3쪽.; 윤성일 · 안홍선,《청소년 자살 행동과 특성》, 한국학술정보(주), 2012, 35쪽.; 서혜석,《청소년의 자살생각》, 15쪽.

64　한국 청소년들의 실존적 공허의 원인은 바로 심미적 단계의 결핍에 있지는 않은

욕망의 세 단계에 대한 키르케고르의 탐색은 욕망의 정체성을 면밀하게 드러내고 있다. 그러나 이러한 심미적 단계는 인간의 가장 기본적인 실존 양식인 동시에, 험난한 실존의 여정에서 직면하게 되는 마지막 도피처이기도 하다. 그 이유는 권태 · 불안 · 절망 같은 실존의 증상들이 단지 심미적 삶의 결과일 뿐만 아니라, 윤리적 · 종교적 실존이 한계에 직면했을 때 드러나는 증상일 수 있기 때문이다. 이로부터의 마지막 도피처이자 은신처가 바로 심미적 삶일 수 있다. 따라서 우리는 윤리적 실존과 종교적 실존을 심미적 실존의 한계 극복의 상위 관계로만 볼 것이 아니라, 역으로 윤리적 · 종교적 실존의 한계와 상관적으로 심미적 실존이 요청되거나 강화될 수 있음을 주목해야 할 것이다. 어쩌면 청소년들에게 심미성으로의 임시적인 도피조차 가능하지 않을 때, 남아 있는 마지막 도피처가 죽음이 될지도 모른다. 그러므로 심미성에 대한 우리의 성찰은 좀 더 신중해야 한다. 인생의 단계에서 심미적 실존의 위상을 단지 비생산적이고 소모적인 것으로만 치부하는 부정적 시각과 더불어, 윤리적 단계와 종

가? 심미적 과정, 특히 욕망의 3단계를 통하여 자신과 타자의 구분 그리고 그 과정에서 자연스럽게 선택의 모티브들이 자라나고 이 속에서 자연스럽게 윤리적 실존으로의 실존적 성장이 수반될 것이다. 그러나 심미적 단계를 박탈당한 실존은 자신도 타자도 존재하지 않는 익명적 정체성 속에서 자신도 세계도 공허한 정체성을 수반하게 되지 않는가? 그리하여 그 누구에게도 진리이지 않은 공허한 진리를 신봉하지 않는가? 바우마이스터Baumeister에 따르면 개인이 이루고자 하는 기대나 희망(준거)과 현실 간의 괴리가 내적으로 귀인되어 자신에 대한 부정적 감정과 우울증이 초래되고, 이 우울증이 "인지적 몰락cognitive deconstruction" 상태를 유발하여 결국 자살 행위를 하게 된다고 한다. 인지적 몰락 상태란 모든 사상에 의미를 부여하는 것을 거부하고 사물과 현상을 피상적 · 몰가치적으로 지각하고 해석하는 경향을 의미한다. 이 상태가 자살을 저지하는 내적 장애를 제거하는 기제가 되어 부정적으로 인식된 자신과 부정적 감정으로부터 탈출하는 수단으로서 자살과 같은 극단적이고 자기-파괴적인 선택을 하게 된다는 것이다. 신민섭 · 박광배 · 오경자, 〈우울증과 충동성이 청소년들 자살 행위에 미치는 영향〉, 286~287쪽 참조.

교적 단계에 대한 과대평가도 신중하게 검토해야 할 것이다. 이와 더불어 심미적 실존에서의 심미성을 단지 감각적인 것이 아니라 생존의 안정감, 가족이나 환경 속의 안정감, 감사 등과의 관계 속에서 좀 더 생산적으로 해석할 필요가 있다. 왜냐하면 심미적인 안정성은 청소년들의 추후 삶의 중요한 단초로 작용할 것이기 때문이다.

청소년의 욕망에 대한 인정을 통해 고귀한 낙관론자로의 성장

청소년들에게 필요한 것은 자신의 욕망에 대한 자기인식의 기회이다. '꿈꾸고 있는' 욕망에서 '찾고 있는' 욕망으로, 그리고 마지막으로 '욕망하고 있는' 욕망으로의 이행 경험을 통해 청소년들은 부모나 사회에 의해서 일방적으로 주어진 진리가 아니라 자기 자신이 꿈꾸는 욕망, 자기 자신이 찾고 있는 욕망, 자기 자신이 욕망하는 욕망을 인식할 수 있을 것이다. 청소년들은 욕망의 과정 속에서 이루어진 가족이나 사회의 지지 여부나 정도에 따라 자신이 살 곳이 과연 살 만한 곳인지 아닌지를 감지할 수 있을 것이다. 청소년의 욕망에 대한 가족이나 사회의 지지 여부나 그 정도는 청소년들의 건강한 윤리적 단계로의 이행 여부와 정도를 또한 결정할 것이다. 그 과정에서 자연스럽게 청소년들은 자신의 욕망을 조절하는 방법을 배우고 익힐 것이다.

그러나 만일 우리 사회가 여전히 청소년의 욕망이 지니는 위험성만 강조하고, 이로 인하여 자신의 욕망을 꿈꾸고 찾고 욕망하는 기회를 박탈한다면 청소년들은 자신의 욕망이 아니라 부모나 사회가 강요한 욕망, 즉 자신이 부재한 자신의 욕망의 역설로 인하여 실존적 공허나 무망감 그리고 우울증에 더 많이 노출될 것이다. 또한 무망감이나 우울증으로 인해 자아존중감이 저하되어 자신의 의지에 대한 어떤 확신도 갖지 못하게 될 것이다. 이러한 상황은 스스로 자신을 통제하는 능력을 낮추어 청소년들의 충동조절능력이나 감정조절능력을 취약하게 만들 것이다. 그리하여 청소년의 삶에서 욕망이나 감각적인 것, 일체 심미적인 것이 금기시될수록 역설적으로 감각의 왕국은 은밀히 더 강대해지고, 이에 상응하여 더 많은 기형적 돈 조반니가 탄생할 것이다.

자신의 욕망을 안정적으로 사회에서 인정받을 때 청소년들은 우연이 아니라 행운을 통해서 키르케고르가 꿈꾸었던 고귀한 낙관론자, 웃는 자로 성장할 수 있을 것이다. 즉 악셀과 발부르크, 호메로스와 트로이 전쟁, 라파엘과 가톨릭교, 모차르트와 돈 조반니처럼 혼자가 아니라 서로 어울리는 것이 하나로 묶여 있는 것 속에서 자신을 발견할 것이다. 그리하여 우연적인 것으로 여겨지는 처량한 방법으로 위로를 얻는 안이한 낙관론자가 아니라, 서로 어울리는 둘이 하나로 묶여 있는 것을 보면서 환희를 느끼고 성스러운 기쁨을 느끼는 고귀한 낙관주의자로 성장할 것이다. 이러한 과정을 통해 청소년들이 우리 사회에 대하여 고귀한 낙관적 세계관을 지니게 된다면, 청소년들을 자살로 유인하는 우울증이나 무망감 대신에 기쁨과 웃음이 자리할 것이다.

참고문헌

김선희 · 김성진 · 박병준 · 이영의 · 정세근, 《죽음 그리고 자살》, 학이시습, 2015.

김주환, 《회복탄력성》, 위즈덤하우스, 2011.

빅터 프랭클, 《삶의 의미를 찾아서》, 이시형 옮김, 청아출판사, 2005.

서혜석, 《청소년의 자살생각》, 한국학술정보(주), 2007.

쇠얀 키에르케고어, 《이것이냐/저것이냐 제1부》, 임춘갑 옮김, 다산글방, 2008.

윤성일 · 안홍선, 《청소년 자살행동과 특성》, 한국학술정보(주), 2012.

이광래 · 김선희 · 이기원, 《마음 철학으로 치료한다》, 지와사랑, 2011.

이진남 · 김선희 · 이기원, 《분노조절을 위한 철학치유 프로그램 개발》, 경제 · 인문사회연구회, 2015.

이홍식 외, 《자살의 이해와 예방》, 학지사, 2012.

김선희, 〈북한이탈주민의 실존적 정체성에 대한 치료적 물음과 답변의 모색〉, 《철학실천과 상담》 제6집, 한국철학상담치료학회, 2016.

김용일, 〈키아케고어의 실존해석학〉, 《철학연구》 제68집, 대한철학회, 1998.

김형경, 〈사춘기학생 문제의 동향과 지도방안에 관한 고찰〉, 《학생생활연구》 26권, 원광대학교 학생상담센터, 2005.

신민섭 · 박광배 · 오경자, 〈우울증과 충동성이 청소년들 자살 행위에 미치는 영향〉, 《한국심리학회지:임상》 제10권 제1호, 한국심리학회, 1991.

오아름, 〈청소년 자살예방 사업의 추진실적과 향후 과제〉, 《Weekly Issue》 제36호, 한국건강증진개발원, 2017.

최광현, 〈심리부검Psychological Autopsy의 필요성에 관한 제언〉, 《주간국방논단》 제11193호, 한국국방연구원, 2008.

한기석 · 정영조, 〈청소년 자살의 원인과 치료적 개입〉, 《인제의학》 제13권 제2호, 인제대학교, 1992.

Brent, D. A., Kalas R., Edelbrock C, et al(1986). "Psychopathology and its relationship to suicidal ideation in childhood and adolescent", *Journal of the American Academy of Child Psychiatry* 25.

Fahrenbach, Helmut.(1968). *Kierkegaards existenzdialektische Ethik.* Klostermann.

McPherson, Mary E.(2004). *Parenting Behavior, Adolescent Depression, Alcohol use, Tobacco use, and Academic Performance: A Path Model*, Master of Science in Human Development in virginia Polytechnic Institute and State University. August, 9.

Pfeffer, C. R.(1991). "The textbook of child and adolescent psychiatry", 1st, *Suicide and Suicidality.*

Rich, C. L., Young, D., Fowler, R. C.(1986). "San Diego suicide study, I: young versus old subjects", *Arch Gen Psychiatry* 43.

Kierkegaard, S.(2005). *Entweder-Oder Teil I.* DTV.

Kierkegaard, S.(2007). *Kierkegaards Journals and Notebooks Volume 1: Journals AA–DD.* Princeton University Press Princeton and Oxford.

White, J.(1989). *The troubled adolescent.* New York: Pergamon Press.

Yoshida, K., Mochizuki, Y., Fukuyama, Y.(1991). "Clustering of suicides under 20-seasonal trends and the influenced of newspaper reports", *Nippon-Koshu-Eisei-Zasshi* 38.

불안과 철학상담: 사이존재의 사이기분

김선희

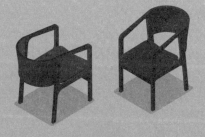

이 글은 〈실존적 불안. 사이존재로서 실존의 사이기분에 대한 철학적 분석: 키에르
케고어를 중심으로〉(대한철학회, 《철학연구》148권, 2018)를 수정 및 보완하여 재수
록한 것이다.

불안의 다양한 얼굴들

나는 두 명의 친구와 거리를 걷고 있었다. 해가 지고 있었다. 하늘이 핏빛으로 붉게 물들고 있었다. 그때 나는 한 줌의 우울을 느끼고 있었다. 나는 멈춰 섰고 너무나 피곤해서 난간에 기대었다. 흑청색의 피오르드와 도시 너머에는 불로 된 피와 혀가 걸려 있었다. 내 친구들은 계속 걸었으나 나는 불안에 떨며 멈춰 섰다. 그리고 자연을 통해 울리는 커다랗고 끝이 없는 비명 소리를 느꼈다.[1]

뭉크Edvard Munch(1863~1944)가 1893년 〈절규Scream〉와 1896년 〈불안Anxiety〉에 담은 그의 일상의 한 장면은 또한 이처럼 1892년에 글로 표현되었다. '핏빛', '우울', '피곤', '불로 된 피와 혀', '불안', '커다랗고 끝이 없는 비명 소리' 등 범상치 않은 표현들로 묘사된 뭉크의 삶의 한 장면은 인간 실존의 모습을 담고 있다.

동시대를 살았던 프로이트Sigmund Freud(1856~1939)는 《새로운 정신분석 강의》에서 불안anxiety을 심도 있게 파헤쳐 간다. 그는 우선 그의 기존 강의에서 논의한 불안에 대한 연구의 진척 상황을 토대로 불안을 다음과 같이 열거한다.

불안은 그것이 감정적인 상태인 한해서 과거에 위험으로 다가왔던 사건의 재생인 듯하며, 자기보존의 목적에 봉사하며 새로운 위험을 알리기 위한 신호이자 어떤 이유에서든 소진되지 못한 리비도로부터 기

---

1 Reinhold Heller, *Ervard Munch. Leben und Werk*, München, 1993, p. 68. 조이한, 《위험한 그림의 미술사》, 웅진닷컴, 2002, 193쪽 재인용.

인하며 억압의 과정 중에서도 발생하며 나아가 불안은 증상의 형성으로 대체되며 따라서 심리적 속박을 가져오는 것이다.[2]

　그러나 프로이트는 불안의 원인을 소진되지 못한 리비도나 그것의 억압 과정에서 발생하는 것이라고 보는 기존 강의의 결론에는 뭔가 빠진 것이 있다는 의문을 제기한다. 그는 심리적 인격을 해부하여 초자아, 자아, 이드로 구분하게 된 것에 상응하여 불안 문제에 대한 태도도 새로이 해야 할 필요가 있음을 주목한다. 즉, 그는 이드가 아니라 자아가 불안의 유일한 자리임을 고지한다.[3] 뿐만 아니라 이와 같은 자아가 의존하는 세 가지 관계인 외부 세계, 이드, 초자아에 불안의 세 가지 주된 종류인 현실적 불안objective anxiety, 신경증적 불안neurotic anxiety, 도덕적 불안moral anxiety이 쉽게 상호 연결될 수 있음을 새롭게 피력한다.[4] 이와 같은 프로이트의 불안에 대한 연구 성과는 오늘날까지도 인간의 불안을 이해하는 데 커다란 영향력을 발휘하고 있다.

　이 글에서 필자는 불안을 철학과 심리학의 융합적 관점에서 살펴봄으로써, 불안에 대한 심리학적 접근의 토대로서 철학적 차원을 환기해 보고자 한다. 불안의 근원을 심리적 차원과 더불어 그것의 근원에 위치한 철학적 차원에서 바라보고 차원들 간의 연관성 또한 모색하며, 이 과정에서 불안이 지니는 가능성과 현실성 사이, 또는 분열과 봉합 사이에 있는 인간의 존재론적 위상을 살펴보고자 한

2　지그문트 프로이트,《새로운 정신분석 강의》, 김숙진 옮김, 문예출판사, 2006, 151쪽.

3　지그문트 프로이트,《새로운 정신분석 강의》, 151~152쪽.

4　지그문트 프로이트,《새로운 정신분석 강의》, 147쪽.

다. 특히 필자가 사이존재Zwieschensein로서 실존의 사이성Zwischeheit
이라는 새로운 개념을 통해 드러내고자 하는 것은, 키르케고르Sören
Kierkegaard(1813~1855)에 의해 제시되었지만 종합Synthese이라는 개념
에 의해서 묻혀 버린 그의 독보적인 철학상담적 차원을 드러내기 위
해서다.

1849년 저술인 《죽음에 이르는 병die Krankheit zum Tode》에서 드러
나는 아래와 같은 인간에 대한 키르케고르의 사유를 통해, 이러한
현상의 단초를 확인해 볼 수 있을 것이다.

> 인간이란 유한과 무한의 종합綜合, 시간적인 것과 영원한 것의 종합, 자
> 유와 필연의 종합, 요컨대 하나의 종합이다. 종합이란 두 개의 것 사이의
> 관계이다. 이런 식으로 본다면 이른바 인간이란 아직 자기는 아니다.
> 두 개 사이의 관계에 있어서, 그 관계는 소극적인 통일로서의 제3자이
> 며, 이 두 개의 것은 그 관계인 제3자에 관계하고, 그리고 그 제3자에
> 해당되는 관계에 있어서 그 관계에 관계한다. 그러므로 예컨대 영혼이
> 라는 규정規定 밑에서는 영혼과 육체의 관계는 하나의 관계인 것이다.
> 그러나 그 관계가 자기 자신에게 관계하게 되면, 이 관계는 적극적인 제
> 3자이고, 이것이 곧 자기이다.[5] (강조는 필자)

키르케고르는 분명 유한과 무한, 시간적인 것과 영원한 것, 자유와
필연 등 대립적인 것들의 종합을 주목한다. 그러나 동시에 그는 이
종합이 저 대립자들 사이의 관계임을 환기시킨다. 그는 두 개 사이
의 관계가 바로 하나의 종합, 즉 소극적 통일임을 주목하는 동시에

---

5 쇠얀 키에르케고르, 《죽음에 이르는 병》, 임춘갑 옮김, 도서출판 치우, 2011, 22쪽 참조.

대립적인 것들 '사이'를 주목한다. 이는 관계의 새로운 방식과 더불어 종합의 또 다른 방식을 고지한다. 위의 인용문을 기반으로 한다면, 종합이라는 개념은 소극적 통일과 더불어 이와는 또 다른 종합의 방식으로서 적극적 통일로 구분될 수 있다. 유한과 무한 사이, 시간적인 것과 영원한 것 사이, 자유와 필연 사이, 즉 두 개 사이의 관계로서 적극적인 종합 개념은 기존의 소극적 종합과 다르다. 즉, 전자적 의미의 종합은 헤겔적 의미의 종합과 다르다. 왜냐하면 헤겔의 종합은 정립과 반정립의 종합이며, 이 종합에서는 정립과 반정립 양자 사이의 긴장은 해소되어 더 이상 존재하지 않기 때문이다.[6] 이와 달리 키르케고르의 종합은 양자 사이에서 지속적으로 작용하는 긴장을 주목하고 있다.

이 글에서 필자는 기존의 종합 개념과 차별적인 개념으로서 키르케고르의 종합 속에 드러나는 사이성에 대한 연구를 통해 심리적 불안을 실존철학적으로 살펴보고자 한다. 이를 위해 가능성과 현실성 사이존재로서 인간, 그리고 존재의 분열과 봉합 사이의 순간이 수반하는 사이기분Zwischenstimmung[7]으로서 불안을 드러낼 것이다. 나아가 종합이라는 용어로 인하여 충분히 주목되지 못한 키르케고르의 종합, 곧 두 개 사이 관계로서의 종합을 사이성을 통해 주목하고자 한다. 그리하여 필자는 분열된 양자 사이의 종합이라는 결과보다는 그

---

6 김선희, 〈앎에 이르는 길로서 산파법, 변증법, 아이러니: 소크라테스, 낭만주의, 헤겔, 키에르케고르를 중심으로〉,《동서철학연구》제47집, 한국동서철학회, 2008 참조.
7 감정이나 정서라는 용어가 아닌 기분라는 용어를 사용한 이유는 우리의 일상에서 우리의 감정이나 정서를 나타내기 위하여 가장 일상적으로 사용하는 용어가 기분이기 때문이다. 이 글에서는 우리 일상의 기분 중에서도 특히 불안이라는 기분을 다루어 볼 것이다.

양자 사이의 긴장이라는 과정에 주목함으로써 불안 개념이 지니는 보다 실존적인 조건을 포착하고자 한다. 이를 위해 키르케고르에게 최초의 불안철학자라는 위상을 부여하기에 충분한, 그러나 매우 난해한《불안의 개념》(1844)을 분석한다.

존재 분열과 존재 봉합의 사이기분으로서 불안

불안에 대한 주목

20세기에 들어서야 비로소 학자나 일반인들에게 심적인 것이 그토록 강렬한 관심의 대상이 된 데에는 그만한 이유가 있다. 객관적이고 보편적인 진리를 중시하는 학문의 본성에 따르자면, 심적인 것은 연구 대상으로서 평가절하될 운명이었다. 전통 형이상학의 아버지로 일컬어지는 플라톤의 입장에서 보자면, 심적인 것이란《국가》10권의 예술 추방 장면에서 볼 수 있듯이 모두 허구에 관한 것들이기 때문이다. 그럼에도 불구하고 오늘날 심리학이 그토록 주목을 받는 이유 또한 역설적이게도 플라톤이 우려했던 그 현상, 즉 심적인 것, 가상세계가 현실이나 이데아계에 미칠 강력한 영향력에 있다. 오늘날 심적인 것은 개인의 형이상학이나 존재론, 인식론 그리고 윤리적 차원에 이르기까지 광범위하고 가공할 영향력을 행사하고 있다. 역설적으로 이 영향력의 파괴적 힘은 플라톤 자신에 의해, 즉 그것을 학문의 대상에서 추방해 버림으로써 초래되기 시작했다.

철학에서 인간의 정체성에 대한 관심을 이성 중심에서 심적 영역으로까지 확장시킨 대표적인 철학자는 19세기 덴마크 코펜하겐 출신의 키르케고르이다. 플라톤에 의해 무지의 영역이 되어 버린 감정이나 정서가 그에 의해 비로소 앎의 대상으로 전환되고, 인간의 심적 현상이 인간, 즉 정신적 존재의 삶과 죽음을 좌우하는 요소로 주목된다. 죽음에 이르는 병으로서 절망Verzweiflung에 대한 그의 주목이나 불안Angst에 대한 심리학과 교의학을 관통하는 그의 통찰 등은, 인간 정체성의 중심에 이성뿐 아니라 본능과 심적 영역을 추가로 포함시켰다는 점에서 그의 독창성을 입증한다.

미국 실존심리학의 아버지로 평가받는 롤로 메이Rollo May는《불인의 개념The Meaning of Anxiety》에서, 키르케고르가《불안의 개념The Concept of Dread》에서 "불안함을 배운 사람은 가장 중요한 것을 배운 사람임"을 주목한 점을 주시한다.[8] 또한 프로이트가《정신분석 입문 A General Introduction to Psychoanalysis》에서 "확실한 한 가지는 불안의 문제가 가장 중요한 모든 물음들, 즉 그것에 대한 해결책이 우리의 정신적인 삶 전체를 해명하는 것임에 틀림없는 수수께끼"라고 언급한 사실을 환기시킨다.[9]

나는 프로이트의 이론에 가치를 두었다. 첫째로 불안은 억압된 리비도가 다시 나타난 것이라고 하는 그의 이론이며, 둘째는 불안은 사랑하는 대상의 상실이 가져다주는 위협에 대한 자아의 반응이라는 것이다. 다른 한편, 키르케고르는 불안을 살아 있는 존재가 비존재에 대하여 갖는 갈등으로 묘사하고 있었다. 그것은 내가 죽음 또는 일생 동안 무가

---

8 Rollo May, *The Meaning of Anxiety*, The Ronald Press Company, New York, 1996, xii.

9 Rollo May, *The Meaning of Anxiety*, xii. 메이는 자신의 책을 저술하는 동안 결핵에 걸려서 요양소에서 일 년 반 동안 침대에 누워서 지냈다고 한다. 그는 이 질병을 앓는 동안 불안의 의미를 연구함에 있어서 두 권의 책만을 대상으로 하였는데, 그 한 권은 프로이트의 저 책이고 다른 한 권은 키르케고르의 저 책이었다고 한다. 롤로 메이 편집,《실존주의 심리학》, 이정기 옮김, 상담신학연구소, 2005, 16쪽 참조.

치한 존재가 될지도 모른다는 전망과 대면하여 갈등하면서 직접적으로 경험하고 있었던 것이었다.[10]

메이는 이처럼 불안에 대한 연구에서 자신에게 강력한 충격을 가져다준 것은 키르케고르임을 고백한다. 그 이유로 메이는 키르케고르가 자신과 자신의 환자들이 겪고 있던 불안에 관해서 정확하게 기록하고 있었다는 점을 들고 있다.[11] 또한 메이는 프로이트가 죽음에 직면한 삶의 위기인 불안을 기술적 차원에서 다루고 있다면, 키르케고르는 실존적이고 존재론적 차원에서 기록하고 있으며 그는 불안이 무엇인지 알고 있었노라고 진술함으로써[12] 불안에 대한 키르케고르의 연구가 지니는 학문적 의의를 드러내고 있다.

실존적 인간중심치료에서 불안의 위상[13]

불안에 대한 실존철학적 함의를 심리치료 분야에 적용한 이론들 중에 특히 주목할 것은 '실존적 인간중심치료existential-humanistic therapy'[14]이다. 주로 개인이 자신의 주관적 실존에 좀 더 진정으로 다

---

10 롤로 메이, 《실존주의 심리학》, 16~17쪽 참조.
11 롤로 메이, 《실존주의 심리학》, 17쪽 참조.
12 롤로 메이, 《실존주의 심리학》, 17쪽 참조.
13 Mick Cooper, *Existential Therapies*, Sage Publications Ltd: Los Angeles/London/New Delhi/Singapore/Washington DC, 2003. 이하는 주로 다음의 국역본을 사용한다. 다만 번역본에서 'existence' 개념을 '존재'로 번역한 부분은 '실존'이라는 개념으로 바꾸어 사용할 것이다. Mick Cooper, 《실존치료》, 신성만 · 가요한 · 김은미 옮김, 학지사, 2014.
14 일명 실존분석치료, 실존 정신역동 심리분석치료, 실존통합 심리치료라고 불리는

가가는 노력에 집중하는 실존적 인간중심치료는 몇 가지 특징을 지니고 있다. 첫째, 이들은 실존주의의 주요 관심사와 맥락을 같이한다. 둘째, 이들은 실존철학자들의 저서를 별로 직접 인용하지 않는다. 셋째, 메이의 스승인 파울 틸리히P. Tilich, 실존철학자 키르케고르, 니체F. Nietzsche 등에게 깊이 영향을 받았으며 특히 실존적 인간중심치료사들은 실존철학의 '개인적 요인individualistic elements'[15]에 관심이 많다. 마지막으로 이들은 실존적 불안을 부인하면 신경증적 불안이 초래된다는 사실에 주목한다.[16] 이 마지막 특징은 불안에 대한 실존적 면모와 더불어 그것의 강화된 병리적 면모를 보여 준다.

이와 같은 실존적 인간중심치료에서 불안에 대한 철학적 사유를 관통하는 중심 사유는 '저항은 무익하다'는 것이다. 이들 치료의 핵심은 키르케고르나 니체의 실존적 주제에 대한 정신역동적 해석을

미국의 실존적 인간중심 접근의 주창자는 1958년경 롤로 메이와 그의 동료들이 출간한《실존: 정신의학과 심리학의 새로운 차원》을 기점으로 한 J. 부겐탈, I. 얄롬, K. 슈나이더 등이다. Mick Cooper,《실존치료》, 137~138쪽 참조.

15 여기서 개인적 요인이란 '사람은 홀로 설 수 있어야 하고, 실존적 불안에 직면할 수 있는 용기가 있어야 한다'는 것이라고 한다. 개인이 처해 있는 세계에 주목하는 현존재 분석과 대조적으로 오히려 실존에 대한 이해를 위하여 개인 외적 요인이 아니라 내적인 요인에 관심을 둔다. Mick Cooper,《실존치료》, 139쪽 참조.

16 Mick Cooper,《실존치료》, 139쪽 참조. 이 외에 이들이 지니고 있는 특징으로는 인본주의 심리치료 및 심리학으로부터의 영향, 실존주의의 전제인 자유선택 · 자각 · 독창성, 의미 중심의 존재이자 전인적 존재로서 인간에 대한 이해, 그리고 정신역동 이론과 실제를 차용하여 심리 내적 개념들을 활용한다는 특징과 더불어 치료에 있어서 긍정적인 인생관과 치료를 통한 변화 가능성을 강조하고 개척자 정신을 포함하며 방법에 있어서 절충적 치료 방법을 도모한다는 점 등이 있다. Mick Cooper, 《실존치료》, 139~141쪽 참조. 심리학이 부단히 철학이론을 자신의 한계를 극복하는 데 활용함에도 불구하고, 그 이론적 출처와 이론적 근거를 제대로 제시하지 못하는 그 한계 지점을 오히려 철학이 스스로 철학 속에서 살펴볼 필요가 있다. 왜냐면 심적 현상은 또한 정신적인 것으로서 단지 심리학만이 아니라 철학의 주요 영역이기 때문이다.

기반으로 한다. 즉, 무의식의 깊은 곳에서 성적 추동sexual impulses이나 공격적 추동aggressive impulses이 일어나면 사람은 불안을 느끼게 되고, 이를 억제하기 위해 부인이나 투사Projection와 같은 방어기제 defensive mechanism가 작동한다는 것이다.[17]

이는 불안의 근거에 대한 키르케고르의 실존적 입장이 프로이트에 의해서 정신역동적 차원으로 전환되는 지점을 드러낸다. 실존적 인간중심치료사들은 한편으로는 프로이트에 동의하여 인간이 불안을 잠재우는 데 많은 에너지를 소모한다고 여기지만, 다른 한편으로 얄롬Irvin Yalom에 동의하여 이 불안의 뿌리를 프로이트가 주장했던 것처럼 성적 추동이나 공격적 추동에서 찾는 것이 아니라 '실존의 현실에 대한 자각'에서 찾는 것[18]에 주목함으로써 프로이트의 전환을 재전환하는 동시에 확장하게 된다.

실존적 인간중심치료에서는 불안을 일으키는 원인을 바로 실존적 현실에 대한 자각으로 재규정한다. 그렇다면 불안은 불안으로 그치는가? 이들의 진단적 분석력과 통찰력에 따르면, 실존적 존재는 불안에 대처하며 그 방식은 저항resistance이다. 실존의 현실인 '불확실성, 고통, 자유와 무의미함에 대한 자각'은 개인에게 너무나 위협적이어서 개인은 충동적 행동이나 투사 등의 방어기제를 활용하여 이러한 현실을 부정하거나 왜곡하려고 시도한다는 것이다.[19] 이로써 불안이 단지 정서의 상태로 머무는 것이 아니라 실존의 행위에 영향력을 행사함을 알 수 있다.

---

17 Mick Cooper, 《실존치료》, 142쪽 참조.
18 Mick Cooper, 《실존치료》, 142쪽 참조.
19 Mick Cooper, 《실존치료》, 142쪽 참조.

이 상황에 대한 프로이트적 정신역동의 공식은 실존적 공식으로의 변화를 겪는다. 앞서 말했듯, 얄롬은 한편으로는 프로이트에 동의하여 인간이 불안을 잠재우는 데 많은 에너지를 소모하는 것으로 여기나, 다른 한편으로는 프로이트와 달리 방어기제를 야기하는 불안의 뿌리를 그러한 추동이 아니라 실존적 현실에 대한 자각으로 본다. 불안의 원인이 추동에서 실존적 현실에 대한 자각으로 대체됨으로써 기존의 정신역동 기제의 문제점, 즉 불안을 모면하기 위한 방어적 행동은 잠시 동안의 안정감을 줄 수 있지만 궁극적으로는 더 큰 문제를 초래함이 환기된다. 즉, 추동을 기반으로 한 정신역동 기제의 역기능은 자기 존재의 일부라도 부인하게 되면 자아 실현의 잠재성을 부정하게 됨으로써 자신의 상황을 헤쳐 나갈 수 있는 가장 효과적이고 창의적으로 대처하는 '내적 능력'을 손상하게 된다는 것이다. 왜냐하면 실존적 불안으로부터 자신을 보호하기 위해 쓰는 방어기제가 더 심한 신경증적 불안을 초래하기 때문이다.[20]

그렇다면 방어기제의 중심을 형성하는 저항이란 도대체 무엇인가? 저항이란 내담자가 실존적 불안을 회피하기 위해 사용하는 모든 방법, 곧 치료 관계와 모든 관계에서 현실 자각을 피하기 위해 내담자가 사용하는 모든 방법을 의미한다. 그리고 이처럼 불안에 노출되어 저항하는 실존을 돕기 위해 실존적 인간중심치료사들에게 기본 과제로 권장되는 방법은 '내담자가 자신의 저항을 찾아내고 극복

---

[20] Mick Cooper, 《실존치료》, 142~143쪽 참조. 이는 결국 불안의 원인을 볼 수 있는 능력의 손상을 의미한다. Emmy van Deurzen 또한 상담의 시작에 있어서 불안을 다루는 작업의 중요성에 대해서 환기시키고 있다. Emmy van Deurzen, 《실존주의 상담과 심리치료의 실제》, 이정기·윤영선 옮김, 상담신학연구소, 2010, 75~91쪽 참조.

하도록 돕는 것'이라고 한다.[21]

이 방법의 목적은 '내담자가 스스로 저항을 깨닫고 그것을 포기할 수 있도록 촉진하고, 내담자가 외부적 강요에 응하기보다 스스로 해낼 힘을 실어 주는 것'에 있다. 그러나 이때 주의할 점은 '내담자의 저항이 그들에게서 자신을 안전하게 보호하는 방법이자 익숙한 터전임을 존중하는 자세'라고 한다.[22] 따라서 저항에 대한 진단 치료는 매우 신중하게 이루어져야 한다. 왜냐하면 저항에 대한 과도한 직면이나 저항이 초래하는 무기력화는 실존 자체의 무기력화로 전환됨으로써, 불안에 대한 근본적 진단과 치료의 근거인 내담자 자신을 무기력하게 할 수 있기 때문이다. 이와 같은 과제를 수행하려면 무엇보다 불안의 실존적 의미를 심층적으로 연구해야 할 것이다. 이에 신경증적 불안의 근거인 실존적 불안에 대한 보다 근원적 연구를 위해 키르케고르의 불안론을 철학적으로 분석해 볼 필요가 있다.

키르케고르에 있어서 실존적 불안

키르케고르에 있어서 실존적 불안의 탄생 배경

키르케고르는 '비길리우스 하우프니엔시스Vigilius Haufniensis'라는 필명으로 출간한 《불안의 개념》 서문에서 자기가 쓰려는 문제를 환기시킨다. 즉, 그는 각 세대는 각기 자기 과업을 지니고 있는 만큼, 앞서간 세대나 뒤따를 세대에 대해서 모든 결론을 내려 주려고 지나치게 애쓸 필요가 없다고 하면서, 그 이유를 "한 세대에 속한 개개인

---

21 Mick Cooper, 《실존치료》, 144쪽 참조.
22 Mick Cooper, 《실존치료》, 145쪽 참조.

은 역시, 하루하루가 그러하듯이, 제 나름의 두통거리를 가지고 있기 때문에, 자기 자신에 관한 일을 돌보기에도 숨이 찰 지경인 것이다"[23]라고 제시한다.

그렇다면 키르케고르가 이 책의 과제로 삼은 것은 무엇일까? 그것은 원죄의 교의를 염두에 두고 불안 개념을 심리학적으로 취급해 보는 것이다. 그리고 그런 한에 있어서 죄의 개념도 문제 삼지 않을 수 없다.[24] 그는 불안 개념을 단지 교의학이 아니라 심리학적으로 취급하려 하며, 불안이라는 심적 현상이 죄Schuld[25] 개념과 연루되어 있음을 명시한다. 우리는 일상 속에서 이미 인간 심리의 복잡한 문제들이 죄의식과 연계되어 있다는 것을 알고 있다.

그러나 그는 또한 죄 개념이 드러나는 순간에 심리학의 문제로서 불안이 다시 교의학의 문제로 전환됨을 주목한다. 그는 서론의 시작을 다음과 같은 의미심장한 물음으로 시작한다. "어떤 의미에 있어서 이 연구의 대상이 심리학의 관심을 쏠리게 하는 과제인가. 또 어떤 의미에서 심리학의 관심과 과제가 된 연후에 바로 교의학die

---

23 쇠얀 키에르케고르, 《불안의 개념》, 임춘갑 옮김, 다산글방, 2007, 13쪽 참조. 이 글에서는 다음의 독일어 번역본을 참조할 것이다: Søren Kierkegaard, Uta Eichler Nachwort, Gisela Perlet Übersetzer, Der Begriff Angst, Stuttgart: Reclam, 2005.

24 쇠얀 키에르케고르, 《불안의 개념》, 26쪽 참조.

25 이 글에서 필자는 위 번역서에서 '순결/허물'로 번역한 Unschuld/Schuld를 '무죄/죄'로 번역하여 사용하기도 할 것이다. 왜냐하면 오늘날 이 원어는 종교적 의미 외에 철학적, 법률적 의미에 있어서 오히려 '무죄/죄'로 번역되기 때문이다. 하지만 죄라는 번역어 또한 Sünde의 번역어인 죄와 중첩될 수 있기에 이 또한 한계를 지닌다. 이와 같은 용어 사용에 있어서 한계를 감안하여 본 글에서는 Unschuld/Schuld의 번역어를 문맥에 따라 '순결/허물' 또는 '무죄/죄'로 사용한다. 니체 또한 Schuld를 부채나 채무의 관점에서 계보학적으로 분석한 바 있다. 김선희·최종문, 〈채무 관계를 통한 기억과 망각 그리고 양심의 가책에 대한 계보학적 분석〉, 《니체연구》 제32집, 한국니체학회, 2017 참조.

Dogmatik을 지향하려 드는 것인가."[26] 바로 이 지점이 롤로 메이가 프로이트로부터 불안 연구를 시작하지만 결국 키르케고르에서 종착 지점을 발견하는 까닭이다.

불안의 탄생에 대한 키르케고르의 통찰은 불안 개념을 다루는 5장에서 세밀하게 이루어진다. 불안이라는 아주 독특한 심리적 현상의 탄생에 대한 흥미로운 언급을 키르케고르는 무죄die Unschuld[27]에 대한 서술로 시작한다. 그는 무죄를 무지die Unwissenheit로 규정하며, 이때 인간은 정신Geist이 아니라 영적으로seelisch 규정됨을 환기시킨다.[28] 그에 따르면, 이 상태의 인간에게는 선과 악을 구별하는 지식이 없다. 뿐만 아니라 이 상태에서는 평화와 안식이 있는데, 동시에 거기에는 또 다른 무엇, 그러나 불화나 투쟁은 아닌 것이 있다. 왜냐하면 거기에는 더불어 싸울 상대가 될 아무것도 없기 때문이다. 그는 그것을 무Nichts라고 한다. 키르케고르는 이 무가 바로 불안을 자아낸다고 한다.[29] 이로써 무죄, 무지 그리고 무와 불안의 관계가 드러난다.

어떻게 이것이 가능한 걸까? 그는 무죄가 무지인 이때, 인간이 자신의 자연성과 직접적인 통일 속에서 영적으로 규정되고 있는 이 순간에, 정신은 꿈을 꾸고 있음träumend을 주목한다. 그는 순결 상태의 무죄가 곧 불안이라는 사실이 순결의 심오한 비밀임을 역설하면서 무가 바로 불안을 자아냄을 고지한다. 정신은 꿈을 꾸며 자신의 현

---

26 쇠얀 키에르케고르, 《불안의 개념》, 15쪽/p. 13. 이는 다시 불안 개념에 대한 마지막 장의 맺음말을 장식한다. 이러한 점에서 키르케고르의 불안 개념의 알파와 오메가는 심리학과 교의학임을 알 수 있다.

27 쇠얀 키에르케고르, 《불안의 개념》, 79쪽/p.50 참조.

28 쇠얀 키에르케고르, 《불안의 개념》, 79쪽/p.50 참조.

29 쇠얀 키에르케고르, 《불안의 개념》, 79쪽/p.50 참조.

실성을 앞으로 투영하지만 이 현실성은 무이며, 그러나 무는 부단히 바깥에 있는 무죄를 본다는 것이다.[30]

불안이란 꿈을 꾸고 있는 정신의 규정이기에 교의학이 아닌 심리학에 속한다고 키르케고르는 다시 한 번 강조한다. 그리고 이 과정에서 정신에게 가능한 세 가지 상태를 '깨어 있을 때Im Wachsein', '잠들어 있을 때im Schlaf', '꿈을 꾸고 있을 때im Traum'로 구분한다.[31] 그는 첫 번째 경우에는 '나에게 자기 자신인 것과 타자인 것 사이의 구별'이 뚜렷이 설정되는 데 반해, 두 번째 경우에는 그 구별이 정지되고, 마지막 경우에는 그 구별이 모호하게 암시되는 무가 됨을 고지한다.[32] 이러한 정신의 세 가지 상태는 현실성과 가능성 사이 존재로서 인간의 실존적 조건의 세 가지 방식을 드러낸다고 할 수 있다.

키르케고르에 있어 불안의 탄생 순간은 정신의 현실성Wirklichkeit이 부단히 자신의 가능성Möglichkeit을 꾀어내려는 때이다. 즉, 정신이 저 가능성을 붙들려는 순간에 사라지고마는 이 미묘한 순간이 바로 불안이 잉태되는 찰나이다. 그는 가능성이란 단지 불안을 야기하게 할 수 있을 따름인 무에 불과하다고 한다. 가능성은 자기 자신을 보여 줄 뿐 그 이상의 작용은 하지 않기 때문이다.[33] 따라서 불안은 가능성과 현실성 사이에 존재한다.

---

30 쇠얀 키에르케고르, 《불안의 개념》, 79쪽/p.50 참조.
31 쇠얀 키에르케고르, 《불안의 개념》, 79~80쪽 참조. 이와 더불어 그는 실존이 아니라 욕망의 3단계 또한 흥미롭게 제시하였다. 김선희 · 박정선, 〈키에르케고르의 욕망의 삼 단계 분석: 청소년 자살의 심미적 토대 연구〉, 《철학연구》 145집, 대한철학회, 2018.
32 쇠얀 키에르케고르, 《불안의 개념》, 79~80쪽 참조.
33 쇠얀 키에르케고르, 《불안의 개념》, 80쪽 참조.

이와 같은 불안의 탄생에 대한 키르케고르의 주목이 지닌 독창성은, 그가 심리학에서 불안 개념이 거의 한 번도 다루어지지 않았음을 환기시킬 때 확인할 수 있다. 특히 그는 불안 개념이 공포Furcht나 그와 비슷한 여러 개념과 전적으로 구별되어야만 한다는 사실에 주의를 환기시킨다. 공포나 그와 비슷한 개념이 특정한 어떤 것과 관계하는 데 반해, 불안은 '가능성을 위한 가능성으로서 자유의 현실성Wirklichkeit der Freiheit als Möglichkeit für die Möglichkeit'이라는 것이다.[34] 오늘날 심리학에서 많은 학자들이 연구하고 있는 불안론은 실은 키르케고르에 의해서 이미 철학적 대상으로 자리 매김했음을 알 수 있다. 이는 실존적 차원, 즉 신경증적 불안의 근거로서 실존적 불안의 철학적 위상을 드러낸다.

사이존재의 사이기분으로서 불안, 불안의 근거로서 정신

키르케고르는 '불안이 눈앞에 나타난다'는 사실이야말로 전체의 중심이 되는 문제임을 주목한다.[35] 그는 중심이 되는 문제란 바로 인간이 '영적인 것과 육체적인 것의 하나의 종합'이라는 데 그 실마리가 있다면서, 이 양자를 종합하는 제3자가 정신der Geist이라고 한다. 그렇다면 무죄 상태의 인간과 정신은 어떤 관계인가? 그는 정신적 존재로서 인간에게 무죄 상태 또는 무지, 무가 가능하게 되는 상태를 정신의 부재가 아니라 오히려 정신이 거기에 현존하나 다만 '직

---

34 쇠얀 키에르케고르, 《불안의 개념》, 80쪽 참조. 물론 불안과 무지의 이와 같은 관계는 불안에 대한 직면을 통하여, 즉 교사로서 불안에 의한 교육을 통하여 지로 전환되기 시작할 것이다.
35 쇠얀 키에르케고르, 《불안의 개념》, 83쪽 참조.

접적이고 꿈을 꾸고 있는 정신으로 있'다는 데서 찾는다.[36]

영혼과 육체, 이 양자 사이의 관계는 다만 정신을 통해 비로소 그 존립을 획득하게 되는 것임을 주목한 키르케고르는 또한 그 때문에 그것은 존립하고 있지 않다는 점을 주목한다. 정신은 바로 이와 같이 존립하면서도 존립하지 않는 양의적인 힘의 근거이다. 정신을 통한 이 양의적인 힘에 대한 인간의 관계 방식에서 탄생하는 것이 바로 불안이다. 정신이 자기 자신과 자기의 조건에 관계하는 방식이 불안인 것이다.[37] 이는 불안의 존재론적 근거가 인간의 정신에 있음을 주목한 키르케고르의 불안 개념의 단초가 지니는 특이점이다.

키르케고르가 정신이 자기 자신으로부터 도망칠 수 없다고 말하는 이유는 인간이 바로 정신이기 때문이다. 따라서 인간은 불안으로부터도 도망칠 수 없다. 그리고 이에 대한 의미심장한 이유를 키르케고르는 인간이 불안을 사랑하고 있기 때문이라고 한다. 그러나 또한 그는 역설적이게도 인간은 본래 불안을 사랑할 수 없음을 주목한다. 왜냐하면 인간은 불안에서 도망치려고 하기 때문이다.[38]

그렇다면 불안에 대한 사랑함과 사랑할 수 없음이라는 이 역설적 조건은 어떻게 양립 가능한가? 그것은 인간이 영적인 존재이자 육적인 존재라는 양면성을 지닌 존재인 동시에, 정신으로서 이 양면성 사이존재라는 독특한 존재 방식에서 기인한다. 인간은 정신이기 때

---

36 쇠얀 키에르케고르, 《불안의 개념》, 83쪽 참조.

37 쇠얀 키에르케고르, 《불안의 개념》, 84쪽 참조.

38 쇠얀 키에르케고르, 《불안의 개념》, 84쪽 참조. 이는 앞에서 프로이트의 정신역동 기제에서 불안에 대한 저항이나 방어기제 개념을 선취한 키르케고르의 실존적 묘사일 것이다. 따라서 불안과 정신이 어떤 관계를 맺는가에 따라서 실존은 실존적 불안에서 멈출 수도 있고 신경증적 불안으로 병리화될 수도 있을 것이다.

문에 자기 자신으로부터 도망칠 수 없지만, 그것은 반대로 정신만은 아니기 때문에 자신으로부터 도망칠 수도 있다는 것을 암시한다. 즉 정신은 정신으로서의 자신으로부터 도망칠 수 없지만 육신으로서의 자신으로부터는 도망칠 수 있다. 물론 이 가능성 또한 불가능성을 수반한다. 왜냐하면 사이존재는 서로를 구원하는 동시에 구속할 수 있기 때문이다. 따라서 이 가능성과 불가능성의 공존 또한 인간이 정신적인 존재로서 육체적인 동시에 영적인 것에 관계한다는 데 있다.

이와 같은 인간 존재의 이중성에 대한 키르케고르의 주목이 지니는 탁월성은, 이중성 자체에 있기보다는 오히려 이 이중성을 이루는 양자 사이로서 사이성에 대한 환기임을 우리는 주목해야 한다. 인간이 그것으로부터 자유로워질 수 없는 자기 자신의 필연적 존재 양태는 오히려 양자를 갖고 있다는 것이 아니라 양자 사이, 즉 정신에 있다는 것이다. 따라서 필자가 보기에 불안이 탄생하는 보다 근원적인 이유는 단지 이중성이라기보다는 그 양자 사이성이다. 이와 같은 키르케고르 불안론의 특징은 정신적 존재로서 사이존재인 실존의 영원한 긴장감인 사이기분으로서 실존적 불안에 대한 인식이다.

사이기분으로서 불안은 지와 무지의 매개자다. 이 과정을 보자. 무죄는 무지이지만 그것은 동물적 야만성과 구분된다고 키르케고르는 본다.[39] 그것은 인간만이 지니고 있는 정신에 의해 규정된 무지이기 때문이라는 것이다. 그러나 특이하게도 그는 그것이 무에 대한 무지이기 때문에 불안이라는 점에 주목하고, 이때 인간은 선이나 악에 관한 어떠한 지식도 없다고 한다. 왜냐하면 인간은 아직 지식 전

---

39 쇠얀 키에르케고르, 《불안의 개념》, 84쪽 참조.

체의 현실성이 불안 속에서 자신을 무지의 거대한 무로서 투영만 하기 때문이다.[40] 따라서 인간은 그것에 대해 무지하다. 그러니 그것은 아직 인간에게 어떤 명료한 형태로도 존재하지 않는 무다. 그러나 이때 이미 인간은 단지 육체적이거나 영적일 뿐만 아니라 정신적 존재이다. 왜냐하면 지와 마찬가지로 무지도 키르케고르에게는 정신적 존재를 전제로 해서만 성립되기 때문이다.[41] 육체적이거나 영적인 존재로서 인간에게 무엇인가가 존재거나 무라는 것이 아니라, 다만 정신적 존재에게 그러하다는 의미다. 그러니 그 결과물도 물질적인 것이 아니라 정신적인 것일 수밖에 없다.

금령의 말과 심판의 말
그리고 자유의 가능성의 기분으로서 불안

그렇다면 이제 무죄는 더 이상 존재하지 않는가? 그에 따르면 아직 존재한다. 그러나 '단 한 마디 말이면 무지는 응집함'을 그는 고지한다. 비록 무죄가 그 말을 이해하지 못한다고 할지라도, 불안을 통해 그 최초의 노획물, 즉 저 무지가 '무 대신에 어떤 수수께끼 같은 말ein rätselhaftes Wort'을 얻는다는 것이다.[42] 이 순간은 불안으로 말미암아 무지로부터 벗어나기 시작하는 순간이자, 불안으로부터 벗어

---

40 쇠얀 키에르케고르, 《불안의 개념》, 84쪽 참조.

41 인간을 정신적 존재로 보는 키르케고르의 입장이 헤겔과 지니는 접점에도 불구하고 정신적 존재로서 인간을 규정하는 이 양자 간의 차이, 즉 변증법과 실존적 변증법이라는 변별적 개념을 기반으로 논의하고 있는 최근의 논의는 다음과 같다. 한국 키에르케고르학회 편, 《키에르케고르, 미학과 실존》, 킹덤북스, 2014.; 홍경실, 〈키에르케고르의 미적 실존에 대한 심리학적 고찰〉, 15~16쪽 참조.

42 쇠얀 키에르케고르, 《불안의 개념》, 84~85쪽 참조.

날 수 있는 실마리가 생기는 순간이다. 이때 정신이 불안을 통해 자신의 존재를 담보로 무지와 지의 위험천만한 관계를 시작한다. 여기서 불안은 무지와 지 사이의 결정적 매개자다.

무지에게 있어 무 대신 어떤 수수께끼 같은 말, 그중에서도 최초의 말을 키르케고르는 주목한다. 그는 이 최초의 말을 〈창세기〉에서 하느님이 아담에게 이른 말, 즉 '오로지 선과 악을 알게 하는 나무의 열매만은 먹지 말라'는 말에서 찾는다.[43] 키르케고르의 통찰에 따르면, 그러나 아담은 아직 이 말을 이해하지 못했음이 자명하다. 아담은 아직 선과 악을 알게 하는 그 나무의 열매를 맛본 적이 없기 때문이다. 따라서 아담은 아직 선과 악을 구별할 수 없을 것이며, 그 열매를 맛본 후에야 비로소 선과 악을 인식할 수 있는 능력을 갖게 된다.[44] 그리하여 그때서야 비로소 아담의 행동이 악이라면 아담은 그 일을 행하지 않을 수 있을 것이며, 만일 그것이 그러함을 알고도 그가 그것을 행했다면 그가 금령을 위반한 것이 성립될 것이다.

그러므로 아담이 아직 선과 악을 알게 하는 열매를 맛본 적이 없다면, 그는 신의 금령이 의미하는 바를 알 수 없을 것이다. 그렇다면 그러한 아담의 행동은 금령을 위반한 것이라고 할 수 없다. 위반은 단지 정신적 존재로서 그가 그것에 대한 지식을 지니고 있을 때, 즉 그것을 인식했을 때만 성립 가능하기 때문이다. 그러나 비록 무죄와 죄, 무지와 지라는 이분법을 분간하는 인식력을 아담이 지니고 있지 못했을지라도 그가 곧 직면할 불안의 가능성이 예기됨을 키르케고르는 고지한다. 어떻게 그것이 가능한가? 무지함에도 불구하고 그를

---

43 쇠얀 키에르케고르, 《불안의 개념》, 85쪽 참조.
44 쇠얀 키에르케고르, 《불안의 개념》, 85쪽.

불안하게 한 것, 그것은 바로 장차 그가 그것을 들은 후에 '수수께끼 같았던 말'로 될, 바로 그 말과 관련된다.

키르케고르에 따르면, 금령Verbot 자체는 단지 금지만이 아니라 오히려 아담 속의 자유의 가능성을 일깨워 놓는 일이다. 무죄의 곁을 지나가던 불안의 무가 발길을 돌려 아담 속으로 들어옴으로써 이와 같은 일이 일어난다. 따라서 해서는 안 됨을 고지하는 금령이 오히려 불안을 통해 역설적이게도 '할 수 있다는 가능성'을 무에게 선사하게 된다는 것이다.[45] 왜냐하면 그 순간에 아담은 할 수 있다는 것이 무엇인지에 관한 아무런 관념도 갖고 있지 않으며, 만일 갖고 있다면 그것은 선과 악의 구별, 즉 그 후에 올 것이 이미 전제되기 때문이다. 따라서 거기에는 단지 할 수 있다는 가능성만이 무지의 보다 고차원적인 형태로서, 불안의 보다 고차원적인 표현으로서 현존하고 있을 뿐이라는 것이다.[46] 이 순간이 바로 무와 유 사이, 무지와 지 사이, 즉 가능성의 시간이다.

금령의 말로 말이 끝나는 것은 아니었다. 금령의 말 다음에 심판의 말das Wort der Verdammung이 뒤따른다. 금령의 말의 필연적 파트너는 심판의 말이다. 아담에게 주어진 심판의 말은 바로 '정녕 죽으리라'이다.[47] 두 말 사이의 필연적 관계가 상정된다. 그러나 키르케고르는 이 순간에 아담은 죽는다는 것이 무엇을 의미하는지를 당연히 모

---

45 쇠얀 키에르케고르, 《불안의 개념》, 85쪽 참조.

46 쇠얀 키에르케고르, 《불안의 개념》, 85쪽 참조.

47 쇠얀 키에르케고르, 《불안의 개념》, 85쪽 참조. 물론 이 죽음은 육체적 죽음이 아니라 정신적 죽음을 의미할 것이다. 따라서 금령의 말을 위반한 데 대한 심판은 물질적이거나 육체적인 심판이라기보다는 오히려 정신적 심판을 특징으로 한다고 보아야 할 것이다.

르고 있었을 것임을 환기시킨다. 그러나 아담이 비록 그 말뜻을 알지는 못했을지라도, 예를 들어 동물이라고 할지라도 말하는 사람의 목소리에 깃든 몸짓의 표현과 거동으로 그것을 이해할 수 있을 것이라고 한다.[48] 불안이 태어난 곳은 바로 금령의 말과 심판의 말에 대한 무죄의 관계 속이 되는 셈이다.[49] 이제 무죄는 더 이상 존재하지 않는다. 이제 꿈꾸는 정신은 최초의 말을 통해 무죄와 죄 사이에 놓이게 된다. 이는 가능성으로서 정신적 인간이 지닌 자유가 수반하는 대가이기도 하다.

아담은 이 금령의 말과 심판의 말이 무엇인지도 모른 채, 해서는 안 된다는 금령에 대해 오히려 할 수 있다는 가능성을 불안이라는 엄청난 대가를 지불하고 얻게 된다. 이로써 키르케고르가 지적했듯이, 이제 무죄의 아담은 죄schuldig는 아니지만 어렴풋한 정신 활동에서, 즉 마치 무죄를 잃은 듯한 위기의식이라고 할 수 있을 상태에서 갖는 기분인 불안에 빠지게 된다.[50]

지금까지의 논의는 불안이라는 전대미문의 기분이 탄생하는 결정적 순간에 대한 키르케고르의 핵심 진술에 해당된다. 그리고 이것은 바로 심리학의 소임에 의해서 드러날 수 있는 것이다. 그러나 키르

---

48 쇠얀 키에르케고르, 《불안의 개념》, 85쪽 참조.

49 쇠얀 키에르케고르, 《불안의 개념》, 87쪽 참조.

50 쇠얀 키에르케고르, 《불안의 개념》, 87쪽 참조. 그러나 어쩌면 금령의 말의 힘은 금령의 말 자체에 의해서 성립되기보다는 그 뒤에 오는 심판의 말에 의해서 강요되기도 한다. 즉, 심판의 말에 대한 두려움으로 인하여 금령의 말을 따르게 된다. 이는 금령의 말의 진정한 의미는 망각되고 오히려 심판의 말에 대한 공포나 두려움에 의해서 타자적으로 작동하는 역기능의 가능성이 있다. 그리하여 금령과 심판의 진정한 의미에 대한 이해 없이 기계적으로 작동되는 부작용도 가능하다. 그러므로 금령이나 심판 자체에 대한 인식이 중요하다.

케고르는 여기가 또한 심리학(엄밀히 보자면 심리철학)의 한계임을 고지한다. 이제 불안의 개념을 보다 근본적으로 알기 위해서는 심리학에서 교의학으로 넘어가야 한다는 것이 그의 독창적인 불안론이다. 이를 위해 키르케고르는 창세기 설화를 보다 상세히 검토해 보길 제안한다. 이는 《불안의 개념》 6장 〈원죄의 전제로서, 동시에 그 원죄의 기원에까지 소급하여 설명하는 것으로서의 불안〉에서 이루어진다. 이 지점은 불안의 기원을 추동으로 보는 프로이트적 이론과 실존적 현실로 보는 실존치료적 이론의 차이와 더불어, 접점을 제시해 줄 키르케고르의 입장을 직접 확인하는 장이 될 것이다.[51]

신으로부터의 찢겨져 나옴의 실존적 예후로서 불안: 가능성과 현실성 사이규정

키르케고르의 논의에서 좀 더 살펴보아야 할 것은 신의 금령의 말과 심판의 말, 즉 선악을 인식하게 하는 과일의 섭취와 음미로 인한 금령의 위반과 이에 상응하는 심판으로서 죽음의 정당성이다. 선과 악을 인식할 줄 알게 하는 나무의 과일을 먹지 않았으므로 금령의 말과 심판의 말을 아직 파악할 수 있는 능력이 없는 아담이 행한 행동이 과연 금령을 위반했다고 할 수 있으며, 따라서 과연 심판의 말이 정당한지에 관한 좀 더 구체적인 논의가 필요하다.

역설적이게도 금령의 말과 심판의 말의 상관성의 효력은, 신의 말에 의해서만이 아니라 오히려 인간인 아담이 그 과일을 섭취함으로 인하여 완성된다고 볼 수 있다. 말이 말로 분절되어 개별적 의미

---

51 쇠얀 키에르케고르, 《불안의 개념》, 89~99쪽 참조.

로 파악되는 순간은 아담의 행동 전이 아니라 그 행동 후다. 왜냐하면 선악을 인식하게 하는 그 과일을 먹음으로 인하여 비로소 금령이 금령으로, 심판이 심판으로 작동하기 시작하기 때문이다. 그 과일을 섭취한 뒤에야 비로소 아담이 행한 행동이 선과 악으로 분절되어 인식되기 때문이다. 따라서 신에 의한 말이 아담에게 작동하는 이유는 단지 신의 발화나 아담의 행동의 순간이 아니라, 선악을 인식하는 그 과일을 먹음으로써 완성된다.

외부 사물들이 차이를 갖게 되고, 이와 더불어 내부 세계도 차이를 갖게 됨으로써 분열되는 것은 무죄에서 죄로, 무에서 유로의 이행에 대한 주목인 동시에 그 사이에 대한 주목을 의미한다.[52] 아직 비-사이존재가 이제 사이존재로 분열된다. 이제 아담이 가능성과 현실성 사이존재로 이행함으로써 정신은 이제 무지가 아니라 지를 얻게 된다. 그리고 이 지식의 중심에는 도덕적 지식, 즉 선과 악을 담지하고 있는 금령과 심판에 관한 지식이 탄생하게 될 것이다. 도덕적 지식이 없다면, 그리고 사이존재가 아니라 단지 양자의 종합이라면, 그의 행동은 결코 선과 악으로 분열되지 않을 것이며 죄의 성립 또한 가능하지 않을 것이다.

그렇다면 아담의 능력의 정체는 무엇일까? 단지 무죄의 세계가 아니라 오히려 죄의 세계와 무죄의 세계, 이 두 세계의 사이세계

---

52 이 순간은 또한 아담이 정신적 존재로 전환되고 있음을 의미한다. 앞에서 살펴본 정신의 세 형태로 분절하여 본다면, 불안은 아마도 잠들어 있는 상태에서 꿈을 꾸는 상태로의 이행이라고 할 수 있으며, 선악을 알게 하는 과일의 섭취를 통한 인식은 꿈꾸는 상태에서 깨어 있는 상태로의 이행을 의미할 것이다. 정신이 잠들어 있거나 꿈만 꾸고 있다면, 이는 무죄의 어린아이처럼 어떤 금령이나 심판의 말도 인식하지 못할 것이므로 불안도 단지 꿈의 흔적으로 머무는 것에 불과할 것이고, 따라서 그곳에는 어떤 죄의식도 존재하지 않을 것이다.

Zwischewelt에 거주함으로써 수반되는 불안을 탄생시키는 저 능력의 정체는 무엇일까? 키르케고르에 있어서 선악에 대한 인식력은 바로 영혼과 육체의 분리가 아니라 종합으로서 제3자, 즉 정신에 의해 가능하다. 꿈을 꾸고 있는 정신에서는 정신이 현실적으로 되지 않는다.

 "이때 이전에 그는 동물도 아니지만 또 본래적인 의미에서 인간도 아니다. 그가 인간이 되는 바로 그 순간에 동시에 동물이 됨으로써만 그는 인간이 되는 것이다.(강조: 원저자)"[53] 이는 키르케고르에 있어서 인간 속의 인간의 탄생이 바로 동시에 동물의 탄생임을 의미한다. 즉, 키르케고르에 있어서 주목해야 할 점은, 그가 인간의 정체성을 단지 동물 또는 정신만이 아닐 뿐만 아니라 분열된 둘로 이루어진 이분법적 존재도 아니라고 보았다는 점이다. 인간은 오히려 이 양자 사이존재라는 데에 키르케고르가 환기시키는 인간 정체성에 대한 독창성이 있음을 우리는 주목할 필요가 있다.

 동물도 인간도 아닌 미분화 상태로부터 동물인 동시에 인간인 인간이 된 인간, 이 인간이 이제 가능성에서 현실성으로 되는 것, 특히 자유의 가능성에 대해 키르케고르는 정교하게 접근한다. 가능성이란 '할 수 있다는 것zu können'[54]이지만 그렇다고 반드시 할 수 있다는 가능성이 아니다. 만일 그렇다면 그것은 가능성이 아니라 필연성이었을 것이다. 가능성이 있다는 것은 동시에 가능성이 없다는 것을 포함한다. 가능성의 이 역설적 조건이 가능적 존재로서 인간의 특이점을 이룰 것이다. 키르케고르가 저 까다로운 역설적 조건을 지닌

---

53 쇠얀 키에르케고르, 《불안의 개념》, 94쪽(독일어 번역본을 바탕으로 번역 일부 수정: Sören Kierkegaard, *Der Begriff Angst*, Reclam, 2005, p. 58.)

54 쇠얀 키에르케고르, 《불안의 개념》, 95쪽 참조.

가능성이 현실성으로 이행하기 위해 필요한 것으로서 환기시키는 것은 사이규정Zwischenbestimmung[55]이다.

정신에 의해서 자유의 가능성이 현실성으로 이행하는 사이규정은 놀랍게도 불안이다.[56] 아직 동물도 인간도 아닌 인간이 인간으로 되기 위한 매개가 바로 불안이라는 것이다. 아담이 신에 의해 탄생했다면, 인간은 바로 불안에 의해서 탄생했다고 할 수 있다. 불안은 신으로부터 인간을 찢겨져 나오게 한 산파이다. 그러나 불안 자체는 사이규정이기에 그 자신은 어떤 가능성도 현실성도 아니다. 불안은 순전히 이 둘의 매개 규정으로서 존재한다. 사이규정으로서 불안은 필연성의 규정이 아닌 동시에 자유의 규정도 아니라고 한다. 불안의 존재론적 위상에 대한 키르케고르의 예리한 통찰력이 빛을 발하는 것은 바로 그 다음 순간이다.

불안은 구속된 자유인 것이다. 불안 속에서 자유는 자기 자신으로서 자유로운 것이 아니라 구속되어 있는 것이다. 그러나 필연성 안에 구속되어 있는 것이 아니라 자기 자신 안에 구속되어 있다.[57]

인간은 정신으로서 자기 자신 안에 구속되어 있기에 불안하다. 그렇다면 불안으로부터 자유롭고자 하는 인간에게 필요한 것은, 외적인 필연성이 아니라 자기 구속으로부터의 자유일 것이다. 그러나 이 모든 가능성에서 현실성으로의 이행 기미는 바로 불안의 인도로 가

---

55 쇠얀 키에르케고르, 《불안의 개념》, 95쪽 참조.
56 쇠얀 키에르케고르, 《불안의 개념》, 95쪽 참조.
57 쇠얀 키에르케고르, 《불안의 개념》, 95쪽 참조.

능해진다. 불안이라는 불길하면서도 설레는 그러면서도 영원히 익숙해지지 않을 이 기분을 관통해서만이 인간은 정신적 존재가 된다. 그리고 정신적 존재로서 인간은 이제 영원히 무죄와 죄라는 양면성이 지닌 사이성의 위험한 긴장감을 자신의 존재 속에 각인시키게 된다. 따라서 사이존재로서 실존과 사이기분으로서 실존적 불안의 필연적 관계가 드러난다.

유한 실존의 무한 실존으로의 자기 교육자, 위대한 불안

불안이라는 심리적 현상이 나타나자 그것이 수반하는 심적 부담에 겁먹고 도망치거나 제거하는 데 전력을 쏟는 사람은 역설적이게도 결국 더 단단히 불안에 의해서 결박당할 것이다.[58] 불안은 도망쳐야 할 적이나 제거해야 할 병이 아니다. 불안에 대한 키르케고르의 통찰에 따르면, 오히려 불안은 자신의 유한성을 극복할 수 있는 유일한 실마리다. 불안이 인간을 그토록 치명적으로 위협하는 듯한 것은 인간을 겁박하기 위해서라기보다는 절박하게 인간에게 무엇인

---

58 이는 바로 앞에서 불안에 대한 실존치료적 접근에서 언급한 저항이나 방어기제의 실존적 양식이라고 할 수 있다. 최근 심리학의 대표 이론들 중 하나인 REBT (Rational Emotive Behaviour Therapy), 즉 합리적 정서 · 행동치료는 불안할 때 겪곤 하는 다음과 같은 5가지 분야의 다양한 증상을 제시한다. 첫째 호흡기 증상: 숨 막히는 느낌, 얕고 빠른 호흡, 가슴 답답함, 목 막힘, 현기증, 말더듬. 둘째, 소화기 증상: 식욕부진, 메스꺼움, 복부 불편감 혹은 복부 통증, 구토. 셋째 근육 증상: 떨림 및 전율, 눈꺼풀 경련, 꼼지락거림, 깜짝깜짝 놀람, 경직됨, 불면, 불안정하거나 질질 끄는 걸음걸이, 다리 떨기. 넷째 피부 반응: 땀 흘림, 가려움, 오한, 얼굴이 달아오름. 마지막으로 심혈관 반응: 심장박동 수 증가, 심계항진, 실신 혹은 기절, 혈압 상승, 혈압 감소. 앨버트 엘리스, 《불안과의 싸움》, 정경주 옮김, 북섬, 2009, 33쪽 참조.

가를 알리고자 함일 것이다. 키르케고르는 불안에 대한 그의 저술의 마지막 장에서 불안의 습격이 여전히 무서운 것이지만, 이제 불안은 더 이상 무서워서 도망칠 만한 것은 아니게 되는 것이 가능함을 알린다. 또한 그것은 어떤 특별한 교육을 받은 인간에게만 가능한 일인데, 이런 교육을 받은 이에게 불안은 오히려 위협적인 존재가 아니라 봉사하는 정신이 되고 만다고 한다.[59] 과연 어떤 교육일까? 키르케고르의 예리한 묘사를 보자.

그 대신 나는 몸서리쳐지는 것, 무서운 것을 배우는 것이란 누구나 직면해야만 하는 모험이라는 사실만을 말해 두고자 한다. 왜냐하면 그렇지 못하면 그는 한 번도 불안을 느껴보지 못한 그 사실로 인해, 아니면 불안 속에 아주 빠져 버리고 마는 사실로 인해, 망해 버리기 때문이다. 그러므로 불안을 올바르게 배운 사람은 최고의 것을 배운 사람이다. 만일 인간이 동물이거나 천사였다면, 불안을 느끼는 일도 없었을 것이다. 그러나 인간은 종합이기 때문에, 불안을 느낄 수 있는 것이다. 인간은 그가 느끼는 불안이 깊으면 깊을수록, 그만큼 그 인간은 위대하다.[60]

그 교육이란 바로 불안에 의한 교육이다. 그러나 그가 지적하고 있듯이, 불안 자체가 늘 인간을 올바로 교육하는 것만은 아니다. 그는 '최고의 교육을 배운 사람'을 '불안을 올바르게 배운 사람'으로 한정하고 있으며, 불안을 한 번도 느껴보지 못하거나 또는 불안 속에 아주 빠져 버리면 망한다고 경고하고 있다. 따라서 불안이 인간을

---

59 쇠얀 키에르케고르, 《불안의 개념》, 319쪽 참조.
60 쇠얀 키에르케고르, 《불안의 개념》, 311~312쪽.

위협하는 대신 봉사하는 경우는 전자의 교육에서만 가능하다. 그렇다면 불안은 도대체 어떻게 인간을 교육하는 것일까?

불안은 자유의 가능성이다. 오로지 이 불안만이, 신앙의 도움을 받을 때 절대적으로 교육적이다. — 즉, 불안은 일체의 유한한 것을 흡수하고, 유한성에 부수되는 일체의 속임수를 폭로한다. 그리고 어떠한 대심문관일지라도 불안처럼 그렇게 무서운 고문을 준비하고 있지 못하다. 어떤 경찰일지라도 불안처럼 그렇게 교활하게, 피의자가 그의 약점을 가장 잘 드러내는 순간에, 그를 체포할 수는 없다. 또 어떠한 경찰도 불안만큼 피의자가 빠져나가지 못하게 그물을 쳐 놓을 수는 없다. 제아무리 날카로운 눈을 가진 재판관일지라도, 불안만큼 철저하게 피고를 심문하지는 못한다. 불안은 결코 피고를 놓치지 않는다. — 기분 전환을 할 때나 혼잡 속에서나, 일할 때나, 낮에나, 밤에나.[61]

이렇게 철두철미하게 불안으로부터 단련을 받은 자를 키르케고르는 가능성에 의하여 교육을 받은 것으로 평가하며, 이처럼 현실성이 아니라 가능성에 의하여 교육을 받은 자야말로 비로소 유한성이 아닌 자신의 무한성에 따라 교육을 받은 자라고 강조한다. 그러므로 이 가능성이야말로 키르케고르에게 있어서 '온갖 범주 중에서 가장 무거운 범주'로 평가된다. 우리의 일상적인 생각, 곧 무거운 것은 현실성이며 가능성이라는 것이 무슨 무게를 지니고 있을 것인가라는

---

61 쇠얀 키에르케고르, 《불안의 개념》, 312~313쪽. 키르케고르가 불안이 절대적으로 교육적이 되는 때가 신앙의 도움을 받을 때임을 언급하지만, 지금까지 확인해 왔듯이 그의 불안론의 전체적인 논의는 오히려 매우 철학적임을 알 수 있다.

생각과 달리, 그는 어떤 무거운 현실성도 가능성보다 더 무거울 수 없다고 역설한다.[62]

키르케고르는 가능적 존재로서 실존의 무게에 상응하여 깊어지는 불안의 두 가지 존재 방식을 구분함으로써, 불안이 정신과 맺는 관계의 차이를 제시한다. 이 차이는 유한성에 의하여 온갖 불안이 *연주를 시작할 때 나타난다고 한다. 그리고 이 순간 유한성의 제자가 불안과 관계하는 방식은 분별과 용기를 잃는 것인 데 반해, 진실한 의미에서의 불안을 느끼는 일을 배운 자, 즉 무한성의 제자는 춤이라도 추듯이 걸어간다고 한다.[63] 이때 가능성의 무게가 그토록 무거

---

62 쇠얀 키에르케고르,《불안의 개념》, 312쪽 참조.

63 쇠얀 키에르케고르,《불안의 개념》, 324쪽 참조. REBT는 정서를 건강한 부정적 정서와 해로운 부정적 정서로 구분한다. 예를 들자면, 일이 좀체 풀리지 않고 꼬이기만 할 때 주로 발생하는 공포·우울·성가심 등을 전자로 보고, 이에 반해서 공포·우울·분노·공허함·자기연민 등을 후자로 구분한다. 이와 같은 구분을 바탕으로 건강한 불안은 일관적으로 현실적이거나 합리적인 두려움에 기반을 두는 것으로 규정한다. 이에 반하여 해롭고 비현실적인 두려움은 전혀 위험하지 않은 상황에서조차 막대한 불안을 예사로 일으키는 경우를 들고 있다. 이와 같은 REBT의 입장에 근거하여 본다면, 불안은 '건강한 불안'과 '해로운 불안'으로 이분화된다. 앨버트 엘리스,《불안과의 싸움》, 26~29쪽 참조. 뿐만 아니라 REBT는 한 걸음 더 나아가 불안 자체가 오류를 범할 수 있음을 주목한다. 따라서 REBT는 불안이라는 현상이 수반하는 사고의 오류 가능성을 합리적 사고를 통하여 밝히고 극복해 나간다는 점에서 그 원인이나 진단 그리고 치료 방법에 있어서 매우 철학적이라고 할 것이다. REBT는 건강한 불안과 해로운 불안을 구분할 뿐만 아니라 '합리적인 두려움'과 '비합리적인 두려움'을 구분한다. 앨버트 엘리스는 이를 구분하는 방법이나 기준을 제시하고 있다. 첫째는 방법에 해당되는 것으로서 확률을 활용한 현실 검증이며, 둘째는 기준에 해당되는 것으로서 과장되거나 지나친 일반화이다. 마지막은 그런 사람의 사고의 특징으로서 세상을 흑과 백으로만 보려고 하지 그 사이에 회색이 있다는 사실을 철저하게 간과하는 것이라고 한다. 앨버트 엘리스,《불안과의 싸움》, 30~31쪽 참조. 앨버트 엘리스는 이 세 가지를 구분하는 방법으로 제시하고 있지만, 필자가 보기에 제시된 세 가지를 공히 방법으로 보기에는 적합하지 않아 임의로 방법, 기준, 특징 등으로 정리하여 보았다. 합리적 정서·행동치료와 유사하면서도 차별화된 인지행동치료CBT에서 제시된 불안 진단으로 다음과 같은 입장을 볼 수 있다.

운 것은 다름 아니라 사이존재로서 인간, 즉 자신의 불안을 스승으로 두는 동시에 자신의 불안 내용을 제자로 둔 실존의 이중적 사이성에 기인할 것이다.

그럼 이 위험천만한 불안의 주체와 객체로서 사이존재의 운명은 어떻게 되는 걸까?

이쯤 되면 불안이 찾아와도 또 불안이 교활하게 이전에 사용한 그 어떤 것보다도 훨씬 무서운 새로운 고문 도구를 창안해 내어도, 그는 움츠러들지 않는다. 그는 소란이나 혼란으로 불안을 쫓아 버리려고도 하지 않고, 오히려 불안을 환영하고, 마치 소크라테스가 장엄하게 독배를 마셨듯이, 그도 공손히 불안에게 인사를 한다. 그는 불안과 더불어 방에 들어앉아서, 마치 고통스러운 수술을 받으려고 하는 환자가 의사에게 하듯이, '그럼 부탁합니다'라고 말한다. 그리하여 불안은 그의 영혼 속으로 들어가서 그 속을 샅샅이 뒤져서, 유한한 것이나 사소한 것은 모두 불안하게 함으로써 그에게서 내쫓고, 그럼으로써 그를 그가 원하는 곳으로 인도한다.[64]

즉, 범불안장애generalized anxiety disorder의 핵심적인 양상으로 제시된 두 가지이다. 첫째 양상은 일어날 가능성이 적거나 일어난다고 해도 충분히 잘 다스릴 수 있는 일들에 대한 지나친 걱정이다. 두 번째 핵심 양상은 전반적으로 높은 신체적 긴장과 신경과민, 초조한 느낌 또는 예민한 느낌이다. Michelle G. Craske · David H. Barlow,《범불안장애의 인지행동치료: 불안과 걱정의 극복》, 최병휘 · 곽욱환 옮김, 시그마프레스, 2009, 1~2쪽 참조. 첫째 양상은 원인과 관련된 양상일 것이고 두 번째 양상은 그 결과와 관련된 양상으로 구분해 볼 수 있다. 특히 후자에서 우리는 실존적 불안이 신경증적 불안으로 이행해 가는 특징을 볼 수 있다.

64   쇠얀 키에르케고르,《불안의 개념》, 324쪽.

이렇게 불안에 대한 키르케고르의 연구는 끝난다. 이 시점에서 그는 이제 이 종착역이 또 하나의 출발역임을 다음과 같이 명시한다. "이 연구가 시작되는 바로 같은 장소에서 끝나는 것이다. 심리학이 불안의 연구를 끝내자마자, 불안은 교의학에게 인도된다."[65] 이는 키르케고르의 불안론에서 불안 심리학과 불안 교의학이 마치 뫼비우스 띠처럼 서로에게 관계함을 시사한다. 불안의 심리학 속으로 들어가 보면 불안의 철학을 만나게 되고, 거꾸로 불안의 철학 속으로 들어가 보면 불안의 심리학을 만나게 된다. 이는 그의 불안론에서 드러나는 불안의 심리학과 철학의 야누스적 얼굴을 의미한다.

실존의 자기창조의 기미로서 불안의 재해석

과연 키르케고르의 종착역과 출발역은 오늘날 얼마나 유효할까? 신의 금령에 대한 인간의 위반은 신의 법에 근거한 위반이다. 그것은 인간 자신에 의한 법에서도 동일할까? 그리스 비극 속의 영웅들은 신들의 법을 위반하며 인간의 법을 만든 상징적 존재들이기도 하다. 그들은 신이 제시한 필연성을 극복하여 인간의 자유 영역을 확장하고자 한 존재들이다. 신에 반한 것이 반드시 인간에 반하는 것은 아니다. 이 양자는 오히려 대립적 구조를 지니기도 한다. 따라서 동일한 행위가 신들로부터는 벌을, 인간으로부터는 상을 받을 수도 있다. 이런 관점에서 보자면, 어쩌면 아담과 이브는 최초의 영웅이다.

불안은 죄가 아니라 오히려 진정한 무죄, 즉 인간이 신으로부터 최초로 찢겨져 나오는 것인 동시에 최초의 봉합, 즉 죄인이 아니라 영

---

65   쇠얀 키에르케고르,《불안의 개념》, 326쪽.

웅으로서 인간 탄생의 서막으로 평가될 수 있다. 자아의 최초의 단초, 위반에 대한 사전의식으로서 불안, 사후의식으로서 죄책감, 이러한 불안과 죄책감은 공히 의식적 존재, 즉 정신을 전제로 해서만이 가능하다. 만약 아담이 단순히 하나의 동물이었다면 아무런 불안도 느끼지 않을 것이라는 키르케고르의 지적처럼.[66] 정신이나 의식이 없다면, 그리하여 기억할 수 없다면, 어떤 금령이나 형벌의 의미도 무용하다. 따라서 이 모든 것은 의식적 존재, 정신을 전제로 해서만이 성립된다. 그렇다면 선악에 대한 인식 또한 의식적 존재를 전제로 해서만이 성립된다. 저 과일의 음미는 바로 인간의 의식적 존재로의 전환을 의미한다. 나아가 그것은 사물이나 행동에 각인되어 있는 선악으로 분절된 말로 이루어진 도덕적 형이상학을 전제로 한다.

그러나 불행히도 영웅이 아니라 죄인이 된 성서적 인간은 죄, 형벌, 불안으로 더 깊이 심리화되고 실존화되고, 그로 인하여 심지어 병리화되고 신경증화되어 가는 것은 아닌가? 그 결과 신과 인간의 수직적 관계는 더 깊어지는 반면에 인간의 자기의식의 탄생을 기반으로 한 신과의 수평적 관계는 더 묘연해진다. 이러한 시대는 불안의 역설적 의미, 즉 신에의 의존의 편안함과 인간으로서의 독립의 불편함 사이에서 탄생하는 불안이라는 사이기분을 견딜 줄 아는 인간 정신이 훼손된 시대다.

불안이란 오늘날에도 역시 필연성에 저항하여 자유를 선택한 사이존재로서 실존이 짊어지고 가야 할 사이기분이다. 그 짐은 적어도 인간에게 신에 대한 죄의식일 뿐만 아니라 또한 인간 자신에 대한 자긍심의 회복이다. 그리하여 신의 금령에 대한 인간의 저 위험한

---

66   쇠얀 키에르케고르, 《불안의 개념》, 102쪽 참조.

위반이 단지 어리석고 충동적인 무용한 행위가 아니라, 신으로부터 인간 자신이 찢겨 나오는 자기 분만의 영웅적 행위로 재해석될 수 있다. 그리하여 오늘날 재탄생하는 불안은 더 이상 원죄의식의 필연성이 아니라 사이존재로서 실존의 자기 창조적 전조를 알리는 은밀한 기미로 재해석될 수 있다.

참고문헌

김선희, 〈앎에 이르는 길로서 산파법, 변증법, 아이러니: 소크라테스, 낭만주의, 헤겔, 키에르케고르를 중심으로〉,《동서철학연구》제47집, 한국동서철학회, 2008.

김선희 · 박정선, 〈키에르케고르의 욕망의 삼 단계 분석: 청소년 자살의 심미적 토대 연구〉,《철학연구》145집, 대한철학회, 2018.

김선희 · 최종문, 〈채무관계를 통한 기억과 망각 그리고 양심의 가책에 대한 계보학적 분석〉,《니체연구》제32집, 한국니체학회, 2017.

김종두,《키르케고르의 실존사상과 현대인의 자아 이해》, 새물결플러스, 2014.

이광래 · 김선희 · 이기원,《마음, 철학으로 치료한다: 철학치료학 시론》, 지와사랑, 2011.

Emmy van Deurzen,《실존주의 상담과 심리치료의 실제》, 이정기 · 윤영선 옮김, 상담신학연구소, 2010.

Michelle G. Craske · David H. Barlow,《범불안장애의 인지행동치료: 불안과 걱정의 극복》, 최병휘 · 곽욱환 옮김, 시그마프레스, 2009.

Mick Cooper,《실존치료》, 신성만 · 가요한 · 김은미 옮김, 학지사, 2014.

롤로 메이 편집,《실존주의 심리학》, 이정기 옮김, 상담신학연구소, 2005.

쇠얀 키에르케고르,《불안의 개념》, 임춘갑 옮김, 다산글방, 2007.

쇠얀 키에르케고르,《죽음에 이르는 병》, 임춘갑 옮김, 도서출판 치우, 2011.

앨버트 엘리스,《불안과의 싸움》, 정경주 옮김, 북섬, 2009.

지그문트 프로이트,《새로운 정신분석 강의》, 김숙진 옮김, 문예출판사, 2006.

한국 키에르케고르학회 편,《키에르케고르, 미학과 실존》, 킹덤북스, 2014.

Mick Cooper, *Existential Therapies*, Sage Publications Ltd: Los Angeles/London/New Delhi/Singapore/Washington DC, 2003.

Rollo May, *The Meaning of Anxiety*, New York: The Ronald Press Company, 1950.

Sigmund Freud, *Vorlesungen zur Einführung in die Psychoanalyse*, Hamburg: Nikol Verlagsgesellschaft mbH & Co. KG, 2015.

Søren Kierkegaard, Uta Eichler Nachwort, Gisela Perlet Übersetzer, *Der Begriff Angst*, Stuttgart: Reclam, 2005.

Søren Kierkegaard, Gisela Perlet Herausgeber, Übersetzer, Uta Eichler Nachwort, *Die Krankheit zum Tode*, Stuttgart: Philipp Reclam jun. GmbH & Co, 1997.

동서 철학상담 10강

2020년 10월 30일 초판 1쇄 발행

지은이 | 황정희 유성선 윤석민 김여진 이기원 박길수
        이진남 허서연 최희봉 김선희 박정선
펴낸이 | 노경인 · 김주영

펴낸곳 | 도서출판 앨피
출판등록 | 2004년 11월 23일 제2011-000087호
주소 | 우)07275 서울시 영등포구 영등포로 5길 19(양평동 2가, 동아프라임밸리) 1202-1호
전화 | 02-336-2776 팩스 | 0505-115-0525
블로그 | bolg.naver.com/lpbook12
전자우편 | lpbook12@naver.com

ISBN 979-11-90901-02-4 93100